명심보감

명심보감

이기석 譯解

홍신문화사

■ 머리말

건강하고 행복한 삶을 가리키는 지혜의 서(書)

〈명심보감〉은 고려 충렬왕 때 문신 추적(秋適)이 편찬한 것이라고 알려져 있다. 하지만 원래는 명나라의 범입본(范立本)이 편찬한 것이다. 계선(繼善), 천명(天命) 등 19편으로 구성된 것을 이름 모를 어떤 학자가 증보(增補), 팔반가(八反歌), 효행(孝行), 염의(廉義), 권학(勸學) 등 5편을 늘려 내용을 더해 모두 24편으로 구성되었다.

이 책은 선한 사람에게는 복을 주고 악한 사람에게는 벌을 내리는 하늘의 밝은 섭리를 설명하고 있다. 또한 자기를 반성하고 인간 본연의 양심을 지킴으로써 숭고한 인격을 마음속 깊이 가꾸어 나갈 것을 강조하고 있다.

나아가 이 책은 삼강오륜(三綱五倫)을 말하는데 그건 알다시피 부자(父子)·군신(君臣)·부부(夫婦)·장유(長幼)·붕우(朋友) 사이의 인간관계를 밝히고, 하늘의 뜻에 순종하는 사람은 살고 이를 어기는 사람은 죽는다는, 안분수명(安分守命)을 권하고 있다. 또 시기를 놓치지 말고 부지런히 배워서 학문을 성취하고 큰 뜻을 이루어 이름을 빛낼 것을 강조하였다.

여기에 나오는 주옥 같은 말들은 개인의 인간 수양에서 비롯되어 한 가정을 원만하게 이끌어 나가고, 사회에 참여하며, 나라를 다스리는 문제에 이르기까지 광범위하게 그 원칙론을 다루고 있다. 우리는 이 책을 열심히 읽고 그 진정한 의의를 몸소 체득함으로써 뜻을 세우고 학문을 성취하여 사회와 인류의 문화에 기여하는 것은 물론, 개개인의 삶을 풍요롭게 하여 인생을 성공적으로 만들어가야 할 것이다. 인생은 가시밭길이라는 말이 있다. 또 인간은 사회적 동물이라고 한다. 그리고 인간관계가 가장 어려운 일이라고 한다. 우리 개개인은 자신의 삶을 개척해 가면서 많은 어려움이 앞을 가로막고 있다는 것을 알게 된다. 우리는 이 글에서 그 어려움을 극복하고 스스로 강하고 굳센 인물이 될 수 있는 방법을 배워야 할 것이다.

첨단과학문명이 발달된 현대에서 보면 시대의 흐름에 맞지 않는 말들도 더러 있을 것이다. 그러나 대개 깊이 마음속에 새겨 실천에 옮겨도 좋을 원칙들이다. 이 책의 특징은 주해(註解)를 상세하게 하고 풀이를 붙임으로써 독자의 이해를 쉽게 도우면서 한문 문장에 대한 독해력을 길러주는데 있다. 독자가 현대역(現代譯)을 한 번 읽고 주해와 풀이를 참고로 본다면 쉽게 원문을 풀이할 수 있을 것이다.

독자 제현께서는 이 책을 거듭 공부하여 건강하고 건전한 삶을 개척할 것은 물론이고, 삶을 행복하게 만들어 나가기를 바라는 마음 간절하다.

역자 씀

머리글 _ 4

계선편(繼善篇) · 9
- 착한 마음은 하늘의 뜻

천명편(天命篇) · 27
- 하늘의 뜻을 헤아려라

순명편(順名篇) · 33
- 현명한 길을 찾아간다는 것

효행편(孝行篇) · 41
- 부모의 은혜에 보답하는 길

정기편(正己篇) · 47
- 스스로 몸을 바르게 하는 가르침

안분편(安分篇) · 77
- 욕망을 다스리는 방법

존심편(存心篇) · 83
- 스스로 반성하고 경계하라

계성편(戒性篇) · 101
- 본연의 성품을 지키는 가르침

근학편(勤學篇) · 115
- 삶을 풍요롭게 하는 배움의 길

훈자편(訓子篇) · 123
- 자녀를 성공시키는 인성교육

성심편(省心篇) 상 · 133
- 바른 삶에 이르는 성찰

성심편(省心篇) 하 · 165
- 사치와 교만을 다스리는 길

입교편(立敎篇) · 187
- 삼강오륜의 근본 깨우치기

차 례

치정편(治政篇) · 209
- 정치는 국민을 행복하게 하는 것

치가편(治家篇) · 219
- 집안을 건강하게 하는 가정교육

안의편(安義篇) · 227
- 돈독한 가족관계에 대한 성찰

준례편(遵禮篇) · 233
- 인격을 가늠하는 예의

언어편(言語篇) · 241
- 말은 교양을 가리키는 지렛대

교우편(交友篇) · 247
- 참다운 벗을 사귀려면

부행편(婦行篇) · 257
- 가정을 주도하는 주부의 힘

증보편(增補篇) · 265
- 다시 한 번 기억할 것들

팔반가(八反歌) · 271
- 부모를 섬기는 8가지 가르침

효행편(孝行篇) **속편**(續篇) · 281
- 부모를 섬길 때 지킬 것들

염의편(廉義篇) · 289
- 미덕에 이르는 길

권학편(勸學篇) · 299
- 배움에는 반드시 때가 있다

■ 일러두기

- 원문 해석에서 대화체나 책명은 따로 부호를 사용하지 않았다.
- 원문 해석에서 정확한 문장을 기술하기 위해 쉼표나 조사를 달리 사용하기도 하고 앞뒤 문맥을 바로잡아 두는 경우도 있었다.(※전체적인 뜻을 중요시함)
- 註에서 '누구 曰'은 해석과 풀이와 중복되어 따로 해석을 하지 않았다.
- 註에서 책명이 분명한 경우 따로 부호를 사용하지 않았다.
- 해석에서 대화체나 인용문은 부호를 사용하지 않았으며, 풀이에서 대화체는 " "로, 인용문은 ' '로 통일하였다.
- 편집상 원문 앞에 숫자를 삽입하여 본문 해석 부분을 참고하도록 해두었다.
- 책명은 부호〈 〉로 통일하였다.

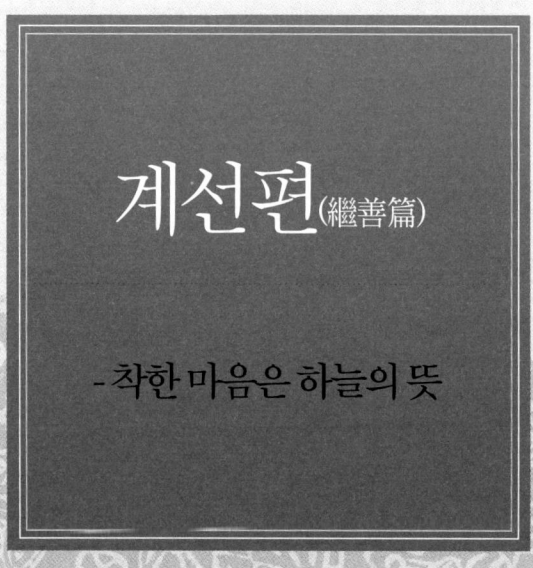

계선편(繼善篇)

-착한 마음은 하늘의 뜻

하늘은 사람의 마음속에 선(善)의 미덕을 주었다. 선한 사람에게 복을 주고 악한 사람에게 재앙을 내리는 것이 하늘의 섭리이다. 우리는 끊임없이 선을 행함으로써 마음을 기쁘게 하고 삶을 복되게 만들어 가야 할 것이다.

1// 子曰 爲善者는 天이 報之以福하고 爲不善者는 天이 報之以禍니라

공자(孔子): 기원전 552~479. 공자는 춘추시대 말기 노(魯)나라의 창평향 추읍에서 태어났다. 이름은 구(丘), 자(字)는 중니(仲尼)다. 인(仁)을 근본으로 하는 윤리도덕을 설명하여 사람들의 갈 길을 밝힘으로써 예수, 석가와 더불어 세계 3대 성인(聖人)으로 일컬어진다. 공자는 〈시경(詩經)〉 〈서경(書經)〉 〈주역(周易)〉의 편찬과 〈춘추(春秋)〉의 저술 등의 사업을 하였다. 공자는 요순(堯舜)을 이상적인 군주로 찬양하고 우(禹), 탕(湯), 문무(文武:문왕과 무왕을 칭함) 등 삼왕(三王)을 추대함으로써 공자 이전의 중국을 체계화하였다. 공자의 사상은 이래(爾來) 이천수백 년 동안 중국을 비롯한 동양 국가에서 정치·교육의 중심을 이루고 있다. 우리나라에서는 조선시대가 유교의 극성 시기인데 유교에 배치되는 사상을 말하는 사람에게는 사문난적(斯文亂賊)이라는 극악한 죄명이 적용되기도 하였다.
위(爲):여기서는 '일을 한다'로 해석한다.

1

착한 일을 하는 사람에게는 하늘이 복을 주어 이에 보답하고, 악한 일을 하는 사람에게는 하늘이 재앙을 내려 이에 답한다.
〈孔子〉

| 풀이 | 선한 사람에게는 하늘이 복을 주고 악한 사람에게는 재앙을 준다. 선을 행하는 사람에게는 가까이 하려는 사람이 많고, 주변에서 돕는 사람이 많기 때문이다. 따라서 번영과 행복을 누릴 수 있다.

그러나 악한 사람은 주변 사람들이 그를 멀리 하려 들기 때문에 고립을 불러오게 되고, 그런 만큼 불행과 비운(悲運)이 닥쳐온다. 이것은 눈앞에 보이는 현상이 그러하며 또 동서고금의 역사가 증명하고 있다.

위의 말씀은 선의 좋은 점과 악의 나쁜 점을 들어서 사람들에게 악을 버리고 선을 행할 것을 강조한 것이다. 선한 사람에게는 하늘이 복을 주고, 악한 사람에게는 재앙을 내린다는, 교훈적인 실화 하나를 소개하니 마음속에 새겨두기를 바란다.

조선 선조대왕 때였다. 당시 우리나라는 명나라를 종주국으로 받들고 있는 형편이어서 해마다 여러 차례 사신이 중국에 드나들었으며 그때마다 여러 사람의 통역관이 따라가서 통역 일을 맡았다. 이들을 통사(通事)라고 불렀다. 한번은 사신이 명나라로 들어가게 되었는데, 역관(譯官)으로서 홍순언이라는 통사와 그밖에 백가 성(姓)을 가진 통사

한 사람이 따라갔다.

  어느 날 밤, 홍순언은 젊은 나이에 호탕한 풍정을 금할 수 없어 북경성 안에서 가장 호화스런 홍등가를 찾게 되었다. 어느 청루(靑樓) 앞을 지나가는데 이팔 방년(芳年)의 미인도(美人圖) 한 폭이 나붙어 있었다. 그야말로 경국지색(傾國之色)이었다.

  그런데 그림 밑에는 하룻밤을 같이 지내는데 은자(銀子) 2000냥이라고 적혀 있었다. 은자 2000냥이라면 보통 사람들에게는 꿈도 꾸지 못할 금액의 돈이다. 그러나 절세 미모에 유혹된 홍 통사는 도저히 그대로 지나칠 수 없었다. 주머니 속을 생각해 보니 마침 사람들로부터 물건을 사다 달라고 맡은 돈과 나라 돈을 합쳐서 어음이 2000냥 정도가 들어 있었다. 일시의 충동을 억제하지 못한 홍 통사는 무조건 안으로 발길을 옮겼다.

  방 안에 들어서니 방금 문간에서 보았던 미인도 그대로의 아름다운 여인이 정중하게 마중을 나왔다. 홍 통사가 자리에 앉자 향기가 코를 찌르는 작설차와 과자가 나왔다. 여인의 미모에 정신이 팔린 홍 통사는 차를 마시기는커녕 말하는 것조차도 잊었다. 얼마 만에야 제정신으로 돌아온 홍 통사는 비로소 입을 열어 상대방의 성명을 묻게 되었으며, 어느덧 둘 사이에 대화가 오갔다. 춘정(春情)을 이기지 못한 홍 통사는 와락 미녀에게로 다가갔다.

  그런데 순간 미녀는 어여쁜 뺨 위에 두 줄기 눈물을 쏟아내며 흐느껴 울기 시작했다. 깜짝 놀란 홍 통사는 미녀의 어

보(報):보답한다.
화(禍):재앙.

깨로 향하던 손을 갑자기 멈추고 우는 까닭을 물었다. 여인은 좀체 말을 하지 못했다.

얼마 만에야 여인은 마음을 진정시키며 입을 열었다. 여인은 당시 명나라 조정에서 고관을 지낸 사람의 귀여운 외동딸이었다. 부귀한 가문에서 태어나 부모의 귀여움을 독차지하고 영화를 누리면서 호화스럽게 살아왔던 것이다.

그러나 불행하게도 그 아버지가 나라의 공금을 유용한 터에 그만 옥에 갇히게 되고, 있는 재산을 통틀어 팔아도 유용한 공금의 액수를 채울 길이 없었다. 여인은 생각다 못해 아버지의 목숨을 구하기 위해 몸을 팔기로 결심하고 이 청루로 나오게 되었다. 변상할 공금이 아직도 2000냥이 부족하였기 때문에 몸값을 2000냥으로 결정하여 문 앞을 지나가는 사람들에게 광고를 하기에 이르렀던 것이다.

광고를 내걸은 날이 벌써 열흘이 되었건만 워낙 큰돈이라 누구 하나 감히 거들떠보는 사람이 없었다. 이렇게 되어 아버지가 국법에 의해 처형될 날짜를 사흘 앞두고 여인의 마음은 타는 듯 초조했다. 이제 다행히도 하늘이 도와서 홍 통사 같은 은인을 만나게 되었기 때문에 감격에 넘쳐서 눈물이 나오게 되었다는 것이다.

이 말을 들은 홍 통사는 조금도 주저하지 않고 주머니 속에서 2000냥 어음을 꺼내 탁자 위에 올려놓고는 뒤도 돌아보지 않고 문을 나섰다. 여인이 미친 듯이 뒤를 쫓아 나오며 성명 삼자(三字)만이라도 남겨두고 가라고 애걸을 하는 터에 마지못해 '홍 통사'라는 말만 남겨놓고 간신히 빠져나올 수 있었다.

　중국으로 함께 동행한 백 통사는 이번에도 비단과 패물 등속을 무역하여 톡톡히 돈벌이를 하게 되었으며, 홍 통사는 한때의 의협심에서 은자 2000냥이라는 막대한 돈을 청루의 낯선 여인에게 주고는 힘없이 돌아오게 되었다. 홍 통사는 중국에서 돌아와 가진 재물을 모두 처분하여 겨우 국가의 공금과 남의 빚을 청산하고는 셋방살이로 전락하게 되었고 통사 지위도 그만 떨어져서 집주름(복덕방) 노릇을 하며 겨우 연명하는 신세가 되었다.

　그 뒤 선조 25년, 임진왜란이 일어나자 조정에서는 구원을 청하는 사신을 명나라로 파견하게 되었다. 홍 통사는 여러 동료 통사들의 주선으로 간신히 역관으로 복직되어 사신을 따라 다시 북경으로 들어가게 되었다. 저번에 함께 동행했던 백 통사는 이번 길에 빠졌다. 그런 백 통사가 홍 통사를 찾아와서 한 가지 부탁을 하는 것이었다. 그 부탁은 다음과 같은 것이다.

　백 통사는 북경에 들어갈 때마다 투숙한 단골 여관이 있었다. 여관의 주인은 왕(王) 씨였다. 백 통사는 여러 번 북경을 드나드는 동안 왕 씨와 친하게 되었으며, 왕 씨도 백 통사를 매우 친절하게 맞아주었다. 백 통사는 왕 씨를 꾀어서 많은 지분을 얻어내, 비단과 패물 등속의 무역으로 크게 치부를 하고도, 번번이 실패했다는 핑계로 빌린 돈은 갚지 않고 있었다. 그런데 왕 씨는 세 번씩이나 막대한 자본을 백 통사에게 빌려주고 회수를 못하게 되니, 가산(家產)을 탕진

하고 북문 밖으로 나가서 호떡장수로 겨우 연명하는 형편이 되어 있었다. 홍 통사에게 이번 길에 그 왕 씨를 찾아보고 왕 씨가 자기의 소식을 묻거든, 장사에 실패해서 곤궁하게 살다가 열병이 유행되어 일가족이 다 죽었다고 말해 달라고 부탁했다.

그렇게 되면 그 왕 씨가 곤란한 중에도 다소간의 돈을 줄 것이니 그것은 노수(路需)에 보태 쓰라고 했다. 홍 통사는 백 통사의 말을 들어보니 그 소행이 매우 가증스러웠으나 거절하지 못하고 북경 길에 올랐다.

사신 일행이 북경성 10리 밖에 이르렀을 때, 길가에 비단 장막이 드리워지고 명나라 관원 한 명이 나와서 마중을 하며 홍 역관이 어떤 분이냐고 물었다. 홍 통사가 앞으로 나서며 나요, 라고 대답하니 기다리기라도 했다는 듯이 한 채의 가마가 다가와 홍 통사에게 오르기를 청했다. 명나라 관원이고 보니 거절할 수도 없었다. 우리나라 여러 사신도 관원이 시키는 대로 가만히 내버려둘 수밖에 없었다.

홍 통사는 영문도 모르고 가마에 실린 채 앞으로 나갔다. 북경성 안으로 들어서서 얼마를 또 가고 나서야 구중궁궐(九重宮闕) 같은 으리으리한 집 앞에서 몸을 내렸다. 대문이 활짝 열리고 한 귀인이 정중하게 영접을 하며, 아버님 원로에 수고 많으십니다, 하며 깍듯이 인사를 하는 것이 아닌가? 홍 통사는 엉겁결에 답례를 했다. 그 부인이 꿇어앉더니, 오랜만에 뵙는다고 말을 건넸다. 부인은 다른 사람이 아니라, 바로 여러 해 전 사신을 따라갔을 때 들렀던 그 청루의 여인이었다. 그때 홍 통사의 구원을 받아 죽을 운명이던 아버지를 살려내서 일가(一家)가 다시 살아나게 되고, 그 뒤 출가하게 되었는데 남편이 바로 병부상서(현:국방부장관) 석성(石星)이었다. 석성은 벼슬도 높고 재산도 많아 그 이름이 드높았다. 이제 친정이 살아나게 되고 이와 같은 부귀한 가문에 들어와서 영화를 누리는 것이 모두 홍 통사의 덕택이라는 것이다. 그래서 홍 통사를 마음속에 의부(義父)로 섬기며 조선에서 사신이 들어올 때마다 홍 통사가 따라오는지를 알아보았다. 그러나 번번이 실패했던 것인데, 이번에 비로소 소원을 이뤘다는 것이다.

홍 통사는 옛 추억을 떠올리며 감동으로 벅차올랐다. 홍 통사는 병부상서 석성 내외에게서 극진한 대접을 받은 것은 물론, 당시 명나라 정부에서는 조선에 원병(援兵)을 보내느냐, 마느냐에 대해서 의견의 일치를 보지 못하고 있던 중이었다. 그런데 석성의 강력한 주선으로 드디어 구원병이 우리나라에 나오게 되었다. 홍 통사는 그와 같은 막중한 나랏일을 마치고 나서 백 통사가 부탁하던 대로 북문 밖 왕 씨의 호떡집을 찾았다.

왕 씨는 홍 통사를 반갑게 맞이하였으며 백 통사의 소식을 듣고는 눈물을 흘리면서 백 통사의 비운을 슬퍼했다. 그리고는 은자 100냥을 주선해 주면서 그의 무덤 앞에 대신 제사라도 드려달라고 간청했다. 홍 통사는 명나라 사람 왕 씨의 뜨거운 인정에 눈물을 머금으며 백 통사의 극악한 마음을 한탄하였다.

홍 통사가 임무를 마치고 돌아올 때 석성의 부인은 여러 수레에 금은보화를 실어 선물하였다. 홍 통사는 이를 거절했지만 비단 다섯 상자만을 마지못해 받아왔다. 그 비단은 부인이 홍 통사의 은혜를 생각해서 한 나라 고관 부인의 존귀한 몸으로 손수 이를 짰으며, 비단 위에는 금으로 보은(報恩)이라는 글씨를 수놓은 것이었다. 지금 서울 수은동(授恩洞)을 옛날에는 보은단(報恩緞)골이라고 불렀는데, 이는 홍 통사가 여기서 살았다는 데서 유래하고 있다.

　나라에서는 역관인 홍순언에게 그 공로를 인정하여 당릉군(唐綾君)이라는 막중한 지위를 내려 영귀(榮貴)함이 크게 이르렀으며, 그 자손들도 번창하였다. 그러나 홍 통사가 서울로 돌아와서 백 통사를 찾았을 때는 실제 백 통사가 살던 마을에 열병이 돌아 백 통사의 온 집안 식구가 다 죽고 아무도 없었다.

　홍 통사가 이 사실을 조정에 아뢰었더니, 나라에서는 백 통사의 재산을 전부 정리해서 명나라 왕 씨에게로 보내주었다. 하늘의 섭리란 실로 불변의 법칙이다. 어찌 거울로 삼지 않으랴.

2

2// 漢昭烈이 將終에 勅後主曰 勿以善小而不爲하고 勿以惡小而爲之하라

　한(漢)나라의 소열황제(昭烈皇帝)가 죽을 때 후주에게 조칙을 내려 말하기를, 선이 작다고 행함을 멈추지 말며, 악이 작다고 행함을 해서는 안 된다고 하였다.

〈漢昭烈〉

| 풀이 | 위의 글은 촉한의 소열황제가 죽을 때, 그의 아들 유선(劉禪)을 경계한 것이다. 선(善)한 일이면 아무리 작은 것이라도 빼놓지 않고 이를 행해야 하며, 악한 일이면 아무리 작고 사소한 일일지라도 하지 말아야 한다는 것이다.

한소열(漢昭烈):촉한(蜀漢)의 소열황제(昭烈皇帝)를 말한다. 성은 유(劉), 이름은 비(備)다.
후주(後主):소열황제의 아들. 이름은 선(禪), 어리석은 임금으로 유명하였다.
칙(勅):임금이 내리는 글.

3

하루라도 선을 생각하지 않으면 모든 악이 저절로 일어난다.
〈莊子〉

3// 莊子曰 一日不念善이면 諸惡이 皆自起니라

장자(莊子):이름은 주(周). 전국시대 송(宋)나라 사람이다. 노자의 무위자연설(無爲自然說)을 크게 발전시켜 노장사상을 이뤘으며, 저서로 〈남화경(南華經)〉이 있다.
제악(諸惡):모든 악(惡)을 가리킨다.

| 풀이 | 〈맹자(孟子)〉는 '간직하면 보존하고, 놓으면 없어진다(操則存舍則亡)'라고 하였다. 즉, 사람의 양심이란 이를 굳게 지켜서 놓치지 않으면 그대로 남아 있으나, 만일 이를 놓치면 없어진다는 것이다. 우리 인간이 일상생활에서 잠시라도 선이라는 것을 염두에 두지 않는다면 마음이 방종하여 여러 가지 나쁜 생각이 꼬리를 물어 일어나고, 따라서 나쁜 행동을 하게 된다는 것이다.
 우리는 언제나 마음속에 선을 간직하여 악이 생기는 것을 막아야 한다.

4

선(善)을 보거든 목마른 것과 같이 하고, 악을 듣거든 귀머거리와 같이 하라. 그리고 선한 일은 모름지기 욕심을 내

4// 太公曰 見善如渴하고 聞惡如聾하라 又曰 善

事는 須貪하고 惡事는 莫樂하라

태공(太公):본명은 여상(呂尙), 또는 여망(呂望)이라고 한다.
여갈(如渴):목마른 것 같이 한다. 여기서는 목마를 때 물을 본 것과 같이 급하게 서둔다는 뜻.

고, 악한 일은 즐겨 하지 말라. 〈太公〉

| 풀이 | 악한 말은 귀를 막고 듣지 말며, 선한 일을 보았을 때는 마치 목마를 때 물을 보기라도 하듯이 급하게 서둘러야 한다는 뜻이다. 이 문장은 곧 사람들에게 선악(善惡)에 대한 올바른 태도를 제시한 것이다.

5// 馬援曰 終身行善이라도 善猶不足이요 一日行惡이라도 惡自有餘니라

마원(馬援):기원전 11~서기 49, 후한의 장군이다. 티벳족의 정벌과 남방교지(南方交趾)의 반란을 평정하고 흉노(匈奴)를 토벌하는 등 많은 무공을 세웠다.
종신(終身):몸이 죽을 때까지.
유여(有餘):남음이 있다.

5

한평생 선을 행하더라도 그 선에 대해 오히려 만족하지 못하고, 단 하루 동안 악을 행하더라도 악은 스스로 남음이 있다. 〈馬援〉

| 풀이 | 선이란 많이 행할수록 좋다. 또한 선은 일평생을 두고 행하더라도 오히려 부족하지만, 악은 단 하루를 행하더라도 그 흔적이 떠나가지 않는다. 사람은 선의 미덕을 끊임없이 행해야 할 뿐, 악의 부덕(不德)은 결코 행하지 말아야 한다.

6// 司馬溫公曰 積金以遺子孫이라도 未必子孫이 能盡守요 積書以遺子孫이라도 未必子孫이

6

돈을 모아서 자손에게 남겨준다 해도 자손이 반드시 다 지킨다고 볼 수 없다. 또 책을 모아서 자손에게 남겨준다 해도 자손이 반드시 다 읽는다고 볼 수 없다. 남모르는 가운데

음덕(陰德)을 쌓아서 자손을 위한 계교를 하느니만 못하다.

〈司馬溫〉

能盡讀이니 不如積陰德
於冥冥之中하여 以爲子
孫之計也니라.

| 풀이 | 베푼 사람의 집에 경사가 난다는 말이 있다. 자손들이 길이 잘 살 수 있게 하는 원대한 계획 중에는 남이 모르게 선행을 하고 인덕(仁德)을 베푸는 것이 가장 좋은 방법이다. 참으로 음덕(陰德)을 쌓음으로써 자손을 여러 대에 걸쳐 잘 살게 하였다는 일화 하나를 소개할까 한다. 이것은 전설이지만 어느 정도 믿어도 좋을 것 같다.

지금부터 약 300여 년 전의 일이다. 조(趙)씨 성을 가진 사람 하나가 장가든 첫날밤이었다. 밤이 깊어서 하객들은 흩어져 가고 세상 만물이 고요했다. 신랑도 신부와 더불어 화촉동방(華燭洞房)에 들어가 백년가약의 꿈이 이루어지려는 순간이었다. 이때 별안간 신부가 복통을 일으키며 어찌할 줄 모르더니 그만 옥동자를 낳고 말았다. 이와 같은 광경을 본 조 씨는 어이가 없었다.

웬만한 사람이면 당장 자리를 박차고 신부 집을 뛰쳐나왔을 것이다. 더욱이 신부는 일생 동안 볕을 보지 못할 뿐만 아니라 신부의 가족까지도 얼굴을 들고 세상 사람들을 대할 수 없었을 터였다.

그러나 조 씨의 태도는 너무도 침착했다. 조 씨는 어느덧 포대기 하나를 꺼내서 갓난아기를 싸가지고 남모르게 담을 넘어 밖으로 나갔다. 그리고는 갓난아기를 근처 다리 밑 안전한 곳에 가져다 놓고는 다시 담을 넘어서 신방으로 돌아

사마온(司馬溫):1019~1086. 이름은 광(光), 자(字)는 군실(君實). 호는 우부(迂夫) 또는 우수(迂叟), 시호는 문정(文正)이다. 그는 온국공(溫國公)에 봉하였기 때문에 흔히 사마온공으로 불리어진다. 북송(北宋)의 정치가이며 학자다. 신종(神宗) 때 왕안석의 신법에 반대하여 구법당(舊法黨)이 되었으며, 〈자치통감〉을 저술하였다.
유(遺):남겨주는 것.
적금(積金):돈을 모아서.
능진수(能盡守):다 지킬 수 있다.
음덕(陰德):남이 모르게 선을 행하고 덕을 쌓는 것.
명명지중(冥冥之中):나타나지 않는 가운데.
자손지계(子孫之計):자손을 잘 살게 하기 위한 원대한 계획.
이위(以爲):만든다, 또는 삼는다.

왔다. 그런 후에 배가 아프다고 방이 떠나가도록 소리를 질 렀다.

장모가 이 소리를 듣고 깜짝 놀라서 달려왔다. 문 밖에서 사위의 목소리임을 확인하고는 무슨 좋은 약이 있거든 말을 하라고 독촉했다. 조 씨는 자기 복통에는 미역국 밖에 다른 약이 없다고 했다. 장모는 부랴부랴 계집종을 깨워서 미역 국을 끓이고 밥을 짓게 해서 들여보냈다. 조 씨는 얼른 상을 받아놓고 신부에게 먹기를 권했다. 신부인들 무슨 낯으로 음식을 먹을 수 있겠는가?

그러나 워낙 신랑이 재촉하고 또 뱃속의 허기를 견딜 수 없어서 난감한 수치감 속에서도 몇 모금의 국을 마시고 몇 숟이 밥을 떴다.

조 씨는 새벽같이 일어나 집 밖에서 산책하는 시늉을 하 더니 하인을 불렀다. 다리 밑쪽에서 갓난애 울음소리가 들 리니 그곳으로 가보자며 하인을 데리고 다리 밑으로 갔다. 조 씨는 갓난애가 포대기에 싸여서 울고 있는 것을 보고는 깜짝 놀라는 시늉을 하며 불쌍한 생명이니 데려다 키워야 된다면서 하인에게 포대기를 들려가지고 집으로 돌아왔다.

그로부터 17년 뒤 어느 날 조 씨의 부인이 고아로 자라나 고 있는 전날 친정집의 근처 다리 밑에서 데려온 그 아이를 불러다 앞에 앉혔다. 그리고는 자기가 시집오기 전 이웃 총 각과 불미스런 관계를 맺었던 일로부터 시작해서 그 후의 지나간 일들을 낱낱이 고백하는 것이었다. 아이는 처음부터 끝까지 묵묵히 듣고만 있더니 마침내 소문도 없이 자취를 감추어버렸다. 그로부터 20여 년의 세월이 흘러가고 조 씨도 늙어서 세상을 떠나게 되었다. 여러 상제들을 비롯해서 온 집안이 슬픔에 잠기고, 초종 치르는 일이 예법에 의해 진행되고 있었다.

장례식을 며칠 앞둔 어느 날 밤, 문 밖에서 목탁 소리가 들리며 중년의 승려 하나가 찾아왔다. 상주를 찾아 조상을 하고 나더니 정중하게 말을 꺼냈다. 그 근방 바다 위에 조그만 무인도 하나가 있는데 그 섬 안에는 백자천손(百子千孫)에 대대로 정승판서가 나올 명당 자리가 있으니 거기에다 선친의 유해를 모시라고 권했다. 동시에 섬으로 운구할 배도 준비되어 있다고 했다.

상주는 승려의 외모로 보아서 속승(俗僧)이 아닌 도(道)가 높은 중임을 느꼈다. 또 그의 태도가 매우 진지한데다 말할 수 없는 명당이라는 데 마음이 쏠렸다.

친족들과 의논한 끝에 마침내 쾌히 승낙하고 말았다. 장례식 날이 되었다. 바닷가에는 이미 두 척의 배가 기다리고 있었다. 관은 앞배에 싣고 승려가 관 옆에 탔으며, 상제들은 뒷배에 탔다. 닻을 올리고 배는 육지를 벗어났다. 그런데 이상하게도 앞서 가던 배의 속도가 화살처럼 빨라서 뒤에 가던 배가 도저히 따라갈 수 없었다. 몇 시간을 달리고 나서는 앞서 가던 배의 행방을 그만 놓치고 말았다. 상제들은 아버지의 관을 잃어버리고 크게 낭패하여 돌아오게 되었다. 그 승려는 누구인가? 바로 조 씨의 부인이 첫날밤에 낳고 17년 동안 길러낸 그 아이였다. 그 아이는 어머니로부터 자기의 내력을 듣고는 곧 그 집을 떠나 절에 들어가 불도를 닦게 되었으며, 자기를 구해준 조 씨의 은덕을 갚기 위해 풍수지리를 공부하여 이 길에 정통하게 되었다. 전국을 돌아다니며 제일가는 명당을 구해 두었다가 마침내 조 씨를 그곳에 장사지내게 된 것이다.

그 뒤, 조 씨의 후손은 참으로 번창하고 크게 드러났으며 우리나라에서 망족(望族)이 되었다. 조 씨는 조선 말기의 당당한 세도 집안이다. 조 씨의 후손 한 분이 바닷길로 청나라에 사신으로 가다가 심한 풍랑을 만나 바다 위를 표류하게 되고 어느 무인도에 이르렀는데 그 섬에 무덤이 하나 있어서 이상히 여겨 가보았더니 비석 위에 '구대손(九代孫) 조○○이 여기를 지나가다'라고 기록되어 있더라는 것이다. 조 씨의 얘기는 음덕을 쌓아 자손들을 잘되게 하였다는 일화다.

7

은혜와 의리를 널리 베풀라. 인생이 어느 곳에서 서로 만나지 않으랴? 원수와 원한을 맺지 말라. 길이 좁은 곳에서 만나면 피하기 어렵다. 〈景行錄〉

| 풀이 | 사람은 언제나 은혜와 의리를 베푸는데 힘써야 한다. 인간의 삶이란 언제 어디서 만나게 될지 모른다. 어려움에 처한 사람을 도와줌으로써 기쁨을 느끼고, 또 인생의 보

7// 景行錄에 曰 恩義를 廣施하라 人生何處不相逢이랴 讐怨을 莫結하라 路逢狹處면 難回避니라.

경행록(景行錄):송(宋)나라 때의 책 이름.
광시(廣施):널리 베푼다.
막결(莫結):맺지 말라.

람을 느끼게 된다. 내가 남을 도와줌으로써 남도 나를 돕게 되며, 따라서 발전과 성공을 가져올 수 있다.

　인류의 역사를 통하여 아름다운 이름을 남겼다거나 큰 사업을 이룩한 사람 가운데는 은혜와 의리를 널리 베푼 것이 그 원동력이 된 경우가 많다. 마음을 악하게 가지고 남과 원수가 된다거나 원한을 맺는 일을 해서는 안 된다.

　속담에 '원수는 외나무다리에서 만난다.'는 말이 있다. 남을 해친다든지 남에게 못할 노릇을 하고 나면 마음이 괴롭다. 뿐만 아니라 보복이 두려워서 한시도 안심하고 살 수 없다. 실제로 언제 어디서 어떤 보복을 당할지 모른다.

　남과 원한을 맺었다가 몸이 죽고 집안이 패망하는 결과를 불러온 일은 어느 시대, 어느 사회에서나 끊임없이 일어나고 있다. 지금 이 순간에도 그와 같은 일이 수없이 일어나고 있다. 우리는 이와 같은 교훈을 기억하고 이를 실천에 옮기며 처세의 대원칙으로 삼을 만하다.

협처(狹處): 좁은 곳.

8

　나에게 선하게 하는 사람에게는 나 또한 선하게 대하고, 나에게 악하게 하는 사람에게도 나 또한 선하게 대할 것이다. 내가 이미 남에게 악하게 아니하면 남도 나에게 악하게 할 수 없을 것이다.　　　　　　　　　　〈莊子〉

| 풀이 | 사람은 언제나 남의 잘못을 용서할 줄 아는 아량

8// 莊子曰 於我善者도 我亦善之하고 於我惡者도 我亦善之니라 我旣 於人에 無惡이면 人能 於我에 無惡哉인저

어아(於我): 나에게. 어(於)는

밑의 말을 위로 올리는 작용을 하는 어조사이다.
선지(善之):착하게 한다. 지(之)는 어조사로서 한다의 뜻이다.
재(哉):어조사. 없을 것이다 또는 있겠는가? 등으로 풀이된다.

(雅量)이 있어야 한다. 나에게 잘하는 사람에게는 나도 잘하겠지만, 나에게 잘못하는 사람에 대해서도 또한 잘해야만 한다.

　내가 남에게 악하게 하지 않으면 남도 나에게 악하게 할 수는 없다. 나에 대해서 악하게 하는 사람이 있을 경우, 나는 그를 용서하고 그를 더욱 선하게 대해 준다면 그는 감동을 받아서 잘못을 뉘우치고 나아가 나에게 선하게 대할 것이다. 이것이야말로 악한 사람을 선하게 만드는 동시에 나에게도 좋은 결과를 가져오게 하는 것이다.

9

9// 東岳聖帝垂訓에 曰 一日行善이면 福雖未至나 禍自遠矣요 一日行惡이면 禍雖未至나 福自遠矣니 行善之人은 如春園之草하여 不見其長이나 日有所增하고 行惡之人은 如磨刀之石하여 不見其損이나 日有所虧니라

　하루 동안 선을 행하면 비록 복은 다가오지 않지만 화는 스스로 멀어진다. 하루 동안 악을 행하면 비록 화는 다가오지 않지만 복은 스스로 멀어진다.
　선을 행하는 사람은 봄동산의 풀과 같아서 그 자라나는 것이 보이지 아니하지만 나날이 더하는 바가 있으며, 악을 행하는 사람은 칼을 가는 숫돌과 같아서 갈리어서 닳아 없어지는 것이 보이지 아니하지만 나날이 이지러지는 바가 있다.

〈東岳聖帝〉

동악성제(東岳聖帝):도가(道家)에 속하며 연대와 성명은 미상이다.

| 풀이 | 선(善)을 행하는 것은 재앙을 멀리하고 복을 부르는 지름길이다. 선한 일을 한다고 당장 무슨 좋은 결과가 나타나지는 않지만 재앙을 사라지게 할 수 있으며, 악한 짓을

계선편 • 25

했다고 해서 바로 무슨 나쁜 결과가 나타나는 것은 아니지만 복은 이르지 않는다. 봄동산에 풀잎이 돋아나고 성장하는 순간순간을 포착할 수는 없지만, 모르는 사이에 자라나서 꽃을 피운다.

  이러한 자연현상과 같이 선행의 덕은 순간순간 보람이 나타나지는 않지만 모르는 동안에 꽃을 피우고 열매를 맺게 한다. 칼을 가는 숫돌이 칼에 갈리면서 모르는 사이에 닳아서 없어지는 것처럼 악과(惡果)는 당장 보이지 않지만 인간의 삶을 하나씩 갉아먹으면서 마침내 소멸의 길로 이끌어간다. 우리는 항상 선을 행함으로써 재앙을 사라지게 하고 복을 불러오는데 힘써야 한다.

수훈(垂訓):훈계를 내린다.
춘원(春園):봄동산.

10

선을 보거든 미치지 못하는 것 같이 하고, 악을 보거든 끓는 물을 만지는 것같이 하라. 〈孔子〉

10// 子曰 見善如不及하고 見不善如探湯하라

| 풀이 | 남을 통해 선(善)을 볼 때 자기는 거기에 미치지 못하는 것처럼 생각한다는 뜻이다. 곧 자기의 선이 부족한 것을 느껴서 선을 행하기에 힘써야 한다는 것이다. 악을 보았을 때는 끓는 물에 손을 댄 것처럼 이를 즉시 멀리해야 한다. 이 글은 사람들에게 선을 행하는데 힘쓰고 악을 멀리할 것을 강조하고 있다.

불선(不善):선하지 못한 것, 즉 악한 것을 말한다.
탐탕(探湯):끓는 물을 손으로 만지는 것.

천명편(天命篇)

- 하늘의 뜻을 헤아려라

공자는 하늘의 뜻에 순종하는 사람은 살고, 그것을 거역하는 사람은 망한다고 했다. 선을 행하는 것은 곧 하늘의 뜻에 순종하는 것이며, 악을 행하는 것은 하늘의 뜻을 거역하는 것이 된다. 저 푸른 하늘이 사람의 머리 위에서 우리의 모든 행동을 빠짐없이 살펴보고 있다. 어찌 두렵지 않은가.

1// 子曰 順天者는 存하고 逆天者는 亡이니라

1

하늘의 뜻에 순종하는 사람은 살고, 하늘의 뜻을 거역하는 사람은 망한다. 〈孔子〉

| 풀이 | 동양에서는 선과 정의를 행하는 것을 하늘의 뜻에 순종하는 것으로 보았다. 또한 악과 불의를 행하는 것을 하늘의 뜻을 거역하는 것으로 보았다. 쉽게 말해서 선과 정의가 바로 천도(天道)인 것이다. 그러므로 국가에 혁명이 일어날 때마다 성공하는 사람은 순천자(順天者)로 자처하고 상대방을 역천자(逆天者)로 규정지었다.

문왕이나 무왕은 인의(仁義)의 정치를 베풀었기 때문에 순천자로 불리어졌다. 그래서 은(殷)나라를 멸하고 주(周)나라를 세우는 혁명을 성공시켰다. 주왕(紂王)은 불인(不仁)·불의(不義)의 정치를 행하였기 때문에 역천자로 불리어지고 패망(敗亡)의 길로 들어섰다.

대자연의 섭리는 선한 것이다. 역사를 통해서 악과 불의 행동으로써 일시적인 성공을 거둔 사람이 없는 것은 아니지만 그와 같은 역천자는 곧 패망의 길을 걷는다. 인간은 모름지기 선과 정의를 행함으로써 대자연의 섭리에 따라야만 한다.

2

하늘의 들으심이 고요하여 소리가 없는데 푸르고 푸른 저 어느 곳에서 찾을 것인가. 높지도 않고 또한 멀지도 않다. 모든 것이 다만 사람의 마음속에 있는 것이다. 〈邵康節〉

| 풀이 | 하늘은 푸르고 푸르기만 하다. 아무 소리도 들려오지 않는다. 하늘은 찾을 길이 없다. 그렇다면 하늘은 어디에 있는 것인가? 하늘은 곧 사람의 마음속에 있다.

2// 邵康節先生曰 天聽이 寂無音하니 蒼蒼何處尋고 非高亦非遠이라 都只在人心이니라

소강절(邵康節):1011~1077. 이름은 옹(雍), 자는 요부(堯夫), 시호는 강절(康節)인데 송(宋)나라 때의 유학자다.
지(只):다만.

3

사람의 사사로운 말도 하늘의 들음은 우레와 같고, 어두운 방 속에서 마음을 속여도 귀신의 눈은 번개와 같다. 〈玄帝〉

| 풀이 | 하늘은 사람들이 내뱉는 한마디 한마디의 말을 놓치지 않고 듣고 있으며 사람의 행동 하나하나를 지켜보고 있다. 아무리 남모르는 곳에서 양심을 속이고 행동을 하더라도 귀신의 눈은 속일 수 없는 것이 아닌가.

사람은 언제나 남이 듣지 않고 보지 않는 곳일수록 더욱 말과 행동을 삼가야 한다. 그렇기 때문에 〈중용(中庸)〉에 '남이 보지 않는 데서 행동을 삼가고, 남이 듣지 않는 데서 두려워한다.' 고 하였다.

속담에 '낮 말은 새가 듣고 밤 말은 쥐가 듣는다.' 는 말이 있다. 우리는 혼자일 때 자신을 더욱 경계해야 한다.

3// 玄帝垂訓에 曰 人間私語라도 天聽은 若雷하고 暗室欺心이라도 神目은 如電이니라

사어(私語):사사로운 말, 즉 개인적으로 하는 말.
약뢰(若雷):약(若)은 같다는 뜻으로서 우레와 같다.
기심(欺心):양심을 속이는 것.

4

4// 益智書에 云하였으되 惡鑵이 若滿이면 天必誅之니라

나쁜 마음이 가득 차면 하늘이 반드시 벌을 내릴 것이다.

〈益智書〉

익지서(益智書): 송(宋)나라 때의 책 이름.
악관(惡鑵): 악한 마음.
주(誅): 베어서 죽인다는 뜻. 벌을 준다는 뜻이 될 수도 있다.

| 풀이 | 사람의 마음속에 악한 생각이 가득 차 있으면 거기에 대한 보복이 따르게 마련이다. 악한 마음을 가지는 자체가 이미 선을 좋아하는 대자연의 섭리를 배반하는 행위이기 때문에 역천자(逆天者)가 되어 살아갈 수밖에 없다.

5

5// 莊子曰 若人이 作不善하여 得顯名者는 人雖不害나 天必戮之니라

만일 사람이 선하지 못한 일을 해서 세상에 알려진 사람은, 비록 사람이 그를 해치지 않더라도 하늘이 반드시 죽일 것이다.

〈莊子〉

육(戮): 죽인다.
현명(顯名): 이름을 나타내는 것.

| 풀이 | 악한 짓을 해서 그 이름이 알려진 사람은 일시적으로는 부귀와 영화를 누릴지 모르나 하늘이 결코 가만히 내버려두지 않는다. 이와 같은 일은 과거의 역사가 그러했으며, 현재도 마찬가지다. 우리의 눈으로도 얼마든지 보아 왔으며 또 보고 있다.

선을 행함으로써 영달을 가져오고 이름을 알리는 것만이 하늘의 뜻에 순종하는 행위이다. 그럴 때 사람들의 지지와 협조를 얻어 그 영화를 오래도록 누릴 수 있다.

6

오이를 심으면 오이를 얻고 콩을 심으면 콩을 얻는다. 하늘의 그물이 넓고 넓어서 보이지는 않으나 그 어떤 것도 그냥 흘려보내지 않는다.

| 풀이 | 오이를 심으면 오이를 얻고 콩을 심으면 콩을 얻는 것과 마찬가지로 사람이 선을 행하면 반드시 복이 오고 악을 행하면 재앙이 돌아온다. 이것이 하늘의 변함없는 법칙이다. 하늘이 비록 넓고 넓으나 사소한 일 하나라도 놓치지 아니하여 모든 일은 이 원리에 의해 돌아가게 된다.

6// 種瓜得瓜하고 種豆得豆니 天網이 恢恢하여 疎而不漏라

7

하늘로부터 죄를 얻으면 빌 곳이 없다. 〈孔子〉

| 풀이 | 악한 행동을 하여 하늘로부터 죄를 짓게 되면 호소할 곳이 없다.

7// 子曰 獲罪於天이면 無所禱也니라

무소도(無所禱): 빌 곳이 없다. 혹은 호소할 데가 없다.

순명편(順命篇)

- 현명한 길을 찾아간다는 것

인간은 태어날 때 하늘로부터 주어진 운명이 있다고 한다. 부귀도 가난도 다 운명인 것이다. 생사(生死)는 명(命)에 있고 부귀는 하늘에 있다는 공자의 말이 이를 뒷받침한다. 우리는 자기의 할 일을 다 하고 하늘의 뜻을 기다리는 현명한 길을 가야 할 것이다.

1// 子曰 死生이 有命이요 富貴는 在天이라

1

죽고 사는 것은 명에 있고, 부하고 귀하게 되는 것은 하늘의 뜻에 있다.

〈孔子〉

| 풀이 | 죽고 사는 데에도 명(命)이 있다. 그러므로 사람의 마음대로 되지 않으며, 부와 귀(貴)는 하늘의 뜻에 달려 있기 때문에 억지로 구할 수 없다. 천명사상(天命思想)은 중국 고유의 사상인데 많은 어진 학자들이 이를 논리적으로 설명하였다. 크게는 시대와 국가로부터, 작게는 개인에 이르기까지 모두 하늘의 뜻이 있음을 강조하였다.

동양철학의 원천이라고 할 수 있는 〈주역(周易)〉도 하늘의 뜻에 근거를 두고 있으며, 공자도 천명론(天命論)을 정립하였다.

〈맹자〉 진심편(盡心篇)에 '명이 아님이 없으니, 순리로 그 바른 것을 지킬 뿐이다.' 라고 하였고, 또 '요사(夭死)와 장수(長壽)에 의심하지 아니하여 몸을 닦아서 하늘의 뜻을 기다릴 뿐이다.' 라고 하였다. 그리고 흔히 유행되는 말에 수인사대천명(修人事待天命)이라는 말이 있는데 곧 사람의 할 일을 다 하고 하늘의 뜻을 기다린다는 뜻이다. 수인사대천명이야말로 사람들에게 갈 길을 제시한 것이다. 따라서 모든 것이 다 운명이라 하여 아무것도 하는 일 없이 가만히 있을 수는 없는 것이다. 죽고 사는 것이 명이라고 하지만 우리는 어디까지나 죽음을 피하고 삶을 위해 노력해야 하며, 부귀가 아무리 하늘에 달렸다고 하지만 우리는 부귀를 얻기 위해 노력해야 한다.

  그러나 무리하게 죽는 것을 피하고 삶을 구하거나 부귀를 구하여 어떤 옳지 않은 행동도 서슴지 않는다면 이는 하늘의 뜻을 거부하는 행위가 되어 도리어 큰 재앙을 불러오게 된다. 사람은 모름지기 수인사대천명을 처세의 대원칙으로 삼아서 열심히 살아가야 할 것이다.

2

  모든 일에는 분수(分數)가 이미 결정되어 있는데, 세상 사람들이 부질없이 스스로 바쁘게 움직일 뿐이다.

| 풀이 | 이 글은 세상의 모든 일들에는 분수가 이미 정해져 있는 것을 모르고 부질없이 바쁘게 움직이는 사람들의 어리석음을 개탄한 것이다. 우리나라 속담에 '하루 죽을 줄 모르고 열흘 살 생각만 한다.'는 말이 있는데 이 글과 일치된다고 볼 수 있다.

  그러나 이와 같은 말이 아무리 옳다고 하더라도 이는 소극적인 경향이 있다. 그러므로 우리는 이와 같은 말에 너무 집착하지 말고 더욱더 노력해야 한다.

2// 萬事가 分己定이어늘 浮生이 空自忙이니라

분(分):분수(分數).
부생(浮生):덧없는 인생.
공(空):부질없이.

3// 景行錄에 云하였으되 禍不可倖免이요 福不可再求니라

행면(倖免):요행하게 피하는 것.
재구(再求):다시 구하는 것.

3

화(禍)는 간사하게 바라는 대로 피할 수 없고, 복은 두 번 다시 구하지 못한다.　　　　　　　　　　　〈景行錄〉

| 풀이 | 반드시 겪지 않으면 안 될 재앙은 어떤 요행에 의해서 피할 수는 없다. 또 한 번 놓쳐버린 복은 다시 구할 수 없는 것이다.

4// 時來風送滕王閣이요 運退雷轟薦福碑라

왕발(王勃):당(唐)나라 시인. 사는 자안(子安)이다. 등왕각서(滕王閣序)를 지어서 문명(文名)이 세상에 널리 알려졌다.
등왕각(滕王閣):양자강 유역의 남창(南昌)에 있다.
천복비(薦福碑):원나라 때의 극작가 마치원(馬致遠)이 세운 것이라는 설이 있고, 당나라 때 세워지고 대명필 구양순이 비문을 썼다는 설도 있으나, 필자는 후자를 따른다.

4

때가 다가오니 바람이 (왕발을) 등왕각으로 보내고, 운이 물러가니 벼락이 천복비를 때렸다.

| 풀이 | 당나라 때 도독(都督) 염백서(閻伯嶼)가 남창(南昌)에 등왕각이라는 정자를 세우고 낙성연(落成宴) 자리 위에서 서문(序文)을 짓게 하여 그의 사위 자랑을 하려고 했다.

이때 왕발은 동정호 부근에 있었는데 남창과의 거리가 700리쯤 되었다. 등왕각의 낙성식 날이 9월 9일인데 이틀 전인 7일 밤 꿈에 어떤 백발노인이 나타나 9월 9일 남창에서 베풀어지는 등왕각 낙성연에 참석하여 등왕각 서문을 지으라고 일렀다. 왕발이 꿈에서 깨어 생각해 보니 하루 사이에 700리를 간다는 것은 도저히 불가능한 일이었다.

그러나 너무도 생생한 꿈이었으므로 시험 삼아 배에 올라보았다. 바람이 순풍에다가 빨라서 9월 8일 하루에 700

리를 달려 그날 밤 이미 남창에 도착하였다. 왕발은 9월 9일 낙성연 위에서 그 천하의 문장 등왕각서를 써서, 사위의 글 자랑을 하려 했던 염백서를 무색케 했을 뿐만 아니라 한 세상을 크게 놀라게 했으며, 길이 후세 사람들에게도 널리 알려져 있다. 특히 당시 왕발의 나이가 14세라는 데에서 사람들은 더욱 놀랐다. 왕발은 참으로 대단한 행운이 따라 주었다고 볼 수 있다.

이와는 반대로 송나라 때 가난한 서생이 한 명 있었다. 그는 천복산(薦福山)에 있는 명필 구양순이 쓴 천복비의 비문을 탁본해 주면 막대한 보수를 주겠다는 어떤 사람의 부탁을 받고 희망에 부풀어 천복산을 향하여 갔다. 그러나 천복산에 도착한 그날 밤 벼락이 그 비석을 때려 산산조각을 만들었다. 따라서 이 가난한 서생의 희망도 산산이 부서지고 말았다. 참으로 운이 나쁜 사나이였다.

세상 사람들은 흔히 이 글을 인용하여 행운을 구가(謳歌)하기도 하고 비운을 자위하기도 한다. 이 글은 운명의 필연성을 강조하고 있다.

5

어리석고, 귀먹고, 버릇 나쁘고, 벙어리라도 집은 매우 부유하고, 지혜롭고 총명해도 도리어 가난하다. 운수는 해와 달과 날과 시(時)가 분명히 정하여 있는데 생각해 보면 부귀는 명(命)과 사람에 의해 결정된다.   〈列子〉

5// 列子曰 痴聾痼瘂라도 家豪富요 智慧聰明이라도 却受貧이라 年月日時該載定하니 算來由命不由人이니라

열자(列子):이름은 어구(御寇), 전국시대의 노나라 사람인데 정(鄭)나라 사람이라는 설도 있다. 사상적으로 도가에 속하여 충허진인(沖虛眞人), 지덕충허진인(至德沖虛眞人) 등의 칭호가 있다. 열어구의 학설을 그의 문인들이 천서(天瑞), 황제(黃帝), 주목왕(周穆王), 중니(仲尼), 탕문(湯問), 방명(方命), 양주(楊朱), 설부(說符) 등 8편으로 나누어 기술했기 때문에 〈열자(列子)〉라고 했다.
연월일시(年月日時):생년월일시, 즉 사주를 말한다.
해재정(該載定):해(該)는 이것, 즉 운명이며 재정은 정해져 있다. 운명이 정해져 있다는 뜻이다.
산래(算來):계산해 보면, 또는 따지고 보면으로 풀이한다.

| 풀이 | 부귀와 가난은 다 정해진 운명이 있다는 것을 말한 것이다. 바보, 귀머거리, 버릇 나쁜 사람, 벙어리와 같은 사람들은 지능이 박약하고 활동능력이 거의 없는 사람에 속한다. 지혜가 있고 총명한 사람은 남보다 뛰어난 자질을 타고났으며, 활동능력도 왕성한 계층에 속하는 사람들임에 틀림없다. 그렇다면 총명하고 지혜 있는 사람이 잘살고, 활동능력이 빈약한 사람들은 못살아야 당연하다.

그러나 활동능력이 빈약한 사람들 가운데도 부자가 있고, 지혜롭고 총명한 사람들 가운데도 가난한 사람이 있다는 사실은, 바로 부귀가 사람에게 있는 것이 아니라 그 사람의 운명에 있다는 것을 입증하고 있다. 부귀와 빈천은 사람의 운명에 달려 있기 때문에 어지로 얻을 수 있는 것이 아니다.

효행편(孝行篇)

- 부모의 은혜에 보답하는 길

부모님은 우리를 낳고 기르고 가르치시어 훌륭한 인간으로 만들어 주셨다. 우리가 삶의 행복을 누리는 것은 다 부모님의 은혜다. 산보다도 높고 바다보다도 깊은 부모님의 은혜를 무엇으로 갚을 것인가.

1

1// 詩에 曰 父兮生我하시고 母兮鞠我하시니 哀哀父母여 生我劬勞셨다 欲報深恩이면 昊天罔極이로다

국(鞠):기른다는 뜻.
혜(兮):어조사.
애애(哀哀):아아 애달프다.
망극(罔極):끝이 없다.
시경(詩經):오경(五經)의 하나. 공자가 은나라 때부터 춘추시대까지의 시(詩)를 취사선택하여 305편을 수록 편찬한 것이다. 〈시경〉을 〈시전(詩傳)〉 또는 〈모시(毛詩)〉라고도 한다.

아버지가 나를 낳으시고 어머니가 나를 기르시니, 애달프다 부모님이시여, 나를 낳아 기르시느라 애쓰고 수고하셨다. 그 은혜를 갚고자 한다면 넓은 하늘도 끝이 없네. 〈詩經〉

| 풀이 | 내 몸을 낳아주고 길러주며, 가르쳐주고 사람을 만들어주신 어버이의 숭고한 사랑과 고생을 찬양하고, 저 넓은 하늘과 같이 끝이 없는 은혜에 보답할 길이 없음을 강조한 것이다. 자식을 낳아서 기르고 가르쳐 한 인간으로 만들어내는 과정이란 피와 땀과 사랑의 결실이다. 당신을 초월한 희생적인 은혜는 무엇으로도 표현할 길이 없다.

여기에서는 부모의 은혜를 신과 같이 높고 바다와 같이 깊고, 또는 호천망극(昊天罔極) 즉 넓은 하늘처럼 끝이 없다고 표현하고 있다.

2

2// 子曰 孝子之事親也에 居則致其敬하고 養則致其樂하고 病則致其憂하고 喪則致其哀하고 祭則致其嚴이니라

사친(事親):어버이를 섬김.
거(居):거처하는 것, 또는 기거(起居)하는 것.

효자의 어버이 섬김과 거처함에는 그 공경을 다하고, 봉양함에는 그 즐거움을 다하고, 병드신 때는 그 근심을 다하고, 돌아가신 때는 그 슬픔을 다하고, 제사지낼 때는 그 엄숙함을 다한다. 〈孔子〉

| 풀이 | 이 글은 자식이 부모를 섬기는 방법을 설명한 것이다. 부모가 거처하는 데에 대해서, 부모를 봉양하는 데에

대해서 자식의 도리를 설명하고 있다. 또한 부모가 병들었을 때, 부모가 돌아가셨을 때, 또 부모를 제사지낼 때 자식으로서 취할 태도를 제시하고 있다.

치(致):다하는 것.
엄(嚴):엄숙한 것.

3

부모가 살아 계시면 멀리 놀러 나가지 않아야 하고, 놀러 나갈 때는 반드시 정해진 장소가 있어야 한다. 〈孔子〉

3// 子曰 父母在어시든 不遠遊하며 遊必有方이니라

|풀이| 부모는 언제나 자식을 걱정한다. 의려지망(倚閭之望)이란 말이 있다. 즉, 자식이 나가서 돌아오지 않으면 문에 의지하여 기다린다는 뜻이다.

또 자식도 부모의 나이가 많으면 언제 무슨 일이 일어날지 모르기 때문에 마음속에서 걱정이 떠나지 않는다. 그러므로 집 밖을 나갈 때는 먼 곳에 가지 않으며, 어디를 가든 그 장소를 알려서 부모의 근심을 덜어드리는 동시에 언제든지 연락이 닿게 한다.

이 글은 부모를 모시고 있는 몸은 행동을 함부로 할 수 없다는 것을 강조한 것이다.

방(方):방소(方所), 즉 정해진 장소.

4

아버지께서 부르시거든 곧장 머뭇거리지 말고 대답하며, 입에 음식이 있거든 이를 뱉을 것이다. 〈孔子〉

4// 子曰 父命召어시든 唯而不諾하고 食在口則吐之니라

유이불낙(唯而不諾): 예, 대답하고 곧 가는 것.
식재구즉토지(食在口則吐之): 음식이 입 안에 있으면 이를 뱉는다. 이것을 뱉고 나서 아버지에게로 가는 것이다. 이것을 뱉고 나서 대답한다로 풀이하기도 한다.

5// 太公曰 孝於親이면 子亦孝之하나니 身旣不孝면 子何孝焉이리오

하효언(何孝焉): 어찌 효도하겠는가?

6// 孝順은 還生孝順子하고 忤逆은 還生忤逆子하니 不信하거든 但

| 풀이 | 아버지의 부르심을 존중하고 어렵게 생각하기 때문에 대답을 하고 즉시 달려가야 하며, 음식이 입 안에 있을 때는 토하고 아버지를 맞이해야 하는 것이다.

5

자신이 어버이에게 효도하면 자식이 또한 자신에게 효도한다. 자신이 어버이에게 효도하지 않는다면 어찌 자식이 나에게 효도하겠는가? 〈太公〉

| 풀이 | 천명편 6장에서 종과득과(種瓜得瓜), 종두득두(種豆得豆), 즉 오이를 심으면 오이를 얻고 콩을 심으면 콩을 얻는다는 말이 있었다. 원인이 있으면 반드시 결과가 있게 마련이다. 자신이 부모에게 효도하면 자식도 그것을 본받아 내게 효도한다.

그러나 그 자신이 부모에게 불효한다면 자식도 또한 내게 불효하게 된다. 부모에게 효도하는 것이 부모의 은혜에 보답하는 자식의 당연한 도리이지만 자식을 교육하는 측면에 있어서도 본보기가 되어서 바른길로 이끌게 된다.

6

부모에게 효도하고 순종하는 자식은 또한 그와 같은 자식을 낳으며, 오역(忤逆)한 부모는 또한 오역한 자식을 낳

는다. 믿지 못한다면 저 처마 끝의 낙수를 보라. 방울방울 떨어져 내림이 어긋남이 없다.

看簷頭水하라 點點滴滴不差移니라

| 풀이 | 자신이 부모에게 효도하면 그 자신도 효도하는 자식을 낳는다. 또 자신이 부모에게 패역(悖逆)하면 자식도 패역하는 자식을 낳는다는 뜻이다. 종과득과(種瓜得瓜), 종두득두(種豆得豆)의 인간관계를 밝힘으로써 부모에게 효도할 것을 거듭 강조한 것이다.

부모에게 효도를 다하는 것이 부모의 은혜에 보답하는 길이며, 동시에 자신도 자식들로부터 효도를 받을 수 있는 길이다.

효순(孝順):부모에게 효도하고 순종하는 것.
환(還):또한.
오역(忤逆):패역(悖逆) 또는 반역. 여기에서는 패역이라고 해석하는 것이 좋다.
첨두(簷頭):처마 끝.
차이(差移):어긋나는 것.

정기편(正己篇)

- 스스로 몸을 바르게 하는 가르침

사람이 몸을 닦는 데 있어서 자기 몸을 바르게 하는 것이 가장 먼저 해야 할 일이다. 〈대학〉에 수신제가치국평천하(修身齊家治國平天下)라는 말이 있는데 여기서 수신은 정기(正己)와 통하는 말이다. 곧 사람이 세상에서 활동하는 데 있어서 근본적인 문제이다. 자기를 바르게 하고 나서야 다른 사람을 바르게 할 수 있다.

1

남의 선한 것을 보고 나의 선을 찾고, 남의 악한 것을 보고 나의 악을 찾을 것인데 그와 같이 하면 바야흐로 보탬이 있다.

〈性理書〉

1// 性理書에 云하였으되 見人之善而尋己之善하고 見人之惡而尋己之惡이니 如此면 方是有益이니라

성리서(性理書): 성리학에 관한 서적인 〈대학(大學)〉, 〈중용(中庸)〉, 〈논어(論語)〉, 〈맹자(孟子)〉 등.
심기지선(尋己之善): 심(尋)은 찾는다는 뜻이다. 기지선(己之善)은 자기의 착한 것, 즉 나의 선을 찾는 것.
방(方): 바야흐로.

| 풀이 | 다른 사람의 선한 것을 보았을 때는 자기에게 그와 같은 선이 있는가, 없는가를 돌이켜보아서 그와 같은 선이 없을 때는 그것을 본받아 자기의 선으로 만들며, 다른 사람의 악한 것을 보았을 때는 자기에게 그와 같은 악이 있는가, 없는가를 돌이켜보아 자기에게 그와 같은 악이 있다면 용감하게 버려야만 한다.

그러므로 선악개오사(善惡皆吾師), 즉 선한 사람과 악한 사람이 모두 나의 스승이란 말이 있다. 나의 악을 버리고 남의 선을 따름으로써 자기 몸을 바르게 하는 일이야말로 매우 유익한 것이다.

2

대장부는 마땅히 남을 용서할지언정 남의 용서를 받는 사람이 되지 않는다.

〈景行錄〉

2// 景行錄에 云하였으되 大丈夫는 當容人이언정 無爲人所容이니라

대장부(大丈夫): 여기에서는 훌륭한 남자.
용(容): 용납한다, 용서한다.

| 풀이 | 대장부는 남의 잘못을 용서할 수는 있다. 그러나 행동이 정도(正道)에 어긋나서 남에게 용서를 받는 일이 있어서는 안 된다. 사람은 어디까지나 선과 정의의 길로 나아

가 남에게서 지탄받지 않아야 함을 강조하고 있다.

3

나를 귀하게 여김으로써 남을 천하게 여기지 말고, 스스로 크게 여김으로써 남의 작음을 업신여기지 말며, 용맹을 믿음으로써 적을 가볍게 보지 말라. 〈太公〉

3// 太公이 曰 勿以貴己而賤人하고 勿以自大而蔑小하고 勿以恃勇而輕敵하라

귀기(貴己):자기를 귀히 여긴다. 자기의 신분이 귀한 것으로 풀이될 수 있다.
멸소(蔑小):작은 것을 업신여기는 것.
경적(輕敵):적(敵)을 가볍게 보는 것.

| 풀이 | 사양지심(辭讓之心)은 예지단(禮之端)이라 하여 겸손을 미덕으로 삼았다. 내 몸이 귀하다고 다른 사람을 천하게 여긴다든지, 자신이 크다고 해서 작은 사람을 업신여긴다든지, 용맹이 있다고 적(敵)을 가볍게 여기는 것은 겸양의 미덕을 이미 해치는 그릇된 사고이며 행동이다.

우리는 흔히 이와 같은 미덕을 벼이삭에 비교한다. 즉 벼가 익으면 고개를 숙인다는 것이다. 사람다운 사람은 자기의 지위가 높을수록 몸을 낮추며, 지식이 많을수록 겉으로 들어내지 않는다. 조선시대에는 벼슬이 대신에 이르면 평교자(平轎子)라는 낮은 가마를 타게 하였는데 이는 지위가 높을수록 몸을 낮추라는 뜻이었다. 일화 하나를 소개하기로 한다.

조선 영조 때였다. 경기도 장단 오목이라는 마을에 이종성(李宗城)이라는 대신이 살고 있었다. 세상 사람들은 그를 오목이 대신이라고 불렀다. 이 정승은 은퇴해 살면서 낚시질을 다니는 것이 하루 일이었다.

어느날 점심때였다. 이 정승은 무더운 여름이어서 낚시를 쉬고 상노 아이와 함께 개울가 주막집으로 들어가서 도시락을 펼쳐놓고 점심을 먹기 시작했다. 이때 마침 이웃 마을 원님의 부임 행차가 그곳을 지나가다가 역시 점심식사를 하기 위해 같은 주막집으로 모여들었다. 공교롭게도 원님은 이 정승이 점심을 먹고 있는 방에 자리를 잡게 되었다.

원님은 비단으로 몸을 감고 아랫목에 자리를 잡고 앉았다. 행동이 안하무인이고 거드름을 피우는 것이 대단했다. 원님이 가만히 주위를 살펴보니 방 안 한쪽에 한 노인과 아이가 앉아서 점심을 먹고 있는데 옷차림이 분명히 시골 사람이며, 점심이라고 펴놓고 먹는 밥을 보니 자기로서는 생전 처음 보는 것이었다. 원님은 참지 못하고 이 정승에게 다짜고짜 말을 건넸다.

"늙은이, 자네가 먹는 밥이 뭔가?"

늙은이는 서슴지 않고 대답했다.

"보리밥이라는 것이오."

"그렇다면 좀 맛보여 줄 수 없겠나?"

"그것이 뭐가 어려울 것이 있겠소."

늙은이는 보리밥을 한 숟가락 떠서 주었다. 원님은 보리밥을 입 속에 넣고 씹어보더니, 이런 것을 어떻게 사람더러 먹으라고 주느냐면서 전부 뱉어버리고는 목소리를 버럭버럭 높였다. 원님은 점심을 시켜먹고, 이 정승은 식사를 끝낸 뒤 집으로 돌아가 버렸다. 그런데 원님이 식사를 끝낼 무렵이었다. 이 정승 댁의 하인이 찾아와서 이 정승께서 만나자는 전갈을 전했다.

　원님은 영문도 모른 채 부랴부랴 이 정승을 찾아갔다. 일인지하(一人之下)요 만인지상(萬人之上)인 정승 앞이었다. 일개 지방의 수령으로서는 감히 그 앞에서 얼굴도 들지 못하는 형편이다. 원님은 뜰아래에서 절을 올린 뒤에 두 손을 마주잡고 허리를 굽히고 서 있었다. 이윽고 대청 위로부터 카랑카랑한 목소리가 떨어졌다.

　"얼굴을 들어서 나를 보라."

　원님은 마침내 얼굴을 들어서 대청 위를 바라보았다. 벼락이 머리를 치는 것 같았다. 대청 위의 얼굴은 바로 아까 자기가 점심식사를 했던 주막집 한쪽에서 보리밥을 먹었던 그 늙은이가 아닌가? 고개가 저절로 떨어지고 어깨가 축 늘어졌다. 마침내 무릎을 꿇고 땅 위에 엎드렸다.

　"죽어 마땅한 죄를 지었습니다. 살려주십시오."

　대청 위에서는 또다시 차가운 목소리가 떨어졌다.

　"그대는 한 고을의 목민지관(牧民之官:백성을 거느리는 관원)으로서 두 어깨에 짊어진 책임이 막중하다. 그대의 교만한 태도와 백성들이 먹는 보리밥을 악식(惡食)이라 하여 뱉어버리는 사치스러운 생각으로는 백성을 도탄의 구렁텅이로 몰아넣고, 국사(國事)를 그르칠 뿐이다. 내가 몰랐다면 모르겠지만 안 이상은 모르는 체 넘어갈 수 없다. 이 자리에서 부임할 것을 단념하고 집으로 돌아가라."

　원님은 불호령에 벌벌 떨었다. 할 수 없이 청운(靑雲)의 뜻을 버리고 발길을 돌렸다. 이 원님은 자기 몸이 귀하다고 남을 천하게 여기는 그릇된 생각 때문에 패망의 나락으로 떨어지고 말았다. 내 몸이 부(富)하고 귀할수록 자신을 낮추는 겸허의 미덕을 발휘하는 것만이 그 부와 귀함을 길이 간직하는 최선의 방법일 아닐까.

4

남의 허물을 듣거든 부모의 이름을 듣는 것과 같이 여기며, 귀로 들을지언정 입으로 말하지 말라. 〈馬援〉

| 풀이 | 남의 허물을 듣기는 해도 내 입으로 말해서는 안 된다는 뜻이다. 좌우명에 '남의 단점을 말하지 말라.' 하였으니, 즉 남의 허물을 말하지 않는 것이 인간 수양의 극히 중요한 한 부분을 차지하는 것이다.

조선시대 초기에 황희(黃喜)라는 유명한 정승이 있었다. 젊었을 때는 사람됨이 극히 경솔하고 남의 단점을 말하기 좋아해서 평판이 좋지 않아 사람들에게서 존경을 받지 못했다. 황희가 암행어사의 명을 받아 남쪽을 향하여 내려갈 때의 일이다. 마침 모내기철이어서 들판에는 사람들이 많이 흩어져서 부지런히 일하고 있었다. 어떤 곳을 지나는데 늙은 농부가 황소 한 마리와 검정소 한 마리를 부리며 논을 갈고 있었다. 황 어사는 한참 동안 논을 가는 광경을 구경하다가 그 늙은 농부에게 물었다.

"황소와 검정소 중에서 어느 소가 일을 잘 하오?"

4// 馬援曰 聞人之過失이어든 如聞父母之名하여 耳可得聞이언정 口不可言也니라

과실(過失): 허물, 잘못.
여문부모지명(如聞父母之名): 부모의 이름을 듣는 것과 같이 한다. 과거 동양 도덕에 있어서 남이 자기 부모의 이름을 부르는 것을 듣기는 해도 자신의 입으로 부르지는 못했다.

늙은 농부가 이 말을 듣더니 일손을 놓고 황 어사가 있는 곳으로 다가왔다. 그리고는 황 어사의 귀에 대고 나직하게 귓속말을 건넸다.

"황소가 일을 더 잘 하오."

황 어사가 말을 듣고 보니 어이가 없었다. 그런 대수롭지 않은 말을 가지고 수선을 떨며 귓속말까지 하다니! 황 어사가 또다시 물었다.

"그만한 일을 가지고 귓속말을 할 것까지 뭐가 있단 말이오?"

늙은 농부는 이에 이렇게 대답했다.

"두 마리의 소가 다 같이 일을 하고 있는데 어느 소가 일을 잘 한다고 칭찬을 한다면 다른 소는 기분이 좋지 않을 것이 아니겠소?"

황 어사는 늙은 농부의 말에 깨닫는 바가 있었다. 그때부터 딴사람으로 변했다. 죽을 때까지 남의 단점이라곤 입 밖에 내지 않았다. 태조로부터 세종에 이르기까지 4명의 임금을 섬기며 나라와 백성을 위하여 많은 업적을 남기게 되었다. 특히 청렴한 벼슬아치로 이름이 높았다.

사람의 단점에 대해 말하기를 좋아한다면 누구도 그를 가까이하려 들지 않을 것이며, 또한 그 말에 대한 책임은 어떻게 감당할 것인가? 모름지기 남의 단점을 말하지 않는 것을 깊이 새겨두어야 할 것이다.

5

5// 邵康節先生이 曰 聞人之謗이라도 未嘗怒하며 聞人之譽라도 未嘗喜하며 聞人之惡이라도 未嘗和하며 聞人之善이면 則就而和之하고 又從而喜之니라 其詩에 曰 樂見善人하며 樂聞善事하며 樂道善言하며 樂行善意하고 聞人之惡이어든 如負芒刺하고 聞人之善이어든 如佩蘭蕙니라

방(謗):비방, 즉 나쁘다고 비평하는 소리.
예(譽):칭찬하는 말.
화(和):부화뇌동(附和雷同)하는 것.
종(從):따라서.
망자(芒刺):가시.
난혜(蘭蕙):난초.

남의 비방을 들어도 성내지 말며, 남의 칭찬을 들어도 기뻐하지 말라. 다른 사람의 악을 들어도 이에 서로 응하지 말며, 다른 사람의 선을 듣거든 곧 나아가 이에 즐겁게 답하고 또 따라 기뻐할 것이다. 시(詩)에 이렇게 말했다.

선한 사람 보기를 즐거워하며
선한 일 듣기를 즐거워하며
선한 말 이르기를 즐거워하며
선한 뜻 행하기를 즐거워하며
남의 악을 듣거든
가시를 몸에 진 것같이 하고
남의 선을 듣거든
난초를 몸에 지닌 것같이 하라. 〈邵康節〉

| 풀이 | 다른 사람이 나를 비방한다고 해도 화를 낼 필요는 없다. 비방하는 말을 들었을 때는 자신을 반성한 후 그 원인을 자신에게서 찾아본다. 다른 사람이 나를 칭찬해도 기뻐할 필요는 없다. 또한 자신을 반성한 후 남의 칭찬을 들을 만한 일이 있는가, 없는가를 생각해 본다. 다른 사람의 악한 것을 들었을 때는 부화뇌동(附和雷同)하는 행동을 하지 말아야 한다.

다른 사람의 선한 것을 들었을 때는 곧 이에 호응하며 기뻐해야 한다. 선한 사람 보기를 즐거워하며, 선한 일을 듣기

를 즐거워하며, 선한 말을 이르기를 즐거워하며, 선한 뜻을 행하기를 즐거워하라는 데 대해서 시(詩)를 가지고 강조했다.

이 글은 소강절 선생이 사람들에게 악을 버리고 선을 좋아하는, 향기 넘치는 인간이 되기를 권고한 것이다.

6

나를 착하다고 말하는 사람은 곧 내게 해로운 사람이요, 나를 나쁘다고 말하는 사람은 곧 나의 스승이다.

6// 道吾善者는 是吾賊이요 道吾惡者는 是吾師니라

| 풀이 | 내게 잘한다고 치켜세우는 말은 귀에 듣기는 좋다. 하지만 실제 그것은 나를 해롭게 하는 것이다. 또 나의 잘못을 비판하는 말은 귀에 거슬리지만 실제 나를 이롭게 하는 것이다. 여기에서 오사(吾師), 즉 나의 스승이라는 말을 쓴 것은 나의 잘못을 일깨워서 바른길로 인도해 준다는 데에서 그 동기를 찾을 수 있다.

〈맹자〉에 '자로는 남이 내게 허물이 있음을 말해 주면 기뻐하고, 우 임금은 선한 말을 들으면 절하였다.'고 하였다. 나의 허물을 충고해 주는 사람이야말로 진정으로 나를 위해 주는 사람이며, 나를 도와주는 사람이다.

동서고금의 역사를 통해서 또는 현대사회에 있어서 주위 사람들의 아첨과 찬양하는 말에만 귀를 기울이고 바른말을 듣기 싫어하다가 큰 과오를 저질러 몸을 상하게 하고 집안을 망치며, 국가와 사회에 혼란으로 몰아넣는 일이 얼마든지 있다.

촉한(蜀漢)의 어진 신하 제갈량이 후주(後主)에게 올린 글에 '어진 신하를 가까이하고 소인을 멀리함은 전한이 융성한 까닭이고, 소인을 가까이하고 어진 신하를 멀리함은 후한이 쇠퇴한 까닭입니다.'고 하였다. 우리나라에서도 가장 흔한 예로 이승만 정권이 무너지게 된 동기에서 알 수 있다. 이승만 정권은 주위에서 잘한다고 치켜세우는 사람만을 좋아하고, 바른말 하는 사람을 싫어했다. 어찌 두려운 사실이 아니겠는가?

사람은 언제나 내 주위에서 나에게 아부하고 나를 잘한다고 치켜세우는 사람을 극히 경계하고 냉정하게 관찰해야 하며, 나를 비판하는 말을 잘 수용해 나의 허물을 고치는 데 힘써야 할 것이다.

7

7// 太公이 曰 勤爲無價之寶요 愼爲護身之符니라

근면은 값없는 보배이며, 근신은 몸을 보호하는 부적이다.

〈太公〉

| 풀이 | 세상을 살아가는 방법에 있어서 가장 중요한 것이 바로 부지런한 것이다.

옛글에 '근면하면 천하에 어려운 일이 없다.', '일생의 계획은 부지런한 데 있다.', '작은 부자는 부지런한 데 있

다.'는 말이 있다. 부지런히 노력함으로써 발전이 있고 성공적인 결실을 얻을 수 있다.

  과거나 현재는 물론 크고 작은 사업을 이룩한 사람치고 부지런하지 않은 사람은 일찍이 없었다. 우리는 마땅히 근면을 처세의 신조로 삼아 발전과 성공을 위해 노력해야 할 것이다. 그리고 우리가 세상을 살아가는 태도에 있어서, 무엇보다도 중요한 것은 근신(謹愼)이라 할 수 있다. 모든 것을 삼가는 것만이 허물을 적게 해서 내 몸을 보전할 수 있는 최선의 길이 된다. 옛 시에 '깊은 못에 임한 듯이, 살얼음을 밟는 듯이'라는 말이 있다. 우리는 이와 같은 태도로 항시 신중을 기해야 할 것이다.

8

  삶을 보전하려는 사람은 욕심을 적게 하고, 몸을 보전하려는 사람은 이름을 피한다. 욕심을 없애기는 쉬우나 이름을 없애기는 어렵다.
〈景行錄〉

8// 景行錄에 日 保生者는 寡慾하고 保身者는 避名이니 無慾은 易나 無名은 難이니라

| 풀이 | 생계를 이어가기 위해서 지나친 욕심을 부려서는 안 된다. 지나친 욕심을 부리지 않고 꾸준히 노력한다면 생계를 보전하는 데 문제될 게 없으나 욕심이 지나치면 실패하기 쉽다. 따라서 생계를 보전할 수 없게 된다.

  이 글은 사람들에게 삶을 영위하는 데 있어서 욕심을 적게 할 것을 강조한 것이다. 그리고 몸을 보전하는 방법으로

써 이름을 피할 것을 말하고 있다. 이름이 지나치게 세상에 알려지면 거기에 따라서 시기하는 사람도 생기고 두려워하는 사람도 생긴다.

따라서 몸이 위태로운 지경에 놓이면 패망을 불러오기 쉽다. 그렇기 때문에 군자는 그 이름이 지나치게 높아지는 것을 경계한다. 그런데 과욕이나 이름이 세상에 알려지는 것을 피하는 것을 실행하는 것이 말처럼 쉬운 일이 아니라는 것이다.

9

군자는 세 가지 경계할 것이 있다고 하였다. 첫째 어린 나이일 때는 혈기가 아직 정하여지지 않았기에 여색(女色)을 경계하는 것이고, 둘째 몸이 장성했을 때는 혈기가 바야흐로 강성하기에 투쟁을 경계하는 것이고, 셋째 몸이 늙음에 이르러서는 혈기가 이미 쇠한 까닭에 탐욕을 경계하는 것이다.
〈孔子〉

9// 子曰 君子有三戒하니 少之時엔 血氣未定이라 戒之在色하고 及其壯也하얀 血氣方剛이라 戒之在鬪하고 及其老也하얀 血氣旣衰라 戒之在得이니라

기쇠(旣衰):이미 쇠한 것.
득(得):물건을 탐내서 얻으려는 것.

| 풀이 | 이 글은 사람을 연소(年少)한 시절과 장년기(壯年期), 노쇠기(老衰期) 등 세 시기로 나누어 반드시 경계해야 할 일을 알려주고 있다.

어릴 때는 몸이 아직 한창 성숙기에 있는 것이다. 이와 같은 때는 여색을 가까이하면 신체의 발육에 큰 장애를 가져오게 되고 약한 체질로 변하기 쉽다. 또 정신과 위생에서도

영향을 끼치게 마련이다. 그렇기 때문에 여색을 특히 경계해야만 한다.

사람이 장성해서 장년기에 이르면 한창 혈기가 왕성하다. 남한테 지려 들지 않고 사소한 일에도 싸우려 든다. 혈기지용(血氣之勇)을 믿고 힘만으로 다른 사람과 싸운다는 것은 군자의 교양 있는 행동이 아니며 또 자칫 잘못하면 몸을 다치고 심지어는 생명을 잃을 수도 있다. 또 상대방의 몸을 다치게 한다든지 죽게 함으로써 남과 원수가 될 뿐만 아니라, 국법에 의해 처벌을 받게 된다. 어찌 경계하지 않으랴.

노년기에 들어서면 혈기가 이미 쇠약해서 육체적으로나 정신적으로 어려운 일을 견딜 수 없다. 물건을 탐내서 이를 얻으려 든다면 뜻대로 되지 않을 뿐만 아니라 도리어 건강을 해쳐서 생명을 재촉하는 결과가 될 수도 있다.

옛글에 '늙으면 욕심이 많다(老則多慾).'는 말이 있다. 그런 만큼 욕심을 경계해야 한다. 군자는 이 세 가지 경계할 것을 잘 지켜서 몸에 해를 끼치는 재앙을 멀리하도록 힘써야 한다.

10

성내는 것을 심하게 하면 기운이 상하고, 생각이 많으면 크게 정신을 소모한다. 정신이 피로하면 마음이 쉽게 수고롭고, 기운이 약하면 뒤따라 병이 생긴다. 슬퍼하고 기뻐하

10// 孫眞人養生銘에 云하였으되 怒甚偏傷氣요 思多太損神이라 神疲心易役이요 氣弱病相

因이라 勿使悲歡極하고 當令飮食均하며 再三防夜醉하고 第一戒晨嗔하라

손진인양생명(孫眞人養生銘): 손진인은 도가(道家)에 속하는 사람으로 이름은 분명하지 않다. 양생(養生)이란 몸과 마음을 건강하게 길러서 오래 살기를 꾀하는 것이니 양생명이란 곧 양생하는 계명을 말한다.
운(云): 이르기를.
상기(傷氣): 기운을 상하는 것.
태손신(太損神): 태(太)는 큰 것, 즉 크게 정신을 소모시키는 것.
신피(神疲): 정신이 피로한 것.
물사(勿使): 시키지 말라.
야취(夜醉): 한밤에 술 취하는 것.
신진(晨嗔): 새벽에 성내는 것.

11// 景行錄에 曰 食淡精神爽이요 心淸夢寐安이니라

식담(食淡): 담박한 음식을 먹는 것.

는 것을 심하게 말며, 음식은 마땅히 고르게 하며, 밤에 술 취하는 것을 거듭 금하고, 새벽에 성내는 것을 가장 경계하라.
〈孫眞人 養生銘〉

| 풀이 | 이 글은 도가의 손진인이 사람들에게 몸과 마음을 건강하게 잘 다스리는 방법을 제시한 것이다. 너무 심하게 성내면 기운이 상하게 되니 성내는 것을 삼가며, 생각이 너무 많으면 정신을 소모시키는 결과를 가져오니 생각을 너무 복잡하게 하지 말아야 한다.

슬픔과 기쁨이 너무 최고조에 이르러도 정신적인 타격을 불러일으킴으로 슬픔과 기쁨도 정도에 맞추어서 하며, 음식은 골고루 먹어 영양을 섭취해야만 한다.

밤에 술 취하는 것은 몸에 매우 해로우니 절대로 금하며, 가장 중요한 일은 새벽에 성을 내지 않는 것이다.

11

음식이 담박하면 정신이 맑아지고, 마음이 맑으면 잠도 절로 편안하다.
〈景行錄〉

| 풀이 | 기름진 음식물을 정도보다 지나치게 먹으면 머리가 무겁고 정신이 흐려진다. 마음속이 복잡하면 꿈이 많아지고 잠자는 것도 편안하지 못하다. 정신이 흐려지고 잠을 잘 못 자면 몸에 이상이 생기고 활동능력이 줄어든다.

우리는 언제나 먹는 것을 담박하게 함으로써 정신을 맑게 하고, 마음속을 깨끗하게 함으로써 잠자는 것을 편안하게 해야 한다. 그렇게 해서 맑은 정신으로 활동능력을 증진시키며 양생하는데 힘써야 한다.

12

마음을 안정하여 사물에 응한다면 비록 글을 읽지 않더라도 덕이 있는 군자가 될 수 있다.

|풀이| 마음이 안정돼야 사리의 판단을 정확하게 할 수 있다. 따라서 사물에 대응하는 것이 정도를 벗어나지 않는다.

글을 읽는 선비라 할지라도 정심응물(定心應物)을 못한다면 모든 일이 도리를 벗어나게 마련이다. 그렇기 때문에 정심응물을 할 수 있다면 비록 글을 읽는 선비가 아니더라도 군자가 될 수 있다.

12// 定心應物하면 雖不讀書라도 可以爲德君子니라

정심(定心):마음을 안정하는 것.
응물(應物):사물에 응하는 것.

13

분(忿)을 징계하기를 옛사람과 같이 하고, 욕심을 막는 것을 물 막듯이 하라. 〈近思錄〉

|풀이| 사람이 분한 마음을 일으키면 감정적으로 흐르게 되고 사물의 판단이 흐려져서 일을 그르친다. 그러므로 옛

13// 近思錄에 云하였으되 懲忿을 如故人하고 窒慾을 如防水하라

근사록(近思錄):송(宋)나라 때 주자와 그의 제자 여조겸(呂祖謙)이 함께 지은 책이

다. 사람에게 있어서 교양을 높이고 처세를 바르게 하며 성장하는 데 필요한 금언 622조목을 추려서 14부로 분류한 것이다.

징분(懲忿):분한 마음을 일으키지 않도록 하는 것.

고인(故人):옛사람, 즉 옛날의 어진 사람.

날의 어진 사람들은 분한 마음을 일으키지 않도록 힘썼던 것이다. 그래서 여기에 분을 징계할 때 옛사람과 같이 하라는 말이 나오고 있다.

욕심이란 사람이 특히 경계하여 이를 미리 방지하여야만 한다. 사람의 마음이 약해져서 불의를 행하여 사회의 질서를 혼란에 빠뜨리고, 범법 행위를 하다가 몸을 망치며 집안을 몰락시키는 무서운 결과를 초래한다. 또한 한 나라를 망치고 천하 사람들에게 해독을 끼치는 등의 일이 모두 욕심에서 비롯된다.

이와 같은 일은 인류의 역사를 통해서 또는 지금 우리 주변에서 끊임없이 일어나고 있는 현상이다. 특히 한 예로 이승만 박사를 지적할 수 있다. 이 박사는 일제 강점기에 독립협회의 간부로 구국운동에 앞장을 섰다가 오랫동안 옥고를 치렀고, 출옥한 뒤에도 끊임없는 구국운동을 하였다. 나아가 한일합방 이후에는 미국으로 망명, 일생을 국가와 민족을 위하여 헌신함으로써 우리나라 사람들은 그를 국부(國父)라고 칭하며 존경했다.

그러나 그가 대한민국을 수립하고 대통령에 취임한 뒤 그의 불타는 욕심은 마침내 사사오입 개헌 등 정상을 벗어난 방법으로 헌법을 고쳐 정권 연장의 야망을 달성하는 따위의 온갖 불법을 일삼는 쪽으로 바뀌었다. 이승만 정권은 결국 사월혁명으로 붕괴되고 말았으며, 팔십 노구로 망명의 길에 올라 미국으로 갔다가 그곳에서 한 많은 생애를 마쳤으니 지난날의 업적이 애석할 따름이다.

만일 그가 그와 같은 욕심을 부리지 않고 헌법을 준수하여 민주국가의 기반을 공고히 했다면 그의 이름은 길이 역사에 빛났을 것이고, 그의 위대한 정신은 우리들의 혈관 속에 맥맥이 흐를 것이다. 그릇된 욕심이란 그와 같이 비참한 결과를 불러온다. 어찌 경계하지 않을 수 있겠는가? 그렇기 때문에 이 글에서 욕심을 막는 것을 물 막듯이 하라는 것이다. 그러나 우리는 여기에 나오는 욕심이란 말에 대해서 정확한 판단을 내릴 수도 있어야 할 것이다. 욕심에는 좋은 욕심과 좋지 않은 욕심이 있다.

학문을 하고자 하는 마음, 사회를 위해 봉사하고자 하는 마음, 또는 국가와 인류를 위해서 무언가 이바지하겠다는 마음 등도 사람의 욕망임에는 틀림없다. 여기에서 말하는 것은 그와 같은 좋은 욕심을 경계하라는 것이 아니다. 인간의 길에서 벗어나면서까지 개인의 부귀영화를 추구하는 그릇된 욕심을 말하고 있음을 기억할 필요가 있다.

우리가 글을 읽는 목적은 이를 실천에 옮김으로써 개개인에게 도움이 되는 것이다. 명확한 비판과 정확한 이해를 통해 우리의 앞날을 그르치는 일이 없도록 유의해야 한다.

14

여색을 피하는 것을 원수 피하는 것과 같이 하고, 바람을 피하는 것을 화살 피하는 것과 같이 하며, 빈속에 차를 마시지 말고, 한밤에는 밥을 적게 먹어라. 〈夷堅志〉

14// 夷堅志에 云하였으되 避色을 如避讐하고 避風을 如避箭하며 莫喫空心茶하고 小食中

夜飯하라

이견지(夷堅志):송(宋)나라 때 홍매(洪邁)가 엮은 설화집. 송나라 초기부터 그가 살아 있을 당시까지 민간에서 일어난 이상한 사건이나 괴담을 모은 책으로 모두 420권이었는데 약 절반만이 후세에 전해진다.
피수(避讐):원수를 피하다.
공심(空心):빈속.
끽(喫):먹는다, 또는 마신다.
중야(中夜):한밤.

| 풀이 | 옛날 사람들의 사고방식은 여색을 극히 경계해야 한다는 것이었다. 여색은 정력을 극도로 소모시켜서 사람을 일찍 늙게 만들고 활동능력을 상실케 하는 것으로 생각했다. 앞의 문장에서도 나이 어릴 때는 여색을 경계한다는 것이 군자의 삼계(三戒) 가운데 하나로 되어 있다. 그렇기 때문에 여기에 여색을 피하기를 원수 피하듯이 하라고 했다.

또 바람을 몹시 싫어했는데 바람이란 모든 병을 만들어 내는 원천으로 생각했다. 필자가 어렸을 때만 해도 날씨가 조금만 쌀쌀해도 아이들에게 바람 쐬는 일을 극히 금기했다. 몸이 조금만 성치 않으면 문을 겹겹이 닫아서 바람이 방 안으로 들어오는 것을 막았다. 그렇기 때문에 여기에 바람을 피하는 것을 화살 피하듯이 하라는 말이 나온다.

빈속의 차를 마시지 말라고 하였는데 차라는 음료는 자극성이 있어서 위장을 해칠 염려가 있기 때문에 나온 말이다. 또 밤중에는 음식을 적게 들 것을 권유하고 있는데, 이것도 위장을 해칠 수 있어서 나온 말이다.

바람을 피하기를 화살 피하듯이 하라는 말이 현대사회에서는 그다지 현실성이 없다. 여색을 밝히지 말라는 것은 건강이나 행동하는 측면에서 역시 하지 말아야 할 것이다. 빈속에 차를 마시는 일과 밤중에는 음식을 적게 먹는다는 것도 정신과 신체에 장애를 가져오지 않도록 조심해야 할 것이다.

15

쓸데없는 말과 급하지 아니한 일은 버려두어서 다스리지 말라. 〈荀子〉

| 풀이 | 다른 사람과 접촉하는 데 있어서 쓸데없는 말은 금물이다. 쓸데없는 말은 필요치 않을 뿐 아니라 자칫하면 상대방의 감정을 다치게 하기 쉽고 오해를 살 수도 있다. 심지어는 큰 허물을 범할 수 있고, 자기의 교양을 낮추는 결과를 가져온다.

급하지 않은 일인데 서두르는 것도 쓸데없는 말을 하는 것과 똑같은 성질의 것이다. 우리는 마땅히 무용지변(無用之辯)과 불급지찰(不急之察)을 피함으로써 내 몸에 재앙이 돌아오는 일이 없도록 해야 한다.

15// 荀子曰 無用之辯과 不急之察을 棄而勿治하라

순자(荀子):이름은 황(況), 전국시대 말기 조(趙)나라 사람이다. 자하(子夏)의 학파에 속하는 유학자. 맹자의 성선설에 대하여 인간의 본성은 악한 것이라는 성악설을 주장하였으며, 법가(法家)인 한비자나 진시황 때 정치가이며 문인으로 이름이 높았던 이사(李斯) 등이 모두 그의 문인이었다. 저서로는 〈순자(荀子)〉가 있다. 〈순황(荀況)〉, 〈순경(荀卿)〉 또는 〈손경(孫卿)〉 등의 이름으로 여러 책에 실려 있다.

16

뭇사람이 좋아하더라도 반드시 살펴보아야 하며, 뭇사람이 미워하더라도 반드시 살펴보아야 한다. 〈孔子〉

| 풀이 | 뭇사람이 좋아한다고 무조건 이에 따라서는 안 된다. 내가 반드시 살펴보아서 참으로 좋다고 인정되었을 때 비로소 뭇사람을 따라간다. 뭇사람이 미워한다고 무조건 이에 따라서도 안 된다. 반드시 살펴보아서 참으로 미워할 만한 점이 있은 뒤에 뭇사람을 따라간다. 무슨 일이든 자신이

16// 子曰 衆이 好之라도 必察焉하며 衆이 惡之라도 必察焉이니라

중(衆):뭇사람.
오지(惡之):'惡'는 악, 어찌, 싫어한다, 미워한다 등 여러 가지 뜻이 있는데 여기에서는 미워하는 것.

냉철하게 살피고 판단해서 현명한 길을 갈 것을 강조하고 있다.

17

17// 酒中不語는 眞君子요 財上分明은 大丈夫이니라

술이 취한 중에도 말이 없는 것은 참다운 군자요, 재물 거래에 분명한 것은 대장부이다.

| 풀이 | 사람이란 술이 취하면 호기(豪氣)가 일어나서 흔히 말이 많다. 또 그 횡설수설하는 말들은 자기의 교양을 깎고, 취중에 진담이 나온다고 함부로 지껄인 말은 큰 과오를 범하기 쉽다. 그러므로 술에 취했을 때는 말이 없어야 한다.

재물의 거래가 분명치 않은 사람은 남의 신용을 잃게 되고 소외당함으로써 세상에 용납될 수 없다. 따라서 큰일을 못한다.

18

18// 萬事從寬이면 其福이 自厚니라

모든 일을 너그럽게 한다면 그 복이 절로 두터워진다.

| 풀이 | 대인접물(待人接物)을 하며 살아가는 데 있어서 너그러운 태도를 취하는 것이 가장 현명한 처사이며, 스스로 복을 불러오는 원천이 된다. 장자는 말하기를 "나에게 악하게 대하는 사람에게도 나는 선하게 대한다."고 하였는

데 이는 참으로 너그러운 태도라 할 것이다.

남이 나에게 악하게 한다고 나도 마찬가지로 악하게 대한다면 악과 악이 마찰을 일으키고, 따라서 상서롭지 못한 일이 생기게 된다. 그러나 내가 선하게 대한다면 상대방도 너그러운 태도에 감복해서 이때까지의 악한 태도를 고칠 뿐만 아니라 도리어 나를 돕는 사람이 되어 재앙을 바꾸어 복으로 만들 수가 있다. 내가 남을 너그럽게 대할 때 남이 나를 해치려 들 수는 없다. 남을 미워하는 감정을 억제하고 남을 너그럽게 용서할 수 있는 아량을 길러야 삶을 복되게 할 것이다.

19

다른 사람을 헤아리기 전에 먼저 응당 스스로를 헤아려 보라. 남을 해치는 말은 도리어 스스로를 해치는 것이다. 피를 머금어 남에게 뿜으면 먼저 제 입이 더러워진다. 〈太公〉

19// 太公이 曰 欲量他人인대 先須自量하라 傷人之語는 還是自傷이니 含血噴人이 先汚其口이니라

| 풀이 | 다른 사람의 좋고 나쁜 것을 헤아리고 싶으면 먼저 스스로 그 사람의 입장이 되어 생각해 보라는 것이다. 남을 헐뜯고 해치는 말은 도리어 제 자신을 해치는 것이 된다. 내가 남을 헐뜯으면 남도 나를 헐뜯는다. 그렇기 때문에 옛 글에 '남의 나라를 치는 것이 곧 내 나라를 치는 것이고, 남의 백성을 괴롭히는 것이 곧 내 백성을 괴롭히는 것이다'고 하였다.

수(須): 모름지기. 응당.
상(傷): 해친다.
환(還): 도리어.
오(汚): 더럽게 한다.

그리고 남을 욕하는 것은 먼저 자기의 입을 더럽히는 것이 된다. 남을 욕하고 헐뜯는 그 사람의 교양이 타인에게 비판의 대상이다. 사람은 언제나 입장을 자신과 바꾸어서 남을 판단하며, 남을 헐뜯고 욕하는 행동을 해서는 안 된다.

20

20// 凡戱는 無益이나 惟勤이 有功이니라

무릇 놀이는 이익되는 것이 없고, 오직 부지런한 것만이 공(功)이 있다.

| 풀이 | 놀이하는 것은 아무것도 이익될 것이 없다. 부지런히 일하는 것만이 실적이 나타나고 공을 이루는 길이다. 시간은 금이라는 말이 있다. 그 귀중한 시간을 놀이에 허비한다는 것은 참으로 어리석은 일이다. 시간을 낭비하지 말고 부지런히 노력하는 것만이 성공의 길로 들어설 수 있다.

21

21// 太公이 曰 瓜田에 不納履하고 李下에 不正冠이니라

남의 참외 밭에서는 신을 고쳐 신지 말고, 오얏나무 아래에서는 갓을 고쳐 쓰지 말라. 〈太公〉

납리(納履):신을 신는 것. 여기에서는 고쳐 신는다로 해석된다.

| 풀이 | 남의 참외 밭에서는 신이 벗어져도 이를 고쳐 신을 생각을 말아야 한다. 신을 고쳐 신기 위해서 몸을 구부린다면 멀리서 보는 사람은 참외를 따는 줄로 의심하게 된다.

또 남의 오얏나무 아래에서 갓을 고쳐 쓰기 위해 손을 위로 올린다면 멀리서 보는 사람은 오얏을 따는 줄로 의심한다.

22

마음은 편안하더라도 육신은 수고롭게 하지 않을 수 없고, 도(道)는 즐기더라도 마음은 근심하지 않을 수 없다. 육신은 수고롭게 하지 않으면 게을러서 허물어지기 쉽고, 마음이 근심하지 않으면 주색에 빠져서 행동이 일정하지 않다.

그러므로 편안함은 수고로움에서 생기어 항상 기쁘고, 즐거움은 근심하는 데서 생기어 싫음이 없나니, 편안하고 즐거운 사람이 근심과 수고로움을 어찌 가히 잊겠는가.

〈景行錄〉

22// 景行錄에 曰 心可逸이언정 形不可不勞요 道可樂이언정 心不可不憂니 形不勞則怠惰易弊하고 心不憂則荒淫不定故로 逸生於勞而常休하고 樂生於憂而無厭하나니 逸樂者는 憂勞를 豈可忘乎아

| 풀이 | 사람의 몸은 언제나 활동을 해야 한다. 또 마음은 언제나 몸가짐을 근심해야 한다. 몸이 활동하지 않으면 게을러서 허물어지기 쉽고, 마음이 몸가짐을 근심하지 않으면 행동이 방탕해서 정도를 벗어나기 쉽다. 몸은 수고롭게 해서 끊임없는 활동을 한 뒤에야 비로소 편안함을 얻게 되는 것이며, 몸가짐을 근심해서 끊임없는 노력을 한 끝에야 즐거움을 얻을 수 있다.

몸이 편안하면 수고롭던 때의 일을 생각하며, 즐거움을 얻었을 때는 마음이 근심하던 일을 잊어서는 안 된다. 몸이 편안함을 얻었어도 수고롭던 시절을 잊지 않고, 즐거움을

불가불(不可不):하지 않을 수 없다.
이폐(易弊):폐(弊)를 무너진다로 해석해서, 허물어지기 쉽다.
황음(荒淫):주색에 빠지는 것.
휴(休):기쁨.
무염(無厭):싫음이 없다는 것.

얻었어도 근심하던 시절을 잊지 않는 일이야말로 편안함과 즐거움을 오래 간직할 수 있는 유일한 방법이다.

23

귀로는 남의 그릇됨을 듣지 아니하고, 눈으로는 남의 결점을 보지 아니하며, 입으로는 남의 허물을 말하지 않아야 군자라고 할 수 있다.

23// 耳不聞人之非하고 目不視人之短하고 口不言人之過라야 庶幾君子니라

서기(庶幾):거의, 또는 바란다. 여기에서는 거의라는 뜻이다.
서기군자(庶幾君子):거의 군자에 가깝다. 여기에서는 군자라고 볼 수 있다.
단(短): 단점. 여기에서는 좀 더 알기 쉽게 하기 위해서 결점으로 풀이했다.

| 풀이 | | 남의 잘못을 듣지 않고, 남의 결점을 보지 않으며, 남의 허물을 말하지 않는다는 것은 그 수양의 정도가 이미 높은 경지에 이른 것이다. 그렇기 때문에 군자에 가깝다는 말로 표현했다. 사람은 마땅히 이와 같은 일을 실천에 옮김으로써 높은 수양을 쌓는 데 힘써야 한다.

24

기뻐하고 노여워하는 건 마음속에 있고, 말은 입 밖으로 나가는 것이니, 삼가지 아니할 수 없다.

〈蔡伯喈〉

24// 蔡伯喈 曰 喜怒는 在心하고 言出於口하니 不可不愼이니라

채백개(蔡伯喈):이름은 옹(邕), 자(字)는 백개이다. 후한(後漢) 영제(靈帝) 때 학자.

| 풀이 | | 한번 엎질러진 물은 주워 담을 수 없다. 이와 마찬가지로 말은 일단 입 밖으로 나간 이상 돌이킬 수 없다. 옛글에 '입은 재앙과 근심의 문이다.' 라고 하였다.

말로 해서 일을 그르치고 몸을 망치는 경우가 많으니, 말

이란 실로 신중을 기하지 않을 수 없다. 우리는 언제나 말을 적게 하고 말을 조심하는 데 힘써서 재앙이 몸에 이르지 않도록 해야 한다.

25

재여(宰子)가 낮잠을 자고 있었다. 공자께서 말씀하시기를, 썩은 나무는 조각을 할 수 없고, 썩은 흙으로 만든 담은 흙손질을 할 수 없다고 하였다.

| 풀이 | 이 글은 공자가 낮잠을 자는 재여(宰子)를 책망한 것이다. 썩은 나무는 조각할 수 없고, 썩은 흙으로 만든 담은 흙손질을 할 수 없다고 한 말은, 낮잠을 자는 흐트러진 정신자세로는 학문이나 기타 어떠한 일도 그 뜻을 이룰 수 없음을 표현한 것이다.

사람은 무슨 일을 하든 정신자세의 확립이 우선 조건이 된다. 정신자세를 확립하지 않고는 무슨 일도 성공할 수 없다. 낮잠을 자는 일이야말로 하릴없는 사람의 행동으로, 진정한 선비의 태도라고 할 수 없다. 우리는 먼저 정신자세를 확립하는 데 힘써야 한다.

25// 宰子晝寢이어늘 子曰 朽木은 不可雕也요 糞土之墻은 不可圬也니라

주침(晝寢): 낮잠.
재여(宰子): 춘추시대의 노(魯)나라 사람인데 자는 자아(子我), 재아(宰我)라고 한다. 공문십철(孔門十哲)의 한 사람이며, 자공(子貢)과 함께 언변(言辯)에 능하였다.
조(雕): 새기는 것.
분토(糞土): 분은 똥의 뜻이니, 썩은 흙으로 풀이된다.
오(圬): 흙손질하는 것.

26

복은 맑고 검소한 데서 생기고, 덕은 몸을 낮추고 겸손한

26// 紫虛元君誠諭心文

에 曰 福生於淸儉하고 德生於卑退하고 道生於安靜하고 命生於和暢하고 憂生於多慾하고 禍生於多貪하고 過生於輕慢하고 罪生於不仁이니라 戒眼莫看他非하고 戒口莫談他短하고 戒心莫自貪嗔하고 戒身莫隨惡伴하라 無益之言을 莫妄說하고 不干己事를 莫妄爲하라 尊君王孝父母하고 敬尊長奉有德하고 別賢愚恕無識하라 物順來而勿拒하고 物旣去而勿追하고 身未遇而勿望하며 事已過而勿思하라 聰明도 多暗昧요 算計도 失便宜니라 損人終自失이요 依勢禍相隨라 戒之在心하고 守之在氣라 爲不節而亡家하고 因不廉而失位니라 勸君自警於平生하나니 可歎可警而可畏니라 上臨之以天鑑하고 下察之以地祇라 明有三法相繼하고 暗有鬼神相隨라 惟正可守요 心不可欺니 戒之戒之하라

자허원군(紫虛元君): 도가에 속한다. 이름이나 연대는 분명하지 않다.
성유심문(誠諭心文): 정성껏

데서 생기고, 도(道)는 편안하고 고요한 데서 생기고, 생명은 화창(和暢)한 데서 생긴다. 근심은 욕심이 많은 데서 생기고, 재앙은 탐하는 마음이 깊은 데서 생기고, 잘잘못은 경솔하고 교만한 데서 생기고, 죄악은 어질지 못한 데서 생긴다. 눈을 경계하여 다른 사람의 그릇된 것을 보지 말고, 입을 경계하여 다른 사람의 결점을 말하지 말고, 마음을 경계하여 탐내고 성내지 말며, 몸을 경계하여 나쁜 벗을 따르지 말라.

무익한 말을 함부로 하지 말고, 내게 관계없는 일을 함부로 하지 말라.

군왕을 높이고, 부모에게 효도하며, 나이가 많은 사람을 공경하고, 덕이 있는 이를 받들며, 어진 이와 어리석은 이를 분별하고, 무식한 사람을 용서하라.

재물이 순리로 오거든 물리치지 말고, 이미 지나갔거든 뒤쫓지 말며, 몸이 불우에 처했더라도 바라지 말고, 일이 이미 지나갔거든 생각지 말라. 총명한 사람도 어두운 때가 많고, 계획을 잘 세워도 편의를 잃는 수가 있다.

남에게 피해를 주면 마침내 자신도 손실을 입을 것이요, 세력에 의존하면 재앙이 따른다.

경계하는 것은 마음에 있고, 지키는 것은 기운에 있다. 절약하지 않음으로써 집을 망치고, 청렴하지 않음으로써 지위를 잃는다.

그대에게 평생을 두고 스스로 경계하기를 권고하니 탄식하고 놀라워하며 두려워할 일이로다. 위에는 하늘의 거울이

임하여 있고, 아래엔 땅의 신령이 살피고 있다. 밝은 곳엔 삼법(三法)이 이어 있고, 어두운 곳엔 귀신이 따르고 있다. 오직 바른 것을 지키고 마음을 속이지 말며 경계하고 경계하라.
〈紫虛元君〉

| 풀이 | 이 글은 도가(道家)인 자허원군이 사람들의 행동을 경계한 글인데 어느 하나도 금언이 아닌 것이 없다. 맑고 검소한 생활은 재앙을 사라지게 하고 복을 불러오는 계기가 될 수 있다.

　몸을 낮추고 겸손한 것은 미덕이니, 이러한 사람은 항상 남들로부터 존경과 사랑을 받는다. 마음이 편안하고 고요한 데서 정신의 통일을 기대할 수 있고, 따라서 도(道:진리)를 깨달을 수 있다. 마음속이 언제나 너그럽고 유쾌한 데서 병이 몸에 생기지 않으며 따라서 생명을 오래 유지할 수 있다.

　사람은 욕심이 많은 데서 번민이 생긴다. 어떻게 하면 부귀와 영달을 구할 수 있을까. 또는 주색(酒色)의 욕구를 충족시킬 수 있을까? 하는 등의 욕심이 생길수록 마음이 괴롭고 근심이 많아진다. 그렇기 때문에 근심은 욕심이 많은 데서 생긴다. 우리는 옳지 않은 욕심을 억제하기 위해 힘써야 한다. 재앙은 흔히 물건을 탐내는 데서 생긴다. 탐욕에 눈이 어둡게 되면 일을 그르치게 되고 패가망신하는 재앙을 불러오기 쉽다. 그러므로 우리는 탐욕스런 마음을 억제하기 위해 힘써야 한다.

　모든 허물은 말과 행동이 경솔한 데서 생긴다. 마음이 어

마음을 깨우치는 글, 유(諭)는 고한다로 풀이된다.
비퇴(卑退):비(卑)는 몸을 낮추는 것, 퇴(退)는 겸손한 것.
화창(和暢):마음씨가 부드럽고 밝은 것.
경만(輕慢):경솔, 교만한 것.
계안(戒眼):눈을 경계하는 것.
막간(莫看):보지 말라.
타비(他非):다른 사람의 그릇된 것.
막담(莫談):말하지 말라.
탐진(貪嗔):탐내고 성내는 것.
악반(惡伴):반(伴)은 짝의 뜻이니, 여기서는 나쁜 벗으로 풀이된다.
망설(妄說):망(妄)은 망령된다는 뜻으로서 함부로 말하는 것.
불간기사(不干己事):간(干)은 여기서는 관계되는 것, 기사(己事)는 자기 일, 즉 자기와 관계없는 일.
막망위(莫妄爲):함부로 하지 말라.
존장(尊長):나이 많은 어른을 말한다.
봉(奉):받드는 것.
별(別):분별 또는 구별.
순래(順來):순리로 오는 것.
미우(未遇):불우한 처지에 놓이는 것.
암매(暗昧):사리에 어두운 것.
산계(算計):계획을 짜놓는 것.
손인(損人):남을 손상하는 것.
종자실(終自失):결국에는 자신도 손해를 입는 것.

상수(相隨):서로 따른다.
부절(不節):절(節)은 절개, 절조(節操) 등으로 해석되지만 여기서는 절약의 뜻, 즉 절약하지 않는다.
천감(天鑑):하늘의 거울.
지기(地祇):기(祇)는 지신(地神)을 뜻한다. 즉 땅의 신명.
명(明):여기서는 밝은 곳.
삼법(三法):여러 가지 설이 있으나, 불교에서는 교(敎), 행(行:수행), 증(證:수행에 의한 결과의 증명)을 말한다. 경(輕), 중(中), 중(重) 외 3금의 율법이라는 설도 있다.

질지 못하면 행동도 어질지 못한다. 행동이 어질지 못하면 남을 해치거나 불의를 만들어 죄악을 일으키게 된다. 사람은 언제나 마음을 어질게 하여 죄악을 범하는 것과 같은 불미스런 일이 없도록 힘써야 할 것이다.

눈을 경계해서 다른 사람의 그릇된 것을 보지 않는 것은 교양 높은 사람의 태도다. 입을 경계해서 남의 결점을 말하지 않는 것은 자신의 인격을 한 단계 진전시킬 뿐만 아니라 세상 사람들과 원만한 관계를 유지할 수 있는 최선의 길이다. 탐욕스런 생각이 있으면 마음의 번민을 가져오고, 성을 내면 신경을 자극시켜 몸에 해롭다. 그렇기 때문에 마음을 경계해서 탐내거나 성내지 말라고 일렀다.

근묵자흑(近墨者黑)이요, 근주자적(近朱者赤)이라는 말이 있다. 악한 벗을 따르면 나도 거기에 물들기 쉽다. 그렇기 때문에 몸을 경계해서 악한 벗을 따르지 말라고 했다. 쓸데없는 말을 함부로 지껄이거나 자기에게 관계없는 일을 함부로 하려 든다면 그것은 자신의 교양을 떨어뜨릴 뿐만 아니라 큰 과오를 저지르기 쉽다. 그렇기 때문에 쓸데없는 말을 함부로 하지 말며, 자기와 관계되지 않는 일을 해서는 안 된다.

군왕을 높이고 부모에게 효도하며 웃어른을 공경하고 덕이 있는 이를 받드는 것은 인간이 마땅히 행해야 할 도덕이다. 현명하고 어리석은 사람을 분별하고 무식한 사람을 너그럽게 대하는 것은 인간의 지혜다. 사물이 순리로 오는 것은 이를 물리치지 않고, 이미 지나간 것을 뒤쫓지 않으며,

몸이 불우에 처하더라도 기적을 바라지 않고, 이미 지나간 일은 생각지 않는다는 것은 어디까지나 분수를 지켜서 하늘의 뜻에 따르는 행동이라 할 것이다.

총명한 사람도 한때 사물의 판단에 흐릴 수 있고, 아무리 완벽한 계획도 기대에 어긋날 수도 있다. 남을 손상하면 남도 나를 손상시키려 들기 때문에 나 자신도 마침내 손실을 입는다. 사람은 마땅히 남을 도울지언정 절대로 남에게 손실을 입혀서는 안 된다.

권력에 아부하는 것은 재앙을 불러오는 동기가 된다. 그 권력이 무너지면 자신도 동시에 몰락을 당하게 마련이다. 근검절약하지 않으면 집안을 망치게 되고 청렴하지 못하면 벼슬자리를 잃게 된다. 사람은 마땅히 절약함으로써 집을 지키고, 청렴함으로써 벼슬자리를 유지하여야 한다.

위에서는 푸른 하늘이 내려다보고, 아래에서는 땅의 신령이 살펴보고 있으니, 어찌 두렵지 않은가? 우리는 정도를 지키고 양심을 속이는 일이 없도록 항시 경계하고 힘써야 한다.

안분편(安分篇)

- 욕망을 다스리는 방법

인간에게는 욕망이 있다. 욕망이 지나치면 재앙을 불러오게 된다. 그러므로 우리는 만족함을 알고 분수에 맞는 편안한 삶을 영위해야 할 것이다.

1// 景行錄에 云하였으되 知足可樂이요 務貪則憂니라

지족(知足):족한 것을 아는 것.
무탐(務貪):탐욕(貪慾)에 힘쓰는 것.

1

만족한 줄 알면 즐거울 것이요, 탐욕에 힘쓰면 근심이 있다.

〈景行錄〉

| 풀이 | 사람이 자신을 알고 만족을 느끼면 마음이 즐겁지만, 만족할 줄 모르고 탐욕스런 마음이 끝이 없으면 근심이 마음속에서 떠나지 않는다. 사람의 욕심이란 끝이 없는 것인데, 지족(知足)을 할 수 있다는 것은 인간으로서의 수양이 이미 높은 경지에 이른 것이다. 자기의 정도에 맞추어 지족을 한다면 마음이 즐거울 뿐만 아니라 삶을 온전히 할 수 있다. 그러나 지족할 줄 모르고 끝없는 탐욕을 추구한다면 근심과 걱정이 마음속에서 떠나시 않는다. 뿐만 아니라 자칫하면 무서운 재앙을 불러오기 쉽다. 이와 같은 사례는 우리 주위에서도 흔히 볼 수 있다.

2// 知足者는 貧賤亦樂이요 不知足者는 富貴亦憂니라

2

만족한 줄 아는 사람은 가난하거나 천해도 즐겁고, 만족한 줄 모르는 사람은 부하거나 고귀해도 근심한다.

| 풀이 | 만족한 줄 아는 사람은 자기 분수(分數)에 편안한 사람이기 때문에 비록 빈천한 처지에 놓여도 그것을 하늘의 뜻으로 생각해 마음이 즐겁고, 만족한 줄 모르는 사람은 몸이 부귀를 누려도 그 끝없는 욕심 때문에 마음은 여전히 근

심으로 가득 차 있다.

우리나라 속담에 곡식 아흔아홉 섬을 추수하는 사람이 한 섬을 사서 백 섬을 채운다는 말이 있다. 사람의 욕심이란 백 섬을 수확하면 천 석을 수확하고 싶고, 천 석을 수확하면 만 석을 수확하고 싶어하기 때문에 근심이 마음속에서 하루도 떠날 수 없다.

3

쓸데없는 생각은 한낱 정신을 상하게 할 뿐이요, 망령된 행동은 도리어 재앙을 불러온다.

| 풀이 | 쓸데없는 생각과 망령된 행동을 경계한 글이다.

3// 濫想은 徒傷神이요 妄動은 反致禍니라

남상(濫想):람(濫)은 함부로 또는 정도에 넘치는 것. 여기서는 쓸데없는 생각.
도(徒):한낱.
반(反):도리어.

4

만족한 줄 알고 항상 만족하면 한평생 욕될 수 없고, 그칠 줄 알고 항상 그치면 한평생 부끄러움이 없다.

| 풀이 | 지족상족(知足常足)이라는 것은 만족할 줄 알아서 언제나 만족한다는 뜻이다. 이와 같이 분수를 지킨다면 죽을 때까지 욕될 수 없다. 자기 정도에 맞도록 분수를 지키는 사람에 대해서 누가 그를 미워하며 해치려 들까.

지지상지(知止常止)라는 말은 그칠 정도를 알아서 항상

4// 知足常足이면 終身不辱하고 知止常止면 終身無恥니라

종신(終身):몸이 죽을 때까지.
지족(知足):족한 줄 아는 것.

거기에 그친다는 뜻이니 역시 분수를 지키라는 것이다. 그와 같은 사람에게 수치스런 일이 생길 까닭이 없다. 우리는 지족상족하고 지지상지를 거울로 삼아 하늘의 뜻을 즐기며 몸에 치욕이 돌아오는 일이 없도록 해야 한다.

5

가득 차면 손실을 부르게 되고, 겸손하면 이익을 얻게 된다.

〈書經〉

5// 書經에 曰 滿招損하고 謙受益이니라

서경(書經): 삼경(三經) 또는 오경(五經)의 하나. 중국 요순으로부터 주나라 때까지의 정사에 관한 문서를 공자가 수집하여 편찬한 책. 송나라 때 채침이 주(註)를 달고 풀이해 놓은 것을 〈서전(書傳)〉이라고 한다. 20권 58편.

| 풀이 | 달도 차면 기운다. 가득 찬다는 것은 크고 높게 절정에 이른 것을 뜻한다. 물성즉쇠(物盛則衰)라는 말이 있는데 곧 무슨 물건이든 극도로 융성하면 반드시 쇠하게 마련이라는 뜻이다.

옛날 사람들 중에는 몸이 극도로 귀히 되는 것을 꺼려서 벼슬을 사양하는 일이 많았다. 또한 명예가 너무 나타나는 것을 두려워하며 몸을 근신하는 이가 많았다. 권세나 명예가 최고에 이르면 시기하고 미워하는 사람이 생기게 되고, 따라서 몸이 위태로워지는 법이다.

이 글은 가득 차는 것을 경계하고 있다. 겸양지덕(謙讓之德)이라는 말이 있듯이, 겸손은 미덕이다. 겸손한 사람은 누구나 다 그를 가까이하고 사랑하며 도우려 든다. 그렇기 때문에 겸손은 이익을 얻는다고 했다. 우리는 권세나 명예가 극도에 이르는 것을 피하고 겸손한 생활태도를 가져야 한다.

6

분수에 편안하면 몸에 욕됨이 없고, 기틀을 알면 마음이 스스로 한가하니, 비록 인간 세상에 살더라도 도리어 인간 세상을 벗어난 것이다. 〈安分吟〉

| 풀이 | 자기 분수에 편안하면 몸에 치욕이 돌아오지 않는다. 돌아가는 세상의 기틀을 알게 되면 마음이 한가로워진다. 이와 같은 경지에 이르게 되면 비록 인간 세상에 살더라도 인간 세상을 벗어나서 사는 것이나 마찬가지다.

6// 安分吟에 曰 安分身無辱이요 知機心自閑이니 雖居人世上이나 却是出人間이니라

안분음(安分吟):송나라 때 나온 시(詩).
지기(知機):돌아가는 세상의 기틀을 안다.
심자한(心自閑):마음이 스스로 한가롭다.
각시(却是):도리어.
출인간(出人間):인간 세상을 벗어났다는 뜻.

7

그 지위에 있지 않으면 그 정사(政事)를 꾀하지 않는다. 〈孔子〉

| 풀이 | 이 글은 자신의 지위에 해당하는 일만을 더욱 중요하게 생각하라는 뜻이다. 한계(限界)를 넘어서서 남의 일에까지 함부로 손대려 드는 것 같은 행동을 해서는 안 된다는 것이다.

7// 子曰 不在其位하면 不謀其政이니라

존심편(存心篇)

- 스스로 반성하고 경계하라

우리에게는 하늘이 내린 양심이라는 것이 있다. 사람이 양심을 지킬 수 있다면 선한 사람이 되고, 양심을 잃는다면 악한 사람이 된다. 우리는 항상 빈틈없이 반성하고 경계하며 양심을 지켜야 한다. 인간에게는 무엇보다 귀중한 것이 양심이다.

1// 景行錄에 云하였으되 坐密室을 如通衢하고 馭寸心을 如六馬하면 可免過니라

밀실(密室):아무도 보지 않는 비밀스런 방.
통구(通衢):구(衢)는 거리의 뜻. 사방으로 통하는 큰길, 즉 네거리.
어촌심(馭寸心):어(馭)는 어거한다는 뜻이며, 촌심(寸心)은 사람의 작은 마음, 즉 작은 마음을 통제하는 것이다.
육마(六馬):옛날 천자가 타고 다니는 수레는 여섯 필의 말이 끌었다.
가면(可免):면할 수 있다.

2// 擊壤詩에 云하였으되 富貴를 如將智力求인대 仲尼도 年少合封侯라 世人은 不解靑天意하고 空使身心半夜愁니라

격양시(擊壤詩):송나라 때 소옹(邵雍)이 편찬한 격양집에 실려 있는 시(詩).

1

밀실에 앉았어도 마치 네거리에 앉은 것같이 하고, 작은 마음을 억제하기를 육마(六馬)를 부리듯 하면 허물을 피할 수 있을 것이다.　　　　　　　　　　　　　　〈景行錄〉

| 풀이 | 밀실에 앉아 있을 때 마치 네거리에 앉아 있는 것처럼 한다는 것은 아무리 남의 눈에 띄지 않는 비밀스런 방에 앉아 있어도 많은 사람들의 눈이 주시하는 것처럼 생각하며 행동을 삼가는 것이다. 작은 마음을 어거(馭車)하기를 육마(六馬)를 어거하듯이 한다는 것은 마음을 광명정대하게 가진다는 것이다.

이와 같은 자세로 마음가짐과 행동을 같이 해나간다면 허물을 피해갈 수 있다.

2

부귀를 지혜와 힘으로 구할 수 있다면, 중니(仲尼)는 젊은 나이에 마땅히 제후에 봉해졌을 것이다. 세상 사람들은 푸른 하늘의 뜻을 알지 못하고, 부질없이 몸과 마음이 지치도록 한밤중에 근심한다.　　　　　　　〈擊壤詩〉

| 풀이 | 부귀라는 것은 지혜나 힘으로 구할 수 없다. 만약 지혜와 힘으로 구할 수 있으면 공자는 젊었을 때 벌써 제후에 봉해졌을 것이다.

청천의(青天意)란 곧 하늘의 뜻이다. 세상 사람들은 운명이 이미 정해진 것을 알지 못하고 부질없이 한밤중에 몸과 마음이 피로하도록 애태우고 있다.

중니(仲尼):공자의 자(字).
합(合):마땅히.
봉후(封侯):제후에 봉하는 것.
불해(不解):풀지 못하는 것, 또는 알지 못하는 것.
공(空):부질없이.
반야수(半夜愁):한밤중에 근심하는 것.

3

범충선공(范忠宣公)이 자식들에게 경계하여 말하기를, "비록 지극히 어리석은 사람도 남을 책망하는 것은 밝고, 비록 총명이 있어도 자기를 용서하는 것은 어둡다. 너희들은 마땅히 남을 책망하는 마음으로 자기를 책망하고, 자기를 용서하는 마음으로 남을 용서한다면 성현의 경지에 이르지 못할 것을 근심할 일이 없다."고 하였다. 〈范忠宣公〉

3// 范忠宣公이 戒子弟曰 人雖至愚나 責人則明하고 雖有聰明이나 恕己則昏이니 爾曹는 但當以責人之心으로 責己하고 恕己之心으로 恕人이면 則不患不到聖賢地位也니라

|풀이| 아무리 어리석은 사람이라도 남의 잘못을 책망하는 데는 밝고, 아무리 총명한 사람이라도 자기의 잘못을 용서하는 데는 어둡다. 즉, 자기의 잘못은 용서하면서도 남의 잘못은 용서가 없다. 이것은 모순이다. 그러므로 범충선공은 자식들에게 남을 책망하는 마음으로 자기를 책망하고, 자기를 용서하는 마음으로 남을 용서하는 마음가짐을 가질 것을 강조했다.

그와 같이 함으로써 높은 수양을 쌓아 성현의 경지(境地)에 이를 것을 가르친 것이다.

범충선공(范忠宣公):북송(北送) 철종(哲宗) 때 재상이다. 이름은 순인(純仁), 시호는 충선(忠宣). 사람됨이 지극히 효성스러웠으며 충성심이 깊었다. 명신(名臣)인 범중엄(范仲淹)의 아들.
지우(至愚):지극히 어리석은 것.
책인(責人):남을 책하는 것.
서기(恕己):자기를 용서하는 것.
이조(爾曹):조(曹)는 무리의 뜻으로서 너희 무리, 즉 너희들.

4

4// 子曰 聰明思睿라도 守之以愚하고 功被天下라도 守之以讓하고 勇力振世라도 守之以怯하고 富有四海라도 守之以謙이니라

총명하고 생각이 뛰어나도 어리석음으로써 지켜야 하고, 공덕이 천하를 덮더라도 겸양하는 마음으로써 지켜야 하고, 용맹이 세상을 진동하더라도 겁내는 마음으로써 지켜야 하며, 부유함이 사해(四海)를 차지하더라도 겸손함으로써 지켜야 한다.   〈孔子〉

사예(思睿):예(睿)는 밝다는 뜻으로 여기서는 생각이 뛰어난 것.
피(被):덮는 것.
진세(振世):세상을 진동하는 것.
유(有):여기서는 차지하는 것.

| 풀이 | 이 글은 남보다 뛰어난 사람이 가져야 할 몸가짐의 방법을 말한 것이다. 내가 총명이 뛰어나고 생각하는 것이 밝다고 그것을 세상에 과시한다면 그것은 교양이 부족한 것이며 몸을 보전하는 현명한 길이 아니다. 어디까지나 어리석은 대도를 취하는 것이 자기의 인격을 너욱 높이는 것이 된다.

공덕이 천하를 덮는다 해서 우월감을 가지고 세상 사람을 대해서는 안 된다. 언제나 겸손한 태도를 취하는 것이 그 다스리는 일을 오랫동안 간직할 수 있는 길이다. 용맹이 천하를 울린다고 해서 횡포하고 뽐내며, 함부로 날뛰어서는 안 된다. 더욱 조심해서 몸을 지켜야 한다. 부(富)가 온 천하를 차지하더라도 겸손한 태도로 이를 지켜야 한다. 이것이 그 부를 오래 간직하고 사람들에게 지탄받지 않는 최선의 방법이다.

5

　박하게 베풀고 후하게 바라는 사람에게는 보답이 없고, 몸이 귀하게 되고 나서 비천했던 때를 잊는 사람은 오래 계속하지 못한다.

〈素書〉

5// 素書에 云하였으되 薄施厚望者는 不報하고 貴而忘賤者는 不久니라

| 풀이 | 남에게 은혜를 베풀고 그 보답을 바란다는 것은 군자의 태도가 아니다. 좌우명(座右銘)에 '남에게 은혜를 베풀거든 이것을 마음에 두지 말라.'고 하였다. 즉 만일 보답을 받을 생각이 있다면 처음부터 은혜를 베풀지 않는 것이 좋다는 것이다. 옛사람들은 남에게 은혜를 베풀면서도 자기가 어떤 사람이라는 것을 알리지 않으려고 애썼다.

　요즘도 자기 이름을 숨겨 가면서 남을 돕는 사람을 종종 볼 수 있다. 아름답고 숭고한 정신이요 미덕이라 할 것이다.

　요순(堯舜) 때 백성들이 노래를 지어 불렀는데 '해뜨면 나가 일하고 해가 지면 들어가 쉬네. 밭을 갈아 먹고 우물을 파서 물 마시니, 임금의 힘이 내게 무엇이 있나.' 라고 하였다. 요(堯) 임금이나 순(舜) 임금은 어진 정치를 해서 백성들에게 은혜를 베풀었으나 이것을 표면에 나타내서 백성들에게 알리려 들지 않았기 때문에 백성들은 평화를 누리고 즐겁게 살면서도 그것이 누구의 힘이라는 것을 느낄 줄 몰랐다.

　사람은 몸이 귀해질수록 지난날 비천했던 시절을 잊어서는 안 된다. 우리나라 속담에 '개구리가 올챙이 시절을 잊는다.'는 말이 있다. 세상 사람들 중에는 몸이 귀해지면 지

소서(素書): 진(秦)나라 말기의 병가(兵家)인 황석공(黃石公)이 장량(張良)에게 전해준 병서(兵書)이다.
박시(薄施): 박하게 베푸는 것.
불보(不報): 쉽게 풀이하면 갚지 않는다는 뜻이나, 여기서는 보답이 없다고 해석한다.
망천(忘賤): 천했던 시절을 잊는 것.
불구(不久): 오래 가지 않는 것.

난날을 잊어버리고 교만하여 사람을 경멸하는 것을 흔히 볼 수 있는데, 이런 사람은 그 귀(貴)를 오래 지닐 수 없다.

조선 고종 때 홍태윤이라는 사람이 있었다. 그는 천인 계급의 출신이었다. 그러나 인품이 뛰어나 벼슬길에 오르게 되고 여러 고을의 수령을 거쳐서 현관(顯官)이 되기에 이르렀다. 천인 출신으로 존귀한 몸이 되었으니 웬만한 사람이면 교만 방자하기 짝이 없을 것이었다. 그런데 그는 지극히 겸허했다. 현관으로서 위엄을 갖추고 행차를 하다가도 길에서 아직도 천한 신분인 그의 친족이나 친구를 만나면 반드시 수레에서 내려 깍듯이 수인사를 했다. 그는 몸이 귀하게 되었다고 해서 한시도 천했던 시절을 잊은 적이 없었다. 그럴수록 세상 사람들은 그의 몸가짐을 극히 존경했는데 그심했던 계급주의 사회에 있어서도 양반들이 그와 친교 맺기를 주저하지 않았다. 그렇기 때문에 그는 오래도록 지위를 보전하고 덕망이 높았으며, 지금까지도 그의 이름이 널리 전해지고 있다.

우리는 집안이 부유하고 몸이 귀할수록 더욱 겸손하고 예를 지키며 남을 돕는 사람이 되도록 힘써야 한다.

6

6// 施恩이어든 勿求報하고 與人이어든 勿追悔하라

은혜를 베풀거든 그 보답을 구하지 말고, 남에게 주었거든 나중에 후회하지 말라.

| 풀이 | 은혜를 베푼다는 것은 사랑에 근거를 둔 미덕이다. 그러므로 은혜를 베풀 때는 그 이상의 것이 요구되어서는 안 된다. 또 한 번 남에게 은혜를 베풀어준 이상 나중에 후회하는 마음을 가져서는 안 된다.

구보(求報): 보답을 구하는 것.
추회(追悔): 나중에 후회하는 것.

7

담력은 크게 가져야 하고 마음가짐은 섬세해야 한다. 지혜는 원만해야 하고, 행동은 방정해야 한다. 〈孫思邈〉

7// 孫思邈이 曰 膽欲大 而心欲小하고 智欲圓而 行欲方이니라

| 풀이 | 사람은 용기가 있어야 모든 고난을 극복하고 앞으로 나아갈 수 있다. 용기가 없다면 고난을 견디지 못하기 때문에 중도에서 물러서거나 실패하고 만다. 그러므로 무슨 일이든 성공을 기대할 수 없다. 사람은 물러서지 않는 용기를 길러야만 한다.

반면 마음가짐은 극히 조심하고 세밀해야 한다. 마음가짐이 조심스럽고 세밀하지 못하면 일에 결함이 많이 생겨서 실패의 동기가 된다. 지혜는 원숙해야 하며 행동은 방정해야 한다.

손사막(孫思邈): 당나라 때 이름 높았던 의원(醫員).
담(膽): 담력. 용기라고 해석할 수 있다.
욕대(欲大): 크게 하고자 한다.
원(圓): 원만한 것.
방(方): 방정(方正)한 것.

8

생각하는 것은 항상 싸움터에 나가는 날과 같이 하고, 마음은 항상 다리를 건너갈 때처럼 하라.

8// 念念要如臨戰日하고 心心常似過橋時니라

염념(念念):생각하고 생각한다. 즉 생각하는 것을 강조한 말이다.
요(要):필요로 한다.
상(常):항상, 또는 언제나.
과교시(過橋時): 다리를 건너는 때.

| 풀이 | 싸움터에 나갈 때는 어떻게 하면 나의 몸을 보호하면서 적을 무찌를 수 있을까 하고 신중히 생각하게 된다. 과학이 발달된 오늘날에도 모든 다리가 다 튼튼해서 건너는 사람의 마음에 조금도 조심될 것이 없다. 그러나 옛날의 다리는 보통 통나무나 돌 같은 것을 이용하다 보니 폭이 좁으면서 매우 위험스럽게 보였다. 그렇기에 건너는 사람은 두려운 마음이 들고 극히 조심을 하게 된다.

이 글은 생각을 신중하게 하고, 마음가짐은 극히 조심할 것을 강조한 것이다.

9

9// 懼法이면 朝朝樂이요 欺公이면 日日憂니라

구법(懼法):나라의 법을 두려워하는 것.
조조(朝朝):글자 그대로 풀이하면 아침마다이다. 그러나 여기서는 알기 쉽게 날마다로 풀이했다.
기공(欺公):공(公)은 나라의 일을 뜻한다. 나라의 일을 공사(公事), 개인의 일은 사사(私事)라고 한다. 즉 나라 일을 속이는 것.

법을 두려워하면 날마다 즐겁고, 나라 일을 속이면 날마다 근심한다.

| 풀이 | 구법(懼法)이란 나라의 법을 두려워한다는 뜻이다. 즉 국법을 두려워해서 잘 지키는 것으로 해석된다. 국법을 잘 지키는 사람에게는 아무것도 두려울 것이 없다. 그러므로 항상 마음이 즐겁다. 그러나 나라 일을 속여 국법을 범하면 언제 국가에서 그를 체포하여 처벌할지 모른다. 그래서 하루도 마음속에서 근심이 떠날 날이 없다.

우리는 언제나 국법을 준수해서 즐거운 마음으로 그날그날을 편안하게 살아야 할 것이다.

10

입을 지키는 것을 병(瓶, 항아리)과 같이 하고, 뜻을 막기를 성(城)과 같이 하라. 〈朱文公〉

| 풀이 | 수구여병이란 말은 입을 지키는 것을 병과 같이 하라는 뜻으로 알려져 있다. 입은 재앙과 근심의 문이 된다고 하거나 사람이 말을 쉽게 하는 것은 책임이 없는 행동이라는 말들은 다 같이 말조심할 것을 강조한 것이다.

입을 열 때는 극히 신중해야 한다. 신언서판(身言書判)이란 말이 있다. 사람은 첫째 인물이 잘나야 하고, 둘째 말을 잘해야 하며, 셋째 글씨를 잘 써야 하고, 넷째 판단을 잘해야 한다는 것이다. 이 네 가지 조건을 갖춘다면 처세에 손색이 없다. 사람이 말을 잘하는 것도 한 가지 보배를 지녔다고 볼 수 있다.

맹자도 말을 잘했기 때문에 이름이 더욱 높았고, 소진(蘇秦)이나 장의(張儀)도 말을 잘했기 때문에 한때 육국(六國)의 상인(相印)을 몸에 차고 천하 제후를 두렵게 했다.

현대 민주제도 아래에서는 더욱 그렇다. 한 나라의 국회의원이 되고 대통령이 되는 데에도 그의 말솜씨가 당락을 가늠하는 경우가 흔하다. 반면에 말을 잘못함으로써 크게 천하를 혼란에 빠뜨려 나라를 망치며, 작게는 개인의 파멸을 불러온 예가 많았다.

방의여성(防意如城)이란 나쁜 뜻이 마음속에서 싹트는 것을 마치 튼튼한 성곽으로 외적의 침입을 방지하듯이 굳게

10// 朱文公이 曰 守口如瓶하고 防意如城하라

주문공(朱文公):남송(南宋)의 대유(大儒) 주자(朱子)를 말한다. 이름은 희(熹), 자는 원회(元晦) 또는 중회(仲晦), 호는 회암(晦菴)이다. 성리학을 크게 일으켰다. 성리학은 우리나라에서 고려 충렬왕 때 안향에 의해 전해져 크게 꽃을 피웠다. 저서로는 〈시집전(詩集傳)〉〈사서집주(四書集註)〉〈자치통감강목(資治通鑑綱目)〉〈근사록(近思錄)〉〈소학(小學)〉 등이 있다. 주문공이라 한 것은 그의 시호가 문(文)인 데서 나온 호칭이다.

방의(防意):뜻을 막는다.

막으라는 뜻이다. 즉 나쁜 뜻이 싹트는 것부터 이를 막아버려서 마음이 악해지고 행동이 그릇되는 것을 미리 방지하라는 것이다.

11

11// 心不負人이면 面無愧色이니라

마음이 남을 저버리지 않았으면 얼굴에 부끄러운 빛이 없다.

부(負):일반적으로 부대(負戴)니 부담(負擔)이니 하여 짐을 지는 것으로 풀이되지만 여기서는 저버리는 것.

| 풀이 | 우리 마음속에 있는 것은 겉으로 드러나기 마련이다. 마음속에서 반성하여 다른 사람에게 아무것도 잘못한 것이 없다면 얼굴에 부끄러운 표정이 나타날 까닭이 없다. 사람은 언제나 남을 저버리는 일이 없도록 힘써야 한다.

12

12// 人無百歲人이나 枉作千年計니라

사람은 백 살을 살지 못하면서 부질없이 천 년의 계획을 세운다.

백세인(百歲人):백 살 된 사람, 또는 백 살을 사는 사람. 여기서는 백 살을 사는 사람으로 풀이했다.
왕(枉):잘못의 뜻인데, 여기서는 부질없는 것.

| 풀이 | 우리나라 속담에 '하루 죽을 줄 모르고 열흘 살 생각을 한다.'는 말이 있다. 그것과 마찬가지로 백 살도 살 수 없는 인생이 천 년이나 살 것처럼 먼 계획을 계속해 세워 나가고 있다.

이 글은 자기의 분수를 모르고 욕심을 부리며 망령된 행

동을 하는 사람들을 경계한 말이다.

13

벼슬아치가 부정을 행하면 벼슬을 잃을 때 후회하게 되고, 부유했을 때 아껴 사용하지 않으면 가난했을 때 후회한다. 기예(技藝)를 젊었을 때 배우지 않으면 시기를 넘기고서 후회하게 되고, 일을 보고 배우지 않으면 필요하게 되었을 때 후회한다. 술이 취한 뒤에 함부로 말하면 깨어났을 때 후회하고, 몸이 성했을 때 휴식을 취하지 않으면 병들었을 때 후회한다.

〈寇萊公 六悔銘〉

| 풀이 | 관직에 있는 사람은 청렴결백한 태도를 가져야 하고 직무에 충실해야 그 관직을 오래 유지할 수 있고 또 발전을 할 수 있다. 사리사욕에 눈이 어두워 부정을 행한다면 그것이 자연히 사람들에게 알려지고 따라서 벼슬을 잃게 되기 때문에 그때 가서 후회해도 소용이 없다.

부유했을 때 아껴 쓰지 않으면 가난하기 마련이고, 또 가난해진 뒤에 후회해도 소용이 없다. 부유했을 때는 재물을 아껴 그 부(富)를 오래 지켜 나가도록 힘써야 한다.

기예(技藝)는 젊었을 때 배워야 속도도 빠르고 쉽게 성취할 수 있다. 그때를 놓치면 아무리 노력해도 배워지지 않는다. 사람은 모름지기 시기를 놓치지 않고 배워야 할 것이다.

어떤 일을 보았을 때는 이를 배워두어야 한다. 배워두지

13// 寇萊公六悔銘에 云하였으되 官行私曲失時悔요 富不儉用貧時悔요 藝不少學過時悔요 見事不學用時悔요 醉後狂言醒時悔요 安不將息病時悔니라

구래공(寇萊公): 자는 평중(平仲), 이름은 준(準), 송나라의 어진 재상이다. 요(遼)가 침입했을 때 전주에서 맹약(盟約)을 맺어 시국을 수습하였다. 그 공로를 인정받아 내국공에 봉해져 구래공으로 불리어졌다.
육회명(六悔銘): 여섯 가지 후회될 일을 경계하는 글.
사곡(私曲): 사(私)는 사리(私利)를 말하는 것이며, 곡(曲)은 정도(正道)를 굽히는 것이다. 즉 부정(不正)을 말한다.
실시회(失時悔): 벼슬을 잃었을 때 후회하는 것.
검용(儉用): 절검(節儉)해서 쓰는 것.
예(藝): 재주, 즉 기술 또는 예술.
용시회(用時悔): 쓸 데가(필요한 때) 있을 때 후회하는 것.

않으면 필요한 때 배우지 않은 것을 후회하게 된다. 사람들은 흔히 술이 취하면 함부로 떠들고 실수를 많이 한다. 깨어난 뒤에 아무리 후회한들 무슨 소용이 있겠는가? 우리는 술이 취했을 때 말조심하는 습관을 길러 그와 같은 폐단이 없도록 조심해야 한다.

몸이 성했을 때 충분히 휴식을 취하지 않고 몸을 돌보지 않으면 병들었을 때 후회한다. 우리는 평상시에 충분히 휴식하고 몸을 돌봐서 병이 생기지 않도록 한다.

14

차라리 아무 사고 없이 집이 가난할지라도 사고가 있으면서 부자가 되지는 말 것이요, 차라리 아무 사고 없이 초가집에 살지라도 사고가 있으면서 좋은 집에서 살지는 말 것이요, 차라리 아무 병 없이 거친 보리밥을 먹을지라도 병이 있으면서 좋은 약을 먹지는 말아야 할 것이다. 〈益智書〉

14// 益智書에 云하였으되 寧無事而家貧이언정 莫有事而家富요 寧無事而住茅屋이언정 不有事而住金屋이요 寧無病而食麤飯이언정 不有病而服良藥이니라

영(寧):편안히, 어찌, 차라리 등 여러 가지 해석이 있는데 여기에서는 차라리로 풀이된다.
무사(無事):일 없이. 여기에서는 아무 사고 없이.
유사(有事):일이 있다. 여기에서는 사고가 있는 것.
모옥(茅屋):띠풀로 덮은 집. 초가집을 말한다.
금옥(金屋):좋은 집.

| 풀이 | 사고가 있으면서 부자가 되는 것보다는 비록 가난하게 살더라도 사고 없이 사는 것이 좋다. 또 사고가 있으면서 좋은 집에 사는 것보다 초가집에 살아도 사고 없이 사는 것이 좋으며, 병이 있어서 좋은 약을 먹는 것보다 좋지 않은 음식을 먹더라도 병이 없는 것이 좋다. 이런 경험을 해보지 못한 사람은 이 사실을 뼈저리게 느낄 수 없다.

사람이 살아갈 때 무엇보다도 아무 사고 없이 평온하게

살아갈 수 있는 것처럼 좋은 일은 없다. 아무리 돈이 많고 좋은 집에 살더라도 사고가 있으면 극히 불행한 일이다. 몸에 병이 있는 것은 더욱 괴로운 일이다. 우리는 무엇보다도 아무 사고 없이 한 가족이 단란하게 살며, 몸에 병이 없는 생활을 추구해야 한다.

추반(麤飯):거친 밥, 즉 쌀밥이 아닌 수수밥이나 보리밥 같은 것.
양약(良藥):좋은 약.

15

마음이 편안하면 초가집도 안온하고, 성정이 안정되면 나물국도 향기롭다.

15// 心安茅屋穩이요 性定菜羹香이니라

| 풀이 | 우리나라 속담에 초가삼간에 살아도 마음이 편안한 것이 최고라는 말이 있다. 마음이 편안하면 아무리 띠풀로 지은 보잘것없는 초가집도 안온함을 느낄 수 있고, 분수에 편안해서 성정이 안정될 수 있다면 나물국도 향기로운 것이다. 언제나 분수에 맞게 편안하고 하늘의 이치를 즐김으로써 자기 생활에 만족할 것을 강조하고 있다.

온(穩):안온하다는 뜻.
채갱(菜羹):나물국.

16

남을 책망하는 사람은 사귐을 온전히 하지 못하고, 스스로 용서하는 사람은 허물을 고치지 못한다. 〈景行錄〉

16// 景行錄에 云하였으되 責人者는 不全交요 自恕者는 不改過니라

| 풀이 | 남을 책망하기 좋아하는 사람은 남의 결점만이 눈

부전교(不全交):사귐을 온전

에 들어오고, 따라서 상대방과 감정 대립을 가져오기 때문에 그 교제는 오래 지속될 수 없다.

　자신의 잘못을 너그럽게 용서하고 또 합리화시키려고 애쓰는 사람은 자신의 결점을 고치지 못한다. 사람은 마땅히 자기를 용서하는 마음으로써 남을 용서하고, 남을 책망하는 마음으로써 스스로를 책망하는 아량을 길러야겠다.

자서(自恕):스스로 용서하는 것.

17

아침 일찍부터 저녁 늦게까지 생각하는 바가 충과 효인 사람은, 사람들이 알지 못하더라도 하늘이 반드시 알 것이다. 배불리 먹고 따뜻하게 입고서 안락하게 제 몸만 보호하는 사람은, 비록 몸은 편안하나 그 자손을 어찌하리오?

17// 夙興夜寐하여 所思忠孝者는 人雖不知나 天必知之요 飽食煖衣하여 怡然自衛者는 身雖安이나 其如子孫에 何오

숙흥야매(夙興夜寐):아침 일찍 일어나고 밤늦게 자는 것. 이 문구(文句)는 사람들에게 일찍 일어나서 종일 부지런히 일할 것을 강조하는 의미로 흔히 쓰여지고 있다.
이연(怡然):즐겁게.
자위(自衛):자신을 보호하는 것.

| 풀이 | 언제나 임금에게 충성하고 부모에게 효도할 것만을 생각하는 사람은, 다른 사람이 알아주지 않더라도 하늘이 반드시 알고 무궁한 복(福)을 내려줄 것이다. 그러나 배불리 먹고 따뜻하게 옷 입고 제 몸만을 생각하는 자는 자기 당대에는 좋을지 모르나, 자손들에게는 아무런 도움될 것이 없다. 이 글은 사람들에게 충효의 길을 권고한 것이라 하겠다.

18

아내와 자식을 사랑하는 마음으로 어버이를 섬긴다면 효

18// 以愛妻子之心으로

존심편 • 97

도를 극진히 할 수 있고, 부귀를 보전하는 마음으로 임금을 받든다면 그 어디에서도 충성되지 않음이 없을 것이다. 남을 책망하는 마음으로 자기를 책망한다면 허물이 적을 것이요, 자기를 용서하는 마음으로 남을 용서한다면 사귐을 온전히 할 수 있다.

| 풀이 | 이 글은 사람이 생각하는 바를 솔직하게 묘사하고 있다. 맹자가 말하기를 "사람이 어려서 부모를 알아보면 부모를 사모하고, 여색을 좋아할 줄 알면 어여쁜 나이 어린 여자를 좋아하며, 처자가 있으면 처자를 사모하게 된다. 나이 50에 부모를 사모하는 사람을 나는 순 임금에게서 보았다."고 하였다.

모든 사람들이 아내와 자식을 사랑하는 마음은 극히 간절하다. 그와 같은 아내와 자식을 사랑하는 마음으로 부모를 섬긴다면 그야말로 효도의 극치를 이룰 수 있을 것이다. 부귀를 구하며 이를 보전하려는 마음은 사람마다 절실해서 한시도 자기 마음속에서 떠나는 일이 없다. 그 부귀를 잃을까 근심하는 마음으로 임금을 받든다면 그야말로 대단한 충성이 될 것이다.

사람은 남의 잘못을 책망하는 데는 밝으면서도, 자기의 잘못을 책망하는 데는 어둡다. 남의 잘못을 용서하는 데는 인색하면서 자기의 잘못을 용서하는 것은 적극적이다. 이것이 사람의 큰 결점이다. 남의 잘못을 책망하는 마음으로 자기의 잘못을 책망한다면 곧 자기의 허물을 고쳐나가서 허물

事親則曲盡其孝요 以保富貴之心으로 奉君則無往不忠이요 以責人之心으로 責己則寡過요 以恕己之心으로 恕人則全交니라

사친(事親):어버이를 섬기는 것.
곡진(曲盡):극진히 하는 것.
보(保):보전하는 것.
무왕(無往):어디를 가도.
책기(責己):자기를 책망하는 것.
과과(寡過):허물이 적은 것.
전교(全交):사귐을 온전히 하는 것.

이 적어질 것이다. 또 자기를 용서하는 마음으로 남의 잘못을 용서한다면 상대방도 그와 같은 우정에 감동되어 원만한 교제를 오래 유지해 나갈 수 있다.

이 글은 충(忠), 효(孝) 및 우도(友道)를 절실하게 표현한 것이다.

19

19// 爾謀不臧이면 悔之何及이며 爾見不長이면 敎之何益이리오 利心專則背道요 私意確則滅公이니라

너의 꾀함이 현명하지 못하면 후회한들 어찌 미치겠는가. 너의 생각이 착하지 못하면 가르친들 무슨 보탬이 있으랴? 마음을 이(利)를 생각하는 데에만 쏟는다면 도(道)에 어긋나고, 사(私)를 위하는 마음이 굳으면 공(公)을 멸하게 된다.

이(爾):너.
장(臧):착한 것. 여기에서는 현명(賢明)한 것으로 풀이된다.
부장(不長):길지 않다. 여기에서는 착하지 못한 것.
하익(何益):무슨 보탬이 있으랴.
이심(利心):이(利)를 생각하는 마음.
전(專):전일(專一)하다. 여기서는 마음이 한 군데로 쏠리는 것.
배도(背道):배(背)는 위반, 위배(違背). 즉 도(道)에 어긋나는 것.
사의(私意):개인만을 위하는 생각.

| 풀이 | 너의 꾀함이 현명하지 못하다 함은 이심(利心), 즉 이(利)만을 생각하는 마음과 관련이 있다. 이(利)만을 추구하기 때문에 그 꾀함이 현명하지 못한 것이다.

도덕을 돌아보지 않고 이(利)만을 추구한다면 일이 실패로 돌아가게 마련이다. 실패한 뒤에 후회한들 무슨 소용이 있으랴. 너의 생각이 착하지 못하다 함은 사의(私意)와 관련이 있다. 개인적인 것만을 위하는 뜻을 가졌다면 이것은 생각이 착하지 못한 것이다. 그와 같은 사람을 가르친들 무슨 도움이 될 수 있으랴. 이(利)만을 위하는 마음이란 도덕에 위배(違背)되는 것이요, 사(私)만을 위하는 마음이란 공(公)을 그르치는 결과를 가져온다.

우리의 모든 계획은 이익 추구보다 도덕적인 면이 앞서야 하며, 사(私)를 위하는 마음보다 공(公)을 위하는 마음이 앞서야 한다.

확(確): 굳센 것.
멸공(滅公): 공사(公事)를 파괴하는 것.

20

일을 만들면 일이 생기고, 일을 덜면 일이 줄어든다.

20// 生事事生이요 省事事省이니라

| 풀이 | 일이란 만들고 싶으면 한없이 많아지고, 이것을 줄이려 들면 또한 많이 줄어든다. 우리는 일을 복잡하게 만들기보다는 간단하게 줄이는 방향으로 힘써야 한다.

그러므로 일에 결함을 가져오지 않는 범위 안에서 시간을 줄이고 능률을 올리는 방향으로 나가야 할 것이다.

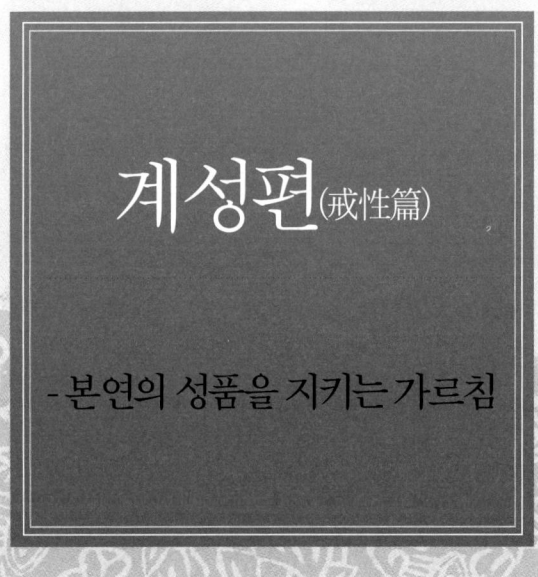

이 편(篇)에서는 맹자의 성선설(性善說)을 전제로 한다. 여기서 성(性)이란 사람이 하늘로부터 부여받은 본연의 성품을 말한다.
우리는 성품을 본연의 상태로 지키기 위해 힘써야 한다

1// 景行錄에 云하였으되 人性이 如水하여 水一傾則不可復이요 性一縱則不可反이니 制水者는 必以堤防하고 制性者는 必以禮法이니라

경(傾):기울어지는 것.
종(縱):놓여지는 것.
불가반(不可反):돌아올 수 없다.
제(制):여기서는 제어(制御)하는 것.
제방(堤防):물이 들어오지 못하도록 둑을 쌓은 것.

1

성품은 물과 같다. 물이 한번 엎질러지면 주워담을 수 없고, 성품이 한번 자리 잡으면 돌이킬 수 없다. 물을 막는 것은 반드시 둑으로 하고, 성품을 적절히 조절하는 것은 반드시 예법으로 한다.
〈景行錄〉

| 풀이 | 이 글은 사람의 성품을 물에 비교하고 있다. 물이 한번 엎질러지면 주워담을 수 없는 것처럼, 사람의 성품도 한번 마음속에서 자리 잡으면 돌이킬 수 없다. 둑으로 물을 막는 것처럼 예법으로 성품이 자리 잡는 것을 방지하도록 힘써야 한다.

〈맹자〉에 '간직하면 남아 있고, 버리면 없어진다.'는 말이 있다. 우리는 무엇보다도 귀중한 본성(本性)을 지키기 위해 최선을 다해야 할 것이다.

2// 忍一時之憤이면 免百日之憂니라

2

한때의 분함을 참으면 백일(百日)의 근심을 피할 수 있다.

| 풀이 | 한때의 화를 참지 못하고 함부로 행동하다가 무슨 일을 저지르면, 그것이 동기가 되어 큰 근심을 초래한다. 뿐만 아니라 심지어는 일생을 그르치는 무서운 결과를 가져올 수도 있다. 한때의 분함을 참아 넘긴다면 다음 순간 안도감을 얻고 무한한 기쁨을 느끼게 된다.

옛글에 '참는 것이 덕이 된다.'는 말이 있다. 우리는 인내의 미덕을 발휘하여 재앙을 멀리하고 복을 불러오는 데 힘써야 한다.

3

참고 또 참으며, 경계하고 또 경계하라. 참지 않고 경계하지 않으면 작은 일이 크게 된다.

| 풀이 | 이 글은 참고 또 참으며 경계하고 또 경계해서 극히 근신할 것을 강조한 것이다. 참고 또 경계하면 무사히 지나갈 수 있는 일을 참고 경계하지 않기 때문에 수습할 수 없는 상태로 일을 크게 벌이는 예가 얼마든지 있다. 우리는 모든 일을 인내하고 경계함으로써 주어진 일이 원만히 진행되도록 힘써야 한다.

3// 得忍且忍이요 得戒且戒하라 不忍不戒면 小事成大니라

득(得):여기서는 '할 수 있으면'으로 해석된다.

4

어리석고 못난 사람이 성내는 것은 다 이치에 통하지 못하기 때문이다. 마음 위에 불길을 더하지 말고 다만 귓전을 스쳐가는 바람결로 여겨라. 장단점은 집집마다 있으며, 따뜻하고 싸늘한 것은 어느 곳에서나 같다. 옳고 그릇된 것이란 본래 실상(實相)이 없어서 마침내 모두 다 빈 것이 되느니라.

4// 愚濁生嗔怒는 皆因理不通이라 休添心上火하고 只作耳邊風하라 長短은 家家有요 炎凉은 處處同이라 是非無相實하여 究竟摠成空이니라

우탁(愚濁):어리석고 흐린 것.
진노(嗔怒):성내는 것.
인(因):인하여, 또는 원인.
이불통(理不通):이치에 통하지 못한 것.
휴첨(休添):첨은 더하는 것, 휴(休)는 하지 말라는 뜻. 즉 더하지 말라는 것.
이변풍(耳邊風):귓전을 스쳐가는 바람결.
장단(長短):장점과 단점.
염량(炎凉):따뜻하고 싸늘한 것.
무상실(無相實):옳은 것이나 그른 것뿐만 아니라 다 같이 실제 형상이 없는 것.
구경(究竟):마침내.
총성공(摠成空):총(摠)은 전부, 성공(成空)은 빈 것을 이룬다. 즉 쓸데없는 일이 된다는 뜻.

5// 子張이 欲行에 辭於夫子할새 願賜一言爲修身之美하노이다 子曰 百行之本이 忍之爲上이니라 子張이 曰 何爲忍之잇고 子曰 天子忍之면 國無害하고 諸侯忍之면 成其大하고 官吏忍之면 進其位하고 兄弟忍之면 家富貴하고 夫妻忍之면 終其世하고 朋友忍之면 名不廢하고 自身이 忍之면 無禍害니라

| 풀이 | 어리석고 흐린 사람이 성내기를 좋아하는 이유가 이치에 통하지 않기 때문이라고 말한 것은 성내는 것이 옳지 않다는 것을 표현한 것이다. 남이 내게 불손한 말과 행동을 한다면 그것을 스쳐가는 바람결로 여기고 마음속에 불길을 돋우지 않으면 그만이다.

사람마다 장단점이 다 있고, 염량세태(炎凉世態)는 어디나 마찬가지인데 구태여 남과 옳으니 그르니 시비를 가릴 필요는 없다. 시비를 가려봐도 무슨 실상이 있는 것도 아니고 마침내는 쓸데없는 일이 되고 만다. 사람은 누구나 다 장단점이 있다는 것과 염량세태를 달관해서 감정의 불길을 억제하고 남과 시비하지 말 것을 강조한 것이다.

5

자장(子張)이 떠나고자 공자께 하직 인사를 하면서,

"몸을 닦는 가장 아름다운 길을 한 말씀해 주시기 원합니다."고 하였다.

이에 공자께서 말씀하셨다.

"모든 행동의 근본은 참는 것이 그 으뜸이 되느니라."

"무엇 때문에 참아야 합니까?"

"천자가 참으면 나라에 해가 없고, 제후가 참으면 큰 나라를 이루고, 벼슬아치가 참으면 그 지위가 올라가고, 형제가 참으면 집안이 부귀하고, 부부가 참으면 일생을 함께 하고, 친구끼리 참으면 이름이 깎이지 않고, 자신(自身)이 참

으면 재앙이 없을 것이다."

| 풀이 | 자장이 스승 공자의 곁을 떠나면서 공자를 향해 몸을 닦는데 있어서 가장 현명한 방법을 묻게 되었다. 이에 공자는 백행(百行)의 근본 중에 참는 것이 첫째라고 대답해 주었다. 자장은 공자의 이 말씀에 대해 납득이 가지 않아서 참는 것이 어떤 좋은 결과를 가져올 수 있는가를 물었다.

공자는 이에 대해서 천자가 참았을 경우, 제후가 참았을 경우, 관리가 참았을 경우, 형제나 부부, 친구 사이, 또는 자신이 참았을 경우에 어떤 좋은 결과를 가져오는지 하나하나 설명해 주었다.

6

자장이 물었다.
"참지 않으면 어떻게 됩니까?"
공자께서 말씀하셨다.
"천자가 참지 않으면 나라가 텅 비게 되고, 제후가 참지 않으면 그 몸을 잃게 되고, 벼슬아치가 참지 않으면 형법에 의하여 죽게 되고, 형제가 참지 않으면 따로 살게 되고, 부부가 참지 않으면 자식이 외로워지게 되고, 친구끼리 참지 않으면 정의가 멀어지게 되고, 자신이 참지 않으면 근심이 없어지지 않는다."
"좋고 좋으신 말씀이십니다. 참으로 참기 어려움이여, 사

자장(子張): 성은 전손(顓孫), 이름은 사(師). 자장은 그의 자(字)다. 공자의 제자.
행(行): 길을 떠나려 하는 것.
사(辭): 하직을 고하는 것.
부자(夫子): 일반적으로 스승에 대한 존칭으로 공자를 지칭하는 것이다.
수신지미(修身之美): 몸을 닦는 좋은 방법.
하위인지(何爲忍之): 하위는 무엇 때문에, 즉 무엇 때문에 참느냐?로 풀이된다.
제후(諸侯): 고대 중국의 천자로부터 일정한 봉토(封土)를 받아 그 지역을 다스렸던 각급(各級)의 지배자.
종기세(終其世): 세(世)는 일생, 종(終)은 마친 것. 여기서는 해로의 뜻이다.
명불폐(名不廢): 이름이 떨어지지 않는다. 깎이지 않는다.
화해(禍害): 재앙과 손해.

6// 子張이 曰 不忍則如何잇고 子曰 天子不忍이면 國空虛하고 諸侯不忍이면 喪其軀하고 官吏不忍이면 刑法誅하고 兄弟不忍이면 各分居하고 夫妻不忍이면 令子孤하고 朋友不忍이면 情意疎하고 自身이 不忍이면 患不除니라 子張이 曰 善哉善哉라 難忍難忍이여 非人不忍이요 不忍非人이로다

람이 아니면 참지 못할 것이요, 참지 못하면 사람이 아닙니다."

〈子張〉

여하(如何):어떠한가?
공허(空虛):텅 비는 것.
상(喪):상실, 쉽게 말해서 잃는 것.
형법주(形法誅):형법에 의해 죽음을 당하는 것.
선재선재(善哉善哉):좋다는 감탄사의 연발.
난인난인(難忍難忍):참기 어렵다는 것인데 두 번씩이나 같은 말의 연속은 강조의 표현이다.

| 풀이 | 앞의 글에서는 참는 데에서 오는 좋은 결과가 설명되었지만 본문에서는 참지 못함으로써 가져오는 폐해를 설명하고 있다.

천자가 분을 참지 못해서 행동을 함부로 한다면 현자(賢者)들이 그 나라를 떠나감으로써 나라가 의지할 데가 없게 된다. 제후가 참지 못하고 난폭한 행동을 한다면 불평을 가진 사람들에 의해 목숨을 뺏기는 참혹한 화를 당하게 된다. 벼슬아치들이 참지 못하고 행동한다면 부정을 저지르고 법을 어기게 되어, 국법에 의해 처단을 받게 된다.

형제들 사이에 참지 못해서 서로 싸운다면 한 집에 살 수 없는 것은 당연하다. 부부 사이에 참지 못한다면 그 부부는 헤어지게 되고 그 자식은 외로워진다. 친구 사이에 참지 못해서 대립이 된다면 우정이 멀어지게 된다. 자기 스스로 참지 못해서 행동을 함부로 한다면 여러 가지 재앙과 위해(危害)가 닥쳐서 하루도 근심이 떠날 날이 없게 된다.

공자가 인내의 좋은 결과와 인내하지 못하는 것의 나쁜 결과를 비교하여 판단을 내리고 있다. 자장은 도리를 깨달으며 감탄하는 소리가 연거푸 입에서 나왔다. 참는 것이 극히 어려운 것임을 말하면서도 반드시 참을 것을 강조했다.

7

자기를 굽히는 사람은 충분히 중요한 지위에 오를 수 있으며, 이기기를 좋아하는 사람은 반드시 적을 만나게 된다.

〈景行錄〉

| 풀이 | 사양지심(辭讓之心)은 예지단(禮之端)이라 하여 사단(四端)의 하나가 사양하는 마음이다. 사람이 남을 대하고 사물과 가까이 하는데 있어서 항상 나를 양보하는 미덕을 발휘할 줄 알아야 한다. 나를 굽힐 줄 모르는 사람이면 안과 밖으로 원만히 일을 진행시킬 수 없다. 따라서 이와 같은 사람은 중요한 지위에 오를 수 없다. 남을 이기기를 좋아하고 세상에서 자기만이 강하다고 스스로 생각하는 사람은 감히 그와 더불어 다툴 사람이 없을 것 같지만 언젠가는 그보다 더한 강적을 만나게 되고, 따라서 신명(身命)을 지킬 수 없게 된다. 우리나라 속담에 '나무에 잘 오르는 사람은 나무에서 떨어져 죽고, 헤엄을 잘 치는 사람은 물에 빠져 죽는다.' 는 말이 있다. 우리는 언제나 몸가짐을 겸손하게 하고 자신을 과시하려는 그릇된 생각을 경계해야 한다.

8

악한 사람이 선한 사람을 꾸짖거든 선한 사람은 아예 이에 대꾸조차 하지 말아야 할 것이다. 대꾸하지 않는 사람은 마음이 맑고 한가하지만 꾸짖는 사람은 입이 뜨겁게 끓어오

7// 景行錄에 云하였으되 屈己者는 能處重하고 好勝者는 必遇敵이니라

굴기자(屈己者):자기를 굽히는 자. 남에게 양보하는 사람.
능처(能處):처할 수 있다.
중(重):중요한 위치 또는 지위.

8// 惡人이 罵善人커든 善人은 摠不對하라 不對는 心淸閑이요 罵者는 口熱沸니라 正如人

唾天하여 還從己身墜니라

매(罵):꾸짖는 것.
총(摠):모두, 또는 모든 것.
청한(淸閑):맑고 한가한 것.
열비(熱沸):뜨겁게 달아오르는 것.
타(唾):침을 뱉는 것.
기신(己身):자기 몸.

르니 마치 사람이 하늘을 향해 침을 뱉으면 도로 자기 몸에 떨어지는 것과도 같으니라.

| 풀이 | 이 글은 악한 사람이 나에 대해서 아무리 욕설을 퍼붓고 비방을 하더라도 이를 상대하지 말라는 것이다. 우리나라 속담에 '누워 침 뱉기'란 말이 있다. 이는 욕하는 사람만이 입이 더러워지고 처신을 잃을 뿐인데 욕설을 당하는 사람은 한때 화를 참기만 하면 마음이 편안하고 아무것도 해가 될 것이 없다는 것이다.

9

9// 我若被人罵라도 佯聾不分說하라 譬如火燒空하여 不救自然滅이라 我心은 等虛空이어늘 摠爾翻脣舌이니라

피인매(被人罵):피(被)는 입는 것, 즉 남에게서 욕설을 당하는 것.
양(佯):거짓.
분설(分說):시비를 가려서 말하는 것.
비(譬):비유해서 말하는 것.
화소공(火燒空):불이 허공에서 타는 것.
불구(不救):여기에서는 불을 끄지 않는 것.

내가 만약 남에게 욕을 듣더라도 거짓으로 귀먹은 체하고 시비를 가려 말하지 말라. 비유하건대 불이 허공에서 타다가 끄지 않아도 저절로 꺼지는 것과 같다. 내 마음은 허공과 같은데 너의 입술과 혀만이 번득일 뿐이다.

| 풀이 | 이 글은 앞의 글과 비슷한 내용이다. 남이 나를 욕할지라도 이쪽은 귀먹은 체하고 가려서 말하지 말라는 것이다.

욕하는 것도 한계가 있다. 그러므로 욕을 하다가 지치면 저절로 그만두게 된다. 욕을 하거나 말거나 그대로 버려두면 내 마음은 편안하고 상대방의 입술과 혓바닥만이 아플 뿐이다. 그렇게 되면 실제 욕하는 사람이 손해이지 욕먹는

사람은 손해될 것이 하나도 없다.

등(等):같은 것.
총(摠):도무지.
번(翻):번득이는 것.
순설(脣舌):입술과 혓바닥.

10

모든 일에 인정을 남겨두라. 뒷날 만났을 때 좋은 얼굴로 서로 보게 되리라.

10// 凡事에 留人情이면 後來에 好相見이니라

| 풀이 | 사람은 언제나 남을 돕고 또한 따뜻하게 대해야 한다. 남을 돕고 따뜻하게 대하는 것이야말로 사랑의 원리이며 최고의 미덕이다. 남을 돕고 남에게 따뜻하게 대하면 상대방도 그 인정에 감동하여 그를 존경하고 따르며, 언제 어디에서 만나든 그에게 따뜻하게 대할 것이다.

범사(凡事):모든 일.
유(留):마음에 둔다.
후래(後來):뒷날.
호상견(好相見):좋게 서로 본다.

남에게 인정을 베풀었다가 뒷날 성공하게 되고 출세하게 되었다는 미담을 우리는 역사를 통해 너무나 많이 들어왔다. 그 실례 하나를 들어보자.

조선 영조 때였다. 이씨 성을 가진 사람이 서울에서 벼슬살이를 하다가 물러난 후 충청도 어느 시골로 내려가게 되었다.

때는 겨울이었다. 눈보라가 치고 추위가 매서웠다. 길가에서 두 부부가 어린애 하나를 둘러싸고 앉아서 슬픔에 잠겨 있는 것을 발견했다. 이 씨가 가까이 다가가서 보니 그들이 입고 있는 옷은 남루하기 짝이 없고, 몸도 수척해서 피골(皮骨)이 상접했으며, 얼굴빛도 핏기가 없는 것이 며칠 굶은 것만 같았다. 그리고 젊은 부인의 품에 안겨 있는 어린애는 계집아이였는데 옷도 제대로 입지 못하고 심한 추위에 새파랗게 질려 있었다. 어린 계집아이는 어디가 아픈지 신음소리를 심하게 내고 있는 것이 금방이라도 숨이 넘어갈 것만 같았다.

이 씨는 측은한 생각이 들었다. 어디로 가는 길이냐고 물으니 시골에 살다가 생활이 여의치 못해서 서울 친척을 찾아가는 길인데 도중에 먹을 것도 떨어지고 어린 딸마저 병에 걸려 사경을 헤매고 있다는 것이다.

이 씨는 이들을 도와줘야겠다고 생각했다. 그래서 자기가 입고 있던 털 바지를 벗어서 어린애에게 입혀주고 그들을 데리고 주막집을 찾아갔다. 주막집에서 이 씨는 며칠째 굶은 그들에게 음식을 먹여주고 또 약을 지어다 달여서 어린애에게 먹였다. 그리고는 얼마간의 돈을 젊은 남자에게 줘 길을 떠나도록 해주었다.

그들은 너무나 감격해서 몸 둘 바를 모르며 이 씨의 성명을 물었다. 이 씨는 그때 주서(注書) 벼슬을 지냈던 모양인지 '이 주서'라고 대답했을 뿐 더 말하지 않았다. 그런 후 서로 헤어져 반대 방향으로 제각기 갈 길을 떠났다.

그로부터 15, 6년 뒤의 일이다. 병든 어린애와 약한 아내를 이끌고 살 길을 찾아서 서울로 향해 올라갔던 사람은 바로 김한구(金漢耉)였다. 또 길 위에서 병들었던 어린애가 자라나서 영조의 계비(繼妃)가 되었다. 김한구 부부는 이 씨의 따뜻한 은혜를 받아 서울로 올라온 뒤로는 밤낮으로 이 씨의 마음을 잊지 못하고 그 은혜를 갚을 수 있기만을 기다리고 있었다. 또 왕비도 부모들로부터 자기를 살려준 이 씨에 대한 얘기를 수없이 들었고, 언젠가는 보답을 해야겠다고 생각했다. 어렵고 가난했던 처지에서 어느덧 한 나라의 국모라는 존귀한 몸이 되었으니 자신조차 꿈인지 생시인지 도무지 분간할 수 없었다. 하루는 조용한 기회를 틈타 영조에게 눈물을 머금으며 이 씨에 대해 얘기했다. 영조는 감동을 받아 목이 잠긴 목소리로 이렇게 말했다.

"그가 아니면 오늘날 과인이 어떻게 중전을 대할 수 있었겠소."

영조는 곧 입직승지를 불렀다.

"전 주서(前注書) 이○○의 주소를 알아보아서 상경, 입궐하라는 명을 전하라."

승지는 명을 받들고 물러났다.

며칠 뒤 이 씨의 시골집에는 꿈에도 생각지 않았던 왕사(王使)가 내려오고, 즉각 입시(入侍)하라는 어명이 전해졌다. 이 씨는 영문을 알 수 없었다. 어리둥절한 채 정신을 잃고 있었다. 마침내 두 번 절하여 왕은(王恩)에 감격하고 이튿날 일찍이 상경길에 올랐다. 서울에 도착한 그날 밤 새로 국구(國舅)가 된 부원군(府院君) 김한구에게서 자기 집으로 와달라는 전갈이 왔다. 또 한 번 이 씨는 어리둥절했다.

이 씨는 영문도 모르는 채 하인을 따라 부원군 집을 찾았다. 정일품의 존귀한 몸인 부원군이 문앞까지 마중을 나오는 것이 아닌가? 이 씨는 몸 둘 바를 몰랐다. 큰사랑으로 인도되어 사인례(私人禮)로써 부원군과 대좌하는 영광을 받앉을 뿐만 아니라 산해진미(山海珍味)의 화려한 연회가 베풀어지고 융숭한 대접을 받았다.

마침내 김 부원군으로부터 지난날의 은혜를 치하하는 말이 떨어지자, 이 씨는 전후 사정을 환히 깨달으며 감격했다. 그 이튿날 이 씨는 입궐하여 오랜만에 옛 임금을 대하게 되었는데 임금으로부터 의인(義人)이라는 말까지 듣게 되었다. 이 씨는 곧 높은 벼슬에 오르게 되었고, 그의 자손 또한 번창하였다.

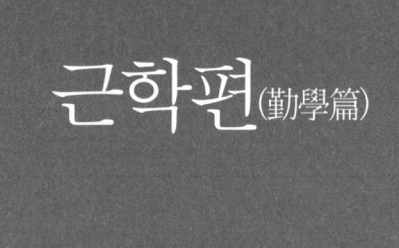

근학편(勤學篇)

- 삶을 풍요롭게 하는 배움의 길

삶을 풍요롭게 하는 것은 배움이다. 아는 것이 힘이라는 말처럼 사람은 많이 배워서 지식을 넓혀야 사물의 이치를 깨닫게 된다. 따라서 큰 사업을 이루어 빛나는 이름을 후세에 전할 수 있다. 부지런히 공부를 하는 데 힘써야 할 것이다.

1// 子曰 博學而篤志하
고 切問近思면 仁在其
中矣니라

박학(博學):널리 배우는 것.
독지(篤志):뜻을 강하게 하는
것.
근사(近思):잘 생각하는 것.

1

널리 배우고 뜻을 강하게 하며, 간절하게 묻고 잘 생각하면 인(仁)은 그 속에 있다.　　　　　　　　　　〈孔子〉

| 풀이 | 사람이 지식을 넓히면 도리에 밝아지고, 신념(信念)이 굳으면 행동이 바르게 된다. 모르는 것은 물어서 깨닫고, 깊이 생각하는 태도를 가진다면 인(仁)에 도달할 수 있다.

2// 莊子曰 人之不學은
如登天而無術하고 學而
智遠이면 如披祥雲而覩
靑天하고 登高山而望四
海니라

무술(無術):재주가 없는 것.
지원(智遠):지혜가 먼 것.
피(披):헤친다.
도(覩):본다. 도(睹)와 같은 자.
상운(祥雲):상서로운 구름.

2

사람이 배우지 않는 것은 재주 없이 하늘에 오르려는 것과 같고, 배워서 지혜가 멀면 상서로운 구름을 헤치고 푸른 하늘을 보며 높은 산에 올라 사해(四海)를 바라보는 것과 같다.　　　　　　　　　　〈莊子〉

| 풀이 | 사람이 배우지 않고 이치를 깨닫지 않는 것은 마치 아무 재주도 없이 하늘에 오르려는 것과 같다. 사람이 많이 배워서 지혜가 깊어진다면 마치 구름을 헤치고 푸른 하늘을 보며 높은 산에 올라서 사해(四海)를 바라보는 것처럼, 사물의 이치를 환히 깨달을 수 있다. 사람은 마땅히 배움에 힘써야 한다.

3

옥(玉)은 다듬지 않으면 그릇을 이루지 못하고, 사람은 배우지 않으면 의리를 알지 못한다.　　　　　〈禮記〉

| 풀이 | 아무리 명주보옥(明珠寶玉)이라도 갈고 다듬지 않으면 그 찬란한 빛을 낼 수 없다. 마찬가지로 사람도 배우지 않으면 사람의 도리를 알지 못하고 인간 생활의 바른길을 알지 못하여 사람답지 못하다.
　이 글은 배워야만이 사람의 도리를 깨달을 수 있고, 사람이 가야 할 바른길을 간다고 강조한 것이다.

3// 禮記에 曰 玉不琢이면 不成器하고 人不學이면 不知義니라

예기(禮記): 오경(五經)의 하나. 대성(戴聖: 전한 선제 때의 학자)이 편저(編著)하였으며, 〈주례(周禮)〉 및 〈의례(儀禮)〉를 합쳐서 삼례(三禮)라고 한다.
불탁(不琢): 다듬지 않는 것.

4

사람이 배우지 않으면 어두운 밤중에 길을 가는 것과 같다.　　　　　　　　　　　　　　　　　〈太公〉

| 풀이 | 사람이 배우지 않으면 어두운 밤길을 가는 것과 같다고 한 것은, 사람이 배우지 않으면 세상 사물의 이치를 알지 못하기 때문에 나아갈 바를 알지 못한다는 것을 표현한 것이다.

4// 太公曰 人生不學이면 如冥冥夜行이니라

명명(冥冥): 어둡고 어두운 것. 캄캄하다고 해석할 수 있다.
야행(夜行): 밤에 가는 것. 여기에서는 밤길을 간다.

5

사람이 고금(古今)을 통하지 못한다면 마소에 옷을 입힌

5// 韓文公이 曰 人不通

古今이면 馬牛而襟裾니라

한문공(韓文公):이름은 유(愈), 자는 퇴지(退之). 당(唐)나라의 문인, 창려(昌黎) 사람, 당송팔대가(唐宋八大家)의 제일인자이다. 유교를 숭상하고 불교와 도교를 배척하였다. 저서(著書)로는 〈한창려문집(韓昌黎文集)〉 40권과 〈외집(外集)〉 10권 등이 있다. 문공(文公)은 그의 시호이다.

6// 朱文公이 曰 家若貧이라도 不可因貧而廢學이요 家若富라도 不可恃富而怠學이니 貧若勤學이면 可以立身이요 富若勤學이면 名乃光榮이라 惟見學者顯達이요 不見學者無成이니라 學者는 乃身之寶요 學者는 乃世之珍이니라 是故로 學則乃爲君子요 不學則爲小人이니 後之學者는 宜各勉之니라

것과 같다. 〈韓文公〉

| 풀이 | 고금(古今)이라 함은 과거와 현대에 걸쳐 모든 사물(事物)을 일컫는 말이다. 옛날 사람들은 통고금(通古今), 달사리(達事理)라 하여, 고금의 이치에 통해야만 비로소 사람다운 사람으로 생각했다. 그렇기 때문에 여기에 인불통고금(人不通古今)이면 마우이금거(馬牛而襟裾)라는 말이 나오게 된 것이다.

또한 이와 같은 말로써 사람들에게 학문에 힘쓸 것을 강조한 것이다.

6

집이 가난하더라도 가난으로 인하여 학문을 그만두면 안 되고, 집이 부유하더라도 부유함을 믿고 학문을 게을리 해서는 안 된다. 가난한 자가 만약 부지런히 배운다면 출세를 할 수 있을 것이요, 부유한 자가 만약 부지런히 배운다면 이름이 빛날 것이다. 오직 배운 자가 현달(顯達)한 것을 보았으며, 배운 사람으로서 성취(成就)하지 못하는 것은 보지 못했다. 배움이란 곧 몸의 보배요, 배운 사람이란 곧 세상의 보배다.

그러므로 배우면 군자가 되고, 배우지 않으면 소인이 된다. 나중에 배우는 자는 마땅히 각각 힘써야 할 것이다.

〈朱文公〉

|풀이| 아무리 집이 가난하더라도 배우지 아니하면 안 되고, 또 그와 반대로 집이 부유하다고 해서 그것을 믿고 배움을 게을리 해서도 안 된다. 아무리 집이 가난하더라도 부지런히 배워서 학문이 이루어지면, 얼마든지 사회에 나와 활동할 수 있으며 큰 뜻을 이루어 이름을 빛낼 수 있다.

동서고금(東西古今)을 막론하고 가난한 환경에서도 부지런히 학문의 길을 닦아 출세를 하고, 그 이름을 역사에 남긴 사람들이 얼마든지 있다. 사람이 학업을 닦는 것을 흔히 형설지공(螢雪之功)이란 말로 표현하고 있는데, 형설지공이란 말은 다음과 같은 고사(故事)에서 비롯된 것이다.

중국 진(晋)나라 때 차윤(車胤)이라는 사람이 있었다. 그는 집이 가난하여 불 켜는 기름을 살 수 없었다. 그래서 여름날 밤에 반딧불을 비춰서 책을 읽었다. 또 손강(孫康)이라는 사람은 눈빛을 이용해서 글을 보았다. 그와 같이 가난을 극복하고 부지런히 배웠기 때문에 마침내 크게 출세하고 이름을 후세에 남길 수 있었다.

우리나라 속담에 '돈은 돌고 돈다.'는 말이 있다. 제아무리 재산이 많은 부자라 하더라도 언제 그것이 사라질지 모른다. 하지만 머릿속에 들어 있는 학문이라는 보배는 아무도 빼앗아갈 수 없다. 그러므로 집이 부유하다고 해서 그것을 믿고 배우지 않는다는 것은 소인의 어리석은 생각이다.

역사를 통해서 위대한 사업을 이루어 후세에 이름을 남긴 사람치고 일찍이 배우지 않은 사람은 찾아볼 수 없다. 공자 같은 성인도 그가 닦은 학문이 그처럼 만든 것이며, 우리

인(因):인하여, 말미암아.
인빈(因貧):가난함으로 인하여.
폐학(廢學):학문을 그만둔다. 배움을 그만둔다.
시부(恃富):부유함을 믿는 것.
근학(勤學):부지런히 배우는 것. 학문을 부지런히 한다로 풀이할 수도 있다.
무성(無成):성취가 없는 것.
내(乃):곧. 바로.
세지진(世之珍):진(珍)은 보기 드문 보배의 뜻인데 세상의 진귀한 보배로 풀이된다.
면지(勉之):힘쓰라.

나라에서도 세종대왕을 비롯하여 이황·이이·이순신 등 어떠한 훌륭한 지도자·정치가·학자 또는 용장(勇將)도 모두 그의 몸에 지닌 학문이 그렇게 만들었던 것이다.

학문이 아니고는 어떠한 사업도 이룰 수 없다. 그러므로 여기서도 배움을 몸의 보배로 지적하고 있다. 사회의 질서가 확립되고 정치가 밝아서 백성들이 잘살 수 있는 것은, 다 배운 사람들의 활동에서 비롯된다. 배운 사람을 세상의 귀한 보배라고 말하는 것도 여기에서 비롯된 것이다. 배운 사람은 군자가 되고 배우지 않은 사람은 소인이 된다는 것은 어김없는 사실이다.

글을 배운 사람만이 입신출세(立身出世)를 할 수 있는 큰 뜻을 이루어서 빛나는 이름을 길이 후세에 남길 수 있다.

7

7// 徽宗皇帝曰 學者는 如禾如稻하고 不學者는 如蒿如草로다 如禾如稻兮여 國之精糧이요 世之大寶로다 如蒿如草兮여 耕者憎嫌하고 鋤者煩惱니라 他日面墻에 悔之已老로다

배운 사람은 벼와 같고, 배우지 않은 사람은 잡초와 같다. 벼와 같은 사람이여, 나라의 좋은 양식이요 세상의 큰 보배로다. 잡초와 같은 사람이여, 밭을 가는 이가 싫어하고 김을 매는 이가 귀찮아한다.

뒷날 담을 면(面)한 듯 답답한 사람이여, 뉘우쳐도 이미 늦었으리라.

〈徽宗皇帝〉

휘종황제(徽宗皇帝): 북송(北送)의 제8대 임금. 신법당(新法黨)을 등용, 글씨와 그림에

| 풀이 | 이 글은 중국 북송(北送)의 휘종황제(徽宗皇帝)가 사람들에게 때를 놓치지 말고 부지런히 배울 것을 강조한

것이다. 배운 사람을 벼에 비유하며, 나라의 좋은 양식이요 세상의 큰 보배라고 찬양했다. 그리고 배우지 않은 사람을 잡초에 비유하여 밭을 가는 사람도 싫어하고 김을 매는 사람도 귀찮아하는 쓸모없는 존재로 나쁘게 평가했다. 동시에 젊었을 때 배우지 않으면 뒷날 아무리 후회해도 소용없음을 말했다.

우리는 이와 같은 교훈을 거울삼아 부지런히 배워야 할 것이다.

8

배우기를 미치지 못한 것같이 하고, 오직 배운 것을 잃을까 두려워할지니라. 〈論語〉

| 풀이 | 이 글은 배우는 자가 배움에 있어서 취할 바 태도를 밝힌 것이다. 배운 것을 모두 잘 안다고 자부하는 것은 절대로 안 된다. 언제나 부족한 것처럼 생각해서 힘써 나가도록 해야 하며, 또 배운 것을 잃지 않도록 십분 노력해야 한다.

조예가 깊었으며, 고금(古今)의 서화를 모아 선화서화보(宣化書畵譜)를 만들었다. 그의 아들 흠종(欽宗) 정강(靖康) 2년 금(金)나라의 침략으로 서울 변경이 함락되고, 아들 흠종과 함께 만주로 잡혀가 그곳에서 죽었다.
혜(兮):어조사로 '이여'.
여화여도혜(如禾如稻兮):화(禾)나 도(稻)가 모두 벼의 뜻인데 벼와 같다로 풀이된다.
정량(精糧):좋은 양식.
호(蒿):다북쑥. 잡초.
증혐(憎嫌):싫어하는 것.
서자(鋤者):서(鋤)는 호미의 뜻으로, 김매는 사람으로 풀이된다.

8// 論語에 曰 學如不及이요 惟恐失之니라

논어(論語):사서(四書)의 하나. 공자의 언행(言行)을 기록한 책. 공자 연구의 유일한 자료. 전 7권 20편으로 되어 있는 유교의 경전(經典)이다.

훈자편(訓子篇)

- 자녀를 성공시키는 인성교육

자식을 키우는 사람은 마땅히 그 자식을 가르치기에 힘써야 한다. 재산을 아무리 많이 물려준다 해도 재산이란 뜬구름과 같아서 오늘 있다가도 내일 없어질 수 있다. 자식을 잘살게 하기 위해서는 글자 하나라도 더 가르치고 기술 하나라도 더 익히게 하는 것이 중요하다

1// 景行錄에 云하였으되 賓客不來면 門戶俗하고 詩書無敎면 子孫愚니라

빈객(賓客):손님.
문호(門戶):집안. 문벌.
속(俗):속되다. 여기에서는 저속해진다.
시서(詩書):〈시경〉과〈서경〉.
우(愚):어리석다는 뜻.

1

　손님이 오지 않으면 집안이 저속해지고, 시서(詩書)를 가르치지 않으면 자손이 어리석다.
〈**景行錄**〉

| 풀이 | 점잖은 손님들이 집에 출입을 해야만 그 집안이 행세를 하고 빛이 난다. 손님들이 찾아온다는 것은 그 집안 사람들이 학문이 있고 교양이 높아서, 사회적으로 존중받고 사람들로부터 호응을 받고 있다는 증거다. 점잖은 손님의 출입이 없다면 그 집안은 벌써 보잘것없는 존재가 된다.
　자손들에게는 반드시 학문을 닦게 해야 한다. 사람이 배우지 않으면 사물의 이치를 알지 못하기 때문에 어리석어진다. 따라서 세상에서 입신출세를 할 수 없다.
　이 글에 있어서 손님이 오지 않는다는 것과 자손이 어리석은 것은 관련이 있다. 배운 것이 없어서 사물의 도리를 모르는 사람에게는 그를 찾아올 사람이 없게 마련이다. 이 글은 자식들에게 글을 가르칠 것을 강조한 것이다.

2// 莊子曰 事雖小나 不作이면 不成이요 子雖賢이나 不敎면 不明이니라

2

　일이 비록 작더라도 하지 않으면 이루지 못하고, 자식이 비록 어질지라도 가르치지 않으면 현명(賢明)하지 못하다.
〈**莊子**〉

| 풀이 | 아무리 작은 일이라도 하지 않으면 이룰 수 없다. 이처럼 자식이 아무리 뛰어난 자질을 갖추었더라도 가르치지 않으면 사물의 이치에 밝을 수 없다. 옥도 다듬지 않으면 그릇을 이루지 못한다고 했다.

부작(不作):작(作)은 짓는다는 뜻도 되지만 여기서는 한다로 해석, 즉 하지 않는 것.
불명(不明):밝지 못하다. 즉 사물의 이치에 어둡다는 뜻이다.

3

황금이 상자에 가득 차 있어도 자식에게 경서(經書) 하나를 가르치는 것만 같지 못하고, 자식에게 천금(千金)을 물려주어도 기술 한 가지를 가르치는 것만 같지 못하다. 〈漢書〉

3// 漢書에 云하였으되 黃金滿籯이 不如敎子一經이요 賜子千金이 不如敎子一藝니라

| 풀이 | 황금이 아무리 많아도 그것으로 입신출세(立身出世)하며 경륜(經綸)을 세워 일을 할 수는 없다. 사람은 모름지기 학문을 닦음으로써 사물의 도리를 알게 되고, 따라서 사람이 세상에 태어난 보람을 느낄 수 있다. 그러므로 황금만영(黃金滿籯)이 불여교자일경(不如敎子一經)이라는 말이 나오게 되었다.

또 돈이란 없다가도 있고, 있다가도 없을 수 있다. 자식에게 천금(千金)을 물려주어도 그것을 꼭 지킨다고 볼 수는 없다. 아무 배운 것도 없이 돈이 다 없어져 버리면 그때 가서는 생활을 유지할 수 없다.

그러나 기술이란 한번 배워두면 언제든지 그것을 활용해서 생활을 영위할 수 있다. 돈을 남겨준다는 것은 일시적인 것에 지나지 않지만, 기술을 가르친다는 것은 확고한 생활

한서(漢書):전한(前漢)의 고조(高祖)에서 왕망(王莽)까지 229년 동안의 역사를 기록한 책. 반표(班彪)가 시작한 것을 반고(班固)가 대성(大成)하고, 그의 누이 반소(班昭)가 보수(補修)했다. 기전체(紀傳體)로 된 사서(史書)이다.
영(籯):상자.
경(經):경서(經書)를 말한다.
사(賜):주는 것.

대책을 마련해 주는 것이다. 그러므로 유자천금(遺子千金)이 불여교자일예(不如敎子一藝)라는 말이 나오게 된 것이다.

우리는 자손들의 먼 앞날을 위해서 재산을 물려주는 것보다도 한 글자라도 더 가르치며, 기술을 하나라도 더 가르쳐야 할 것이다.

4

지극한 즐거움은 책을 읽는 것만 같음이 없고, 지극히 필요한 것은 자식을 가르치는 것만 같음이 없다.

4// 至樂은 莫如讀書요
至要는 莫如敎子니라

지락(至樂):매우 즐거운 것.
막여(莫如):같은 것이 없다는 뜻.
지요(至要):꼭 필요한 것.

| 풀이 | 독서는 자못 신성하다. 독서삼매(讀書三昧)니 독서락(讀書樂)이니 하는 말이 있다. 글을 읽는 동안은 남을 미워한다든지 저주하는 등의 불순한 생각이 머릿속에서 깨끗이 사라지고 모든 근심을 잊게 된다. 불교의 문자 그대로 삼매경(三昧境)으로 빠져들게 된다. 글 속에서 무언가 진리를 깨닫고 얻는 바가 있을 때 희열을 느끼게 된다.

필자도 마음이 심란할 때는 우리가 보아서 교훈이 될 수 있는 책, 예를 들어서 〈논어(論語)〉나 〈맹자(孟子)〉, 〈대학(大學)〉 또는 〈중용(中庸)〉 같은 교양서적을 펴놓고 머릿속으로 한 번 읽어본다. 순간 그 복잡하고 어지럽던 마음이 가라앉을 뿐만 아니라 그 속에서 도리어 희열을 느끼게 된다. 지락(至樂)이 막여독서(莫如讀書)란 실로 금언(金言)이다.

인간이 책을 멀리하면 정신세계를 찾을 수 없어서 완전히 인생의 사막이 되고 만다. 우리는 책을 떠나지 않는 생활을 함으로써 풍요로운 삶을 누리고, 올바른 길을 가고, 무언가 인류사회에 공헌하는 바가 있어야 할 것이다. 또 자식을 기르는 데는 큰 뜻을 두고 자식을 가르쳐야만 한다.

앞에서도 설명한 바 있었지만, 배움이란 사람의 보배이며 배운 사람이란 또한 세상의 진귀한 보배인 것이다. 사람이 배우지 않는다면 사물의 도리를 깨닫지 못하게 되고, 따라서 사람의 갈 길을 모르게 된다. 자식에게 사람다운 사람이 되게 하기 위해서는 열심히 가르쳐서 깊은 학문을 그의 머릿속에 넣어주어야 한다. 돈을 아껴서 자식을 가르치는 일을 소홀히 하는 사람은 실로 어리석기 짝이 없다. 재산을 남겨주기보다는 먼저 자식이 지식을 쌓는 데 게을리하지 않도록 힘써야 할 것이다.

5

안으로 어진 부모 형제가 없고, 밖으로 엄한 스승이나 벗이 없이 능히 성취한 자는 드물다. 〈呂榮公〉

5// 呂榮公이 曰 內無賢父兄하고 外無嚴師友而能有成者 鮮矣니라

여영공(呂榮公): 이름은 희철(希哲), 영(榮)은 시호. 북송(北宋)의 학자.
성(成): 이룬다는 뜻으로 큰 사업 또는 큰 인물을 이룬다.

| 풀이 | 사람이 큰 인물이 되는 데에는 무엇보다도 어진 부모와 형제의 뒷받침과 엄격한 스승이나 벗의 지도와 편달(鞭撻)이 절대적이다. 가정에는 어진 부모와 형제가 있어서 올바른 길로 인도해 주고, 밖에는 엄한 스승이 있어야 일깨

워주고 지식을 넣어주며, 또 단정한 벗이 있어야 착한 길로 권유해 비로소 지(知), 인(仁), 용(勇)의 덕을 겸비한 훌륭한 인간을 형성할 수 있다. 따라서 그렇게 될 때 큰 뜻을 이루어 이름을 길이 빛낼 수 있다.

안으로 어진 부형의 가정적인 교육이 없고, 밖으로는 엄한 사우(師友)의 가르침과 권유가 없다면 타고난 자질이 특별한 사람이 아니고는 훌륭한 인간이 될 수 없고, 큰 성취를 기대할 수 없다.

〈맹자(孟子)〉에도 '사람은 어진 부형이 있는 것을 즐거워한다.'는 말이 있다. 부형된 사람은 이 글의 뜻을 깊이 음미하여 자녀교육에 힘써야 할 것이다.

6

6// 太公이 曰 男子失敎면 長必頑愚하고 女子失敎면 長必麤疎니라

남자가 가르침을 받지 못하면 자라서 반드시 미련하고 어리석으며, 여자가 가르침을 받지 못하면 자라서 반드시 거칠고 솜씨가 없다.　　　　　　　　　　〈太公〉

실교(失敎):가르침을 잃는다. 가르침을 받지 못하는 것.
완우(頑愚):미련하고 어리석다.
추소(麤疎):추(麤)는 거친 것. 소(疎)는 치밀하지 못한 것.

| 풀이 | 이 글은 남자가 배우지 못했을 경우와 여자가 배우지 못했을 경우의 인간 형성(人間形成)을 구별해 말하고 있다. 똑같이 배우지 못해도 남자와 여자는 성격 차이 때문에, 그 인간 형성에 있어서 다르다. 사람이 배우지 못하면 사물의 이치를 모르게 되므로 미련하고 어리석어질 것은 말할 것도 없다.

과거에는 남성 위주의 교육에만 치중하고 여성들에 대한 교육에는 소홀했다. 여성에게는 현모양처(賢母良妻)로서의 교양을 높여주고 몸가짐을 지도해 주는 정도에 그쳤다. 그러므로 여기에서도 여성이 가르침을 받지 못하면 일이 거칠고 솜씨가 없다는 말이 나온 것이다. 오늘날 시각에서 참고로 이해하면 좋을 듯하다.

7

남자가 성장하면 풍류나 술을 익히지 말도록 하고, 여자가 성장하면 놀러 다니지 말게 하라.

7// 男年長大어든 莫習樂酒하고 女年長大어든 莫令遊走니라

막습(莫習):익히지 못하게 하는 것.
악주(樂酒):풍류와 술.
유주(遊走):놀러 다니는 것.

| 풀이 | 남자가 성장하면 풍류와 술을 익히지 말도록 하라고 하였다. 여기서 말하는 풍류란 결코 바른 음악을 말하는 것이 아니라 음란하거나 저속한 음악을 말하는 것으로 풀이된다. 좋지 못한 음악을 좋아하게 되면 행동이 비뚤어지기 쉽고 술을 너무 즐기면 학문을 하거나 뜻을 세우는 데 방해가 될 뿐만 아니라 과오를 범하기 쉽기 때문이다.

또 여자가 부질없이 놀러 다니게 되면 유혹을 받아서 행동을 그르칠 염려가 있으므로 이를 경계하고 있다. 남자가 성장하면 저속한 음악이나 지나친 음주(飮酒)를 경계해야 하며, 여자가 성장하면 부질없이 놀러 다니는 것을 경계해야 한다.

8

엄한 아버지는 효자를 길러내고, 엄한 어머니는 효녀를 길러낸다.

8// 嚴父는 出孝子하고 嚴母는 出孝女니라

출(出):여기서는 길러내는 것.
효녀(孝女):효도하는 딸.

| 풀이 | 일반적으로 아들의 교육은 아버지에게, 딸의 교육은 어머니에게 달려 있다. 그러므로 엄격한 아버지 밑에서는 효자가 나오고, 엄격한 어머니 밑에서는 효녀가 나온다는 것을 강조하고 있다.

9

아이를 사랑하면 매를 많이 주고, 아이를 미워하면 먹을 것을 많이 주라.

9// 憐兒어든 多與棒하고 憎兒어든 多與食하라

연(憐):불쌍하다. 여기서는 사랑한다는 뜻.
여(與):주는 것.
봉(棒):몽둥이, 즉 매를 말한다.
증(憎):미워하는 것.

| 풀이 | 이와 같은 말은 우리 주변에서 흔히 들을 수 있다. 자식을 너무 사랑하면 버릇이 없고 어리석어져서 세상에 뜻을 세우기가 어렵다. 그래서 어떤 사람들은 자식에게 매를 때려서 엄격하게 기를 것을 강조했다. 그러나 오늘에 와서는 엄격 일변도의 교육만으로 최선의 효과를 거두기 어렵기 때문에 이를 참고해서 자식을 가르쳐야 할 것이다.

10

10// 人皆愛珠玉이나 我

남들은 모두 귀중한 주옥(珠玉)을 사랑하지만 나는 자식

이 어진 것을 사랑한다. 　　　　　　　愛子孫賢이라

| 풀이 | 귀중한 주옥(珠玉)보다도 자식이 어질고 현명한 것이 더 좋다는 뜻이다.

성심편(省心篇)
상
-바른 삶에 이르는 성찰

항상 마음을 성찰할 때 인간 본연의 양심을 지킬 수 있다. 이것이 바른길을 갈 수 있는 지름길이다. 인간은 성찰에 의하여 발전을 가져오고 큰 성취를 이룬다

1// 景行錄에 云하였으되 寶貨는 用之有盡이요 忠孝는 享之無窮이니라

보화(寶貨):금·은·주옥 등 보물이나 재화(財貨)를 말한다.
유진(有盡):다함이 있다.
무궁(無窮):한이 없는 것.

1

보화(寶貨)는 쓰면 없어지고, 충효는 누리면 남는다.

〈景行錄〉

| 풀이 | 금은보화는 물질이므로 한계가 있다. 그러므로 쓰다보면 없어지고 만다. 그러나 충효(忠孝)란 정신적 가치이기 때문에 그 공용(功用)이 다하여 없어지지 않는다. 충효를 숭상하는 집안은 자손들이 다 나라에 충성하고 부모에게 효도한다. 나아가 다른 사람의 모범이 되며, 부귀와 영화가 끊어지지 않고, 아름다운 이름을 길이 후세에 전하여 오래 번영할 수 있다.

이 글은 사람들의 보화를 귀히 여기는 생각을 없애고, 충효의 정신적인 길을 존중할 것을 강조한 것이다.

2// 家和면 貧也好어니와 不義면 富如何오 但存一子孝면 何用子孫多리오

야(也):여기서는 어조사로서 '해도'의 뜻.
존(存):있는 것.
하용(何用):무엇에 쓰랴.

2

집안이 화목하면 가난해도 좋은데 의롭지 않다면 부유한들 무엇하랴. 다만 한 자식이라도 효도하는 이가 있다면 자손이 많아서 무엇하랴.

| 풀이 | 옛글에 '집안이 화목해야 만사가 이루어진다.'는 말이 있다. 또 '때를 얻음이 지세의 이로움만 같지 못하고, 지세의 이로움이 사람의 화목만 같지 못하다.'는 말이 있다.
한 가정이나 단체나 국가를 막론하고 화목하면 번영을

가져올 수 있다. 하지만 화목하지 못하면 무너지고 만다. 집이 비록 경제적으로 가난하더라도 그 집안의 식구들이 웃는 낯으로 서로 대한다면 행복을 느낄 수 있고, 또 가난을 극복하여 부유해질 수도 있다.

집안이 부유한 것은 좋으나 옳지 않은 방법으로 부유해진다면 양심에 가책을 받아 언제나 마음이 괴롭다. 무엇이 좋을 것이 있겠는가? 한 사람이라도 효도하는 자식을 둘 수 있다면 자식이 많기를 굳이 바랄 필요가 없다.

3

아버지가 근심하지 않는 것은 자식이 효도하기 때문이요, 남편이 번뇌가 없는 것은 아내가 어질기 때문이다. 말이 많아 말에 실수하는 것은 다 술 때문이요, 의가 끊어지고 친함이 성기어지는 것은 오직 돈 때문이다.

| 풀이 | 자식이 효도하면 아버지가 근심이 없고, 아내가 착하면 남편의 마음이 괴롭지 않다. 술을 지나치게 마시면 말이 많아지고 실수를 하게 된다. 돈 때문에 더러 부자 형제 사이에 의리가 끊어지고 친분이 성기어진다.

이 글은 자식은 효도하고, 아내는 착하고, 남편은 술을 적게 마시고, 나아가 돈을 경계할 것을 강조한 것이다.

3// 父不憂心은 因子孝요 夫無煩惱는 是妻賢이라 言多語失은 皆因酒요 義斷親疎는 只爲錢이라

우심(憂心):근심하는 것.
번뇌(煩惱):근심해서 마음이 괴로운 것.
어실(語失):말에 실수가 있는 것.
친소(親疎):친분이 성기어지는 것.
지(只):다만. 오직.

4// 旣取非常樂이어든
須防不測憂니라

비상(非常):보통이 아닌 것.
수(須):모름지기.
방(防):방비하는 것.
불측우(不測憂):예측할 수 없는 근심.

4

이미 비상(非常)한 즐거움을 취했으면 모름지기 헤아릴 수 없는 근심을 방비할 것이니라.

| 풀이 | 비상락(非常樂), 즉 보통이 아닌 즐거움이 있는 반면에는 반드시 불측우(不測憂), 즉 예측할 수 없는 근심이 있게 마련이다. 사람은 비상락을 누리게 되었을 때는 더욱 몸가짐을 근신하고 행동을 조심하여 불측우를 방비하기에 힘써야 한다. 비상락을 누리면서 근신할 줄 모르면 그것은 불측우를 초래하는 원인이 된다.

5// 得寵思辱하고 居安慮危하라

총(寵):총애. 사랑하는 것.
욕(辱):곤욕(困辱).

5

사랑을 받으면 욕됨을 생각하고, 편안함을 누리면 위태함을 생각하라.

| 풀이 | 변전무상(變轉無常)한 것이 인간의 길이다. 한때 사랑을 받으면 어느 때 또 욕이 돌아올지 모르며, 편안함을 누리면 어느 때 또 위험이 닥쳐올지 모른다.

그러므로 총애를 받을 때는 욕이 돌아올 것을 생각하고, 편안함을 누릴 때는 위험이 닥쳐올 것을 생각하며 몸가짐을 삼가고 행동을 조심해야 한다.

6

영화가 가벼우면 욕됨이 얕고, 이(利)가 무거우면 해로움도 깊다.

| 풀이 | 권세가 하늘을 찌를 듯하고, 영화가 극도에 이르면 몸에 욕됨이 돌아오기 쉽다. 그러므로 과거나 현대를 막론하고 지각 있는 사람은 영화가 극도에 이르는 것을 피하려 들며, 영화를 누리되 항상 마음을 경계하고 두려워하기를 주저하지 않는다. 여기에서 영경욕천(榮輕辱淺)이란 말이 나오게 되었다. 이익이 크다고 기뻐할 것은 없다. 그 이익이 변하여 손해가 돌아올 때는 그 해로움이 또한 깊게 마련이다. 이 글은 사람들에게 지나친 영화와 지나치게 큰 이익을 경계하고 있다.

6// 榮輕辱淺이요 利重害深이니라

욕천(辱淺):욕됨이 얕다는 뜻.

7

사랑이 지나치면 반드시 심한 소모(消耗)를 가져오고, 칭찬이 지나치면 반드시 심한 비난을 가져온다. 기쁨이 지나치면 반드시 심한 근심을 가져오고, 뇌물 욕심이 지나치면 반드시 큰 멸망을 가져온다.

| 풀이 | 어떤 사물이든 극도로 성하게 되면 반대로 쇠하게 마련이다. 그러므로 옛글에 극성즉쇠(極盛則衰)하며 태강즉절(太剛則折)이란 말이 있다. 우리는 무엇이든 정도에 너

7// 甚愛必甚費요 甚譽必甚毀요 甚喜必甚憂요 甚贓必甚亡이니라

비(費):허비하다. 소모하는 것.
예(譽):명예로 풀이되지만 여기서는 칭찬한다는 뜻이다.
장(贓):부정한 뇌물을 받는 것.

무 지나치는 것은 경계해야 할 것이다.

8

높은 낭떠러지를 보지 않으면 무엇으로 굴러 떨어지는 환난(患難)을 알며, 깊은 연못에 가보지 않으면 무엇으로 빠져 죽는 환난을 알며, 큰 바다를 보지 않으면 무엇으로 풍파(風波)의 환난을 알랴.
〈孔子〉

8// 子曰 不觀高崖면 何以知顚墜之患이며 不臨深淵이면 何以知沒溺之患이며 不觀巨海면 何以知風波之患이리오

고애(高崖): 높은 낭떠러지.
전추(顚墜): 전은 엎드려지는 것이고 추는 떨어지는 것인데, 즉 위로부터 굴러 떨어지는 것을 말한다.
임(臨): 임한다. 간다.
몰닉(沒溺): 물에 빠지는 것.

| 풀이 | 세상의 일이란 눈으로 직접 보거나 경험을 해보지 않고는 그 어려움을 모른다. 높은 벼랑을 본 뒤에야 비로소 벼랑 위에서 굴러 떨어지는 것이 얼마나 무섭다는 것을 알게 되고, 깊은 연못을 가보고 나서야 비로소 물에 빠지는 것이 얼마나 두렵다는 것을 알게 되며, 큰 바다를 구경하고 나서야 비로소 거센 풍파가 얼마나 두려움의 대상인가를 알게 된다.

9

미래를 알고자 하면 먼저 지나간 일을 살펴보라.

9// 欲知未來면 先察已然이니라

욕지(欲知): 알고자 하는 것.
찰(察): 살펴보는 것.
이연(已然): 이미 지나간 일.

| 풀이 | 이 글은 지나간 일들을 돌이켜 살펴보면 앞으로 닥쳐올 일도 미루어 알 수 있다는 것이다.

10

밝은 거울은 얼굴을 살필 수 있는 것이고, 지나간 일은 오늘을 아는 길이다. 〈孔子〉

| 풀이 | 이 글은 밝은 거울이 얼굴을 살펴볼 수 있는 도구가 되는 것처럼, 지나간 일은 미래를 알 수 있는 방법이 된다는 것이다.

10// 子曰 明鏡은 所以察形이요 往者는 所以知今이니라

명경(明鏡):밝은 거울.
찰형(察形):얼굴을 살펴보는 것.
지금(知今):이제를 안다.

11

지나간 일은 밝기가 거울 같고, 미래의 일은 어둡기가 칠흑(漆黑) 같다.

| 풀이 | 지나간 일들은 밝은 거울을 들여다보듯이 자세히 알 수 있다. 그러나 미래의 일이란 칠흑처럼 캄캄해서 도무지 알 수 없다. 그렇기 때문에 우리나라 속담에 '한 치 앞일도 내다볼 수 없다.'는 말이 있다.

11// 過去事는 明如鏡이요 未來事는 暗似漆이니라

칠(漆):옻이니, 여기서는 옻칠처럼 검은 것.

12

내일 아침의 일을 오늘 저녁 무렵에도 결코 알 수 없을 것이요, 저녁의 일을 포시(哺時)에도 반드시 알 수 없다. 〈景行錄〉

12// 景行錄에 云하였으되 明朝之事를 薄暮에 不可必이요 薄暮之事를 哺時에 不可必이니라

박모(薄暮): 저녁때.
불가필(不可必): 기필(期必)할 수 없는 것.
포시(晡時): 신시(申時), 즉 오후 3시부터 5시까지의 사이.

| 풀이 | 앞의 글을 강조한 것인데 미래란 단 몇 시간 앞의 일도 이를 결코 알 수 없다는 것이다.

13

13// 天有不測風雨하고 人有朝夕禍福이니라

하늘에는 예측할 수 없는 비바람이 있고, 사람은 아침저녁으로 화(禍)와 복(福)이 있다.

| 풀이 | 하늘에는 예측할 수 없는 비바람이 있는 것처럼 사람에게도 예측할 수 없는 재앙과 복이 있다. 사람의 일이란 변전무상(變轉無常)하여 아침에 저녁 일을 헤아릴 수 없다. 실로 인생무상(人生無常)이다.
　사람은 마땅히 분수에 편안하고, 하늘의 뜻을 즐기는 신념을 가져야 한다.

14

14// 未歸三尺土하얀 難保百年身이요 已歸三尺土하얀 難保百年墳이니라

석 자 흙 속으로 돌아가지 아니하고서는 백 년의 몸을 보전하기 어렵고, 이미 석 자 흙 속으로 돌아가서는 백 년 동안 무덤을 보전하기 어렵다.

삼척토(三尺土): 석 자의 흙. 여기에서는 석 자 흙 속, 즉 사람이 죽어서 땅속으로 들어가는 것을 말한다.

| 풀이 | 이 글은 사람이 죄를 지어 형벌을 받는다든가 그 밖의 비명(非命)에 죽는 일 없이 몸을 온전히 해서 일생을 살아간다는 것이 매우 어렵다는 것을 말하고 있다. 그러므

로 몸이 땅속으로 들어가고 나서야 비로소 마음을 놓을 수 있다는 것이다.

몸이 죽어 땅속으로 돌아가고 나서는 그 무덤을 보전하는 일이 또한 쉽지 않다. 사람은 마땅히 몸가짐을 근신하여 살아 있는 동안 그 몸을 보전하는 데 힘써야 하며, 죽은 뒤에는 그 유해(遺骸)가 오래도록 안전할 수 있도록 생전에 대책을 세워둬야 한다.

난보(難保):보전하기 어려운 것.

15

나무를 잘 기르면 뿌리가 튼튼하고 가지와 잎이 무성해 기둥과 대들보의 재목을 이루고, 물을 잘 기르면 근원이 풍부하고 흐름이 길어 관개(灌漑)의 이익이 널리 베풀어지고, 사람을 기르면 지기(志氣)가 크고 식견(識見)이 밝아져서 충의(忠義)의 선비가 나온다. 어찌 기르지 아니할 것인가.

〈景行錄〉

| 풀이 | 나무도 잘 길러야만 기둥과 대들보의 재목을 이룰 수 있으며, 물도 잘 다스려야 관개의 이익을 얻을 수 있다. 마찬가지로 사람도 잘 가꾸고 길러야만 훌륭한 인재를 얻을 수 있다. 인재를 길러내는 데 힘써야 할 것을 강조하고 있다.

15// 景行錄에 云하였으되 木有所養이면 則根本固而枝葉茂하여 棟樑之材成하고 水有所養이면 則泉源壯而流派長하여 灌漑之利博하고 人有所養이면 則志氣大而識見明하여 忠義之士出이니 可不養哉아

유소양(有所養):여기서는 '기르면'으로 해석했다.
무(茂):무성한 것.
동량지재(棟樑之材):기둥과 대들보를 만들 수 있는 훌륭한 재목.
천원(泉源):물의 근원.
관개(灌漑):전답(田畓)에 물을 대는 것.
지기(志氣):뜻.
식견(識見):알고 생각하는 것.
가불양재(可不養哉):기르지 않을 수 있겠는가?

16// 自信者는 人亦信之하나니 吳越이 皆兄弟요 自疑者는 人亦疑之하나니 身外皆敵國이니라

오월(吳越):전국시대에 있었던 오나라와 월나라를 말하는데 오왕 부차(夫差)와 월왕 구천(句踐)이 서로 싸워서 원수가 되었다. 세상 사람들이 원수 사이를 흔히 오월(吳越)이라는 말로 표현한다.
신외(身外):자기 이외의 사람이나 국가.

17// 疑人莫用하고 用人勿疑니라

16

스스로를 믿는 사람은 남도 또한 믿어서 오월(吳越)도 형제가 될 수 있고, 스스로를 의심하는 사람은 남도 또한 의심해서 자기 이외에는 모두 적국(敵國)이 된다.

| 풀이 | 자기 스스로를 믿는 사람은 그 마음을 미루어서 다른 사람까지도 믿는다. 그렇게 되면 남도 또한 그 사람을 믿게 되므로 오월(吳越)과 같은 원수 사이도 형제가 될 수 있다.

그러나 자기 스스로를 의심하는 사람은 그 마음을 미루어서 다른 사람까지도 의심한다. 이런 사람은 제 몸 외에는 모두 적이 된다.

17

사람이 의심스러우면 쓰지 말고, 사람을 쓰려면 의심하지 말라.

| 풀이 | 의심스런 사람은 쓰지 말고, 일단 사람을 쓴 이후에는 그 사람을 의심하지 말아야 한다. 사람을 의심하기 시작하면 끝이 없다. 남을 채용하고 나서 그 사람을 의심한다면 그 사람은 안심하고 일할 수 없다. 그렇다면 무슨 일도 경영해 나갈 수 없다. 사람을 의심하지 않을 수는 없지만, 믿을 수 있다고 인정되는 사람이면 어디까지나 그 사람을

믿고 써야 한다.

18

물 속 깊이 있는 고기와 하늘 높이 날아다니는 기러기는 높은 데 있으면 활로 쏘고, 낮은 데 있으면 낚을 수 있다. 오직 사람의 마음은 바로 지척 사이에 있지만 이 지척 사이에 있는 마음은 헤아릴 수가 없다. 〈諷諫〉

| 풀이 | 물 속 깊이 있는 고기는 낚시로 낚아낼 수 있고, 하늘 높이 날아다니는 기러기는 활로 쏘아 잡을 수 있지만, 가장 가까운 거리에 있는 사람의 마음은 헤아릴 수 없다.

예로부터 '열 길 물 속은 알아도 한 길 사람 속은 모른다.'는 속담이 있듯이, 이 세상에서 가장 헤아리기 어려운 것이 곧 사람의 마음이다.

또 '날이 오래 되면 사람의 마음을 알 수 있다.'는 말이 있다. 사람의 마음이란 실로 짧은 시일(時日)을 가지고는 헤아릴 수 없다. 그러므로 오랜 세월을 두고 보는 것이 가장 좋은 방법이다.

19

범을 그리더라도 가죽은 그릴 수 있지만 뼈는 그리기 어렵고, 사람을 알더라도 얼굴은 알 수 있지만 그 마음은 알지

18// 諷諫에 云하였으되 水底魚天邊雁은 高可射兮低可釣이어니와 惟有人心咫尺間이라도 咫尺心不可料니라

풍간(諷諫): 책의 이름.
수저(水底): 물 속.
천변(天邊): 하늘.
가사(可射): 쏠 수 있다.
가조(可釣): 낚을 수 있다.
지척(咫尺): 극히 가까운 거리.
요(料): 헤아린다.

19// 畫虎畫皮難畫骨이요 知人知面不知心이니라

못한다.

화골(畵骨):뼈를 그린다.
부지심(不知心):마음은 알지 못한다.

| 풀이 | 범을 그리는 데 있어 가죽을 그릴 수는 있어도 뼈는 그릴 수 없다. 이 비유를 들어서 사람의 얼굴을 알 수는 있어도 마음은 알지 못한다는 것을 강조하고 있다.

20

20// 對面共話해도 心隔千山이니라

얼굴을 맞대고 서로 이야기는 하지만 마음은 천산(千山)을 사이에 두고 있는 것처럼 멀리 떨어져 있다.

격천산(隔千山):천산(千山)은 수없이 많은 산을 뜻한다. 그러므로 천산을 격해 있다 할 때 여기서는 피차의 생각이 거리가 먼 것을 표현하는 말이다.

| 풀이 | 매우 다정한 것처럼 얼굴을 맞대고 이야기를 주고받지만 마음은 산이 가로막은 듯이 서로 다르다는 것이다. 사람의 마음은 헤아릴 수 없는 것임을 강조하고 있다.

21

21// 海枯면 終見底나 人死엔 不知心이라

바다는 마르면 마침내 그 바닥을 볼 수 있다. 그러나 사람은 죽어도 마음을 알지 못한다.

해고(海枯):고(枯)는 마른다는 뜻으로, 즉 바닷물이 마르는 것.

| 풀이 | 바다가 마른다는 것은 있을 수 없는 일이다. 그런데 여기에서 바다의 물이 마르면 그 바닥을 볼 수 있지만 사람은 죽어도 마음을 알지 못한다고 말하고 있다. 이 비유는 사람의 마음은 측량할 수 없이 끝없음을 특히 강조한 것이다.

22

무릇 사람은 앞일을 헤아릴 수 없고, 바닷물은 말〔斗:용량의 단위〕로 될 수 없다. 〈太公〉

| 풀이 | 한없이 넓은 바다의 물을 말〔斗〕로 된다는 것은 불가능하다. 바닷물을 말로 될 수 없는 것을 비유로 들어 사람의 앞날은 예측이 불가능하다는 것을 표현하고 있다.

22// 太公이 曰 凡人은 不可逆相이요 海水는 不可斗量이니라

역상(逆相):앞으로 닥쳐올 운명을 헤아려서 아는 것.
두량(斗量):말로 된다.

23

남과 원수를 맺는 것을 일러 재앙을 심는다고 하고, 선을 버리고 행하지 않는 것을 일러 스스로를 해친다고 한다. 〈景行錄〉

| 풀이 | 남과 원수를 맺으면 어느 때인가 무서운 보복을 받게 될지 모른다. 과거나 현대를 막론하고 남과 원수를 맺게 되면 몸이 죽고 집안이 패망하는 무서운 화를 초래하는 일이 너무나 많다. 그러므로 남과 원수를 맺는 것을 비유해서 재앙을 심는 일이라고 했다. 우리는 될 수 있는 한 남과 원수를 맺는 일은 피해야 할 것이다.

또 선(善)이란 사람의 미덕(美德)이므로 선을 행함으로써 삶이 풍요로워지고 인생의 보람을 느낀다. 우리는 선을 버려 행하지 않는 일이 있어서는 안 될 것이다.

23// 景行錄에 云하였으되 結怨於人을 謂之種禍요 捨善不爲를 謂之自賊이니라

결원(結怨):원수를 맺는 것.
종화(種禍):재앙을 심는 것.
사선(捨善):선을 버리는 것.
불위(不爲):하지 않는 것.
자적(自賊):적(賊)은 해친다는 뜻으로, 자신을 해치는 것으로 풀이된다.

24

24// 若聽一面說이면 便見相離別이니라

일면(一面):한편, 한쪽.
변(便):곧.
상리별(相離別):서로 멀어진 다는 뜻.

만약 한쪽의 말만 들으면 곧 친한 사이가 멀어짐을 볼 것이다.

| 풀이 | 우리나라 속담에 '한쪽의 말만 듣고 송사(訟事) 못한다.'는 말이 있다. 한쪽 말만 듣고 남을 의심한다든지 멀리하는 일이 있어서는 안 된다. 반드시 양쪽의 말을 다 들어보고 나서 생각을 해야만 정확한 판단이 내려지고 일의 소루(疏漏)함을 피할 수 있다.

25

25// 飽煖엔 思淫慾하고 飢寒엔 發道心이니라

음욕(淫慾):음탕한 욕심.
도심(道心):도덕의 마음.

배부르고 따사로움에서 음탕한 욕심이 생기고, 굶주리고 추운 데서 도덕의 마음이 싹튼다.

| 풀이 | 사람이 배부르고 따사로운, 경제적으로 윤택한 생활을 하면 거기에서 음탕한 욕심이 일어나고, 따라서 행동이 정도에서 벗어나기 쉽다. 그러므로 사람은 안일한 생활을 할수록 마음을 경계하고 몸가짐을 삼가야 한다. 반대로 굶주리고 몸이 추운, 빈곤한 생활 속에서 도리어 도덕의 마음이 싹튼다.

필자가 체험한 바로는 이와 같은 이치는 절실히 와 닿는다. 경제적으로 넉넉한 사람일수록 행동이 음탕한 데로 흐를 뿐만 아니라 극히 이기적이고 교만해진다. 반대로 어려

운 사람들 중에서 인정미(人情美)가 넘치고 겸손하며 선량한 사람이 많다.

26

어진 사람이 재물이 많으면 그의 지조(志操)를 손상하고, 어리석은 사람이 재물이 많으면 그의 허물을 더한다. 〈疏廣〉

| 풀이 | 재물은 사람의 정신을 흐리게 만든다. 재물이 없을 때는 뜻이 있고 올바른 길을 가던 사람이, 재물이 많아지면 교만한 마음이 생기고 정도(正道)에서 벗어나 물질에 좌우되는 경우가 많다. 어리석은 사람은 재물이 많아지면 일의 옳고 그름을 판단할 줄 모르기 때문에 더욱 교만 방자하여 정도의 길을 벗어난다.

소광은 실로 생각이 깊고 수양이 높은 어진 인물이다. 재물에 대한 욕심은 사람마다 간절하지만 자신이나 자손들이 정도에 벗어나는 행동이 있는 것을 두려워하여 정당하게 들어오는 재물도 이를 가지려 하지 않았다.

27

사람이 가난하면 지혜가 짧아지고, 복이 이르면 마음이 밝아진다.

26// 疏廣이 曰 賢人多財면 則損其志하고 愚人多財면 則益其過니라

소광(疏廣):전한(前漢) 선제(宣帝) 때 사람. 태부(太傅)의 높은 지위에 있다가 나이 많아 벼슬을 그만두었는데 선제(宣帝)와 태자가 그에게 많은 재물을 내렸다. 그는 그 많은 재물을 하나도 남김없이 옛 친구들에게 나눠주었다. 어떤 사람이 그에게 재물을 두었다가 자손들에게 남겨주기를 권하자, 그는 바로 이와 같은 말로 대답했다는 것이다.
손기지(損其志):그 지조를 손상하는 것.
익기과(益其過):그 허물을 더한다.

27// 人貧智短하고 福至心靈이니라

지단(智短):지혜가 짧아진다. 쉽게 말해서 지혜가 줄어드는 것.
심령(心靈):영(靈)은 신령하다는 뜻으로, 마음이 밝아짐을 말한다.

| 풀이 | 사람이 가난하면 생활에 쪼들리고 마음이 좁아져서 지혜를 발휘하기는커녕 도리어 줄어든다. 사람이 아무리 가난하더라도 수양의 힘으로 마음의 빈곤을 막아야 한다. 또 행운이 닥쳐오면 저도 모르는 사이에 지혜가 밝아져서 계획을 잘 세우게 되고, 일이 순조롭게 이루어진다.

이 글에 있어서 인빈지단(人貧智短)이라는 말은 실정(實情)을 그대로 묘사한 것이며, 복지심령(福至心靈)이라는 말은 인간의 운명론(運命論)을 결부시킨 것이다.

28

28// 不經一事면 不長一智라

한 가지 일을 경험하지 않으면 한 가지 지혜도 자라지 않는다.

불경(不經):여기서는 경(經)을 경험으로 보아서, 경험하지 않는 것.
부장(不長):장(長)은 자란다는 뜻. 즉 자라지 않는 것.

| 풀이 | 사람이란 한 가지 일을 경험함으로써 한 가지 지혜가 생긴다는 것이다. 경험의 중요성을 강조했다.

29

29// 是非終日有라도 不聽이면 自然無니라

시비가 종일 있더라도 듣지 않으면 저절로 없어진다.

| 풀이 | 옛글에 고장난명(孤掌難鳴)이란 말이 있는데, 즉 한쪽 손바닥만으론 소리가 나지 않는다는 것이다. 옳거니 그르거니 종일 말썽을 부리더라도 어느 한편이 상대를 하지

않으면 그 말썽은 저절로 사라지고 만다는 뜻이다.

30

다가와서 시비(是非)를 이야기하는 사람이 바로 시비하는 사람이다.

30// 來說是非者는 便是是非人이니라

| 풀이 | 옳거니 그르거니 말썽을 일으키는 사람이 따로 있는 것은 아니다. 내게 와서 누가 옳고 누가 그르다고 말하는 사람, 바로 그런 사람이 말썽을 일으키는 사람이다.

변시(便是):이것이 바로.

31

평생 눈썹을 찡그릴 일을 하지 않으면 이 세상에 이를 갈 사람이 없을 것이다. 큰 이름을 어찌 무딘 돌에다 새길 것인가. 길을 가는 사람의 입이 비(碑)보다 나으니라. 〈擊壤詩〉

31// 擊壤詩에 云하였으되 平生에 不作皺眉事하면 世上에 應無切齒人이니 大名을 豈有鐫頑石가 路上行人이 口勝碑니라

| 풀이 | 사람은 모름지기 명랑하고 좋은 일만을 해야 한다. 남이 눈썹을 찌푸릴 일을 하기 때문에 남과 원한을 맺게 된다. 비석 위에다 새겨야만 전하게 되는 명성(名聲)이란 참말로 위대한 명성이 아니다. 저 길거리의 평범한 사람들의 입에서 입으로 전파되는 명성이야말로 참으로 위대한 것이다.

추미(皺眉):추는 찌푸린다는 뜻, 즉 눈썹을 찌푸리는 것.
응(應):마땅히.
절치(切齒):이를 가는 것.
전(鐫): 새긴다.
완석(頑石):완(頑)은 완고하다, 즉 무딘 돌.
구승비(口勝碑):입이 비보다 낫다는 뜻.

32// 有麝自然香이니
何必當風立고

사(麝): 사향노루·사향고양이 등의 수컷의 배꼽과 불두덩을 싸고 있는 향낭(香囊)을 쪼개서 말린 향료(香料). 서장(西藏) 및 운남성(雲南省)·사천성(四川省) 등지에서 나는데, 운남산(雲南産) 것을 최고품으로 친다.
당풍립(當風立):바람을 맞아 서는 것.

33// 有福莫享盡하라
福盡身貧窮이요 有勢莫
使盡하라 勢盡冤相逢이
니라 福兮常自惜하고
勢兮常自恭하라 人生驕
與侈는 有始多無終이니
라

막향진(莫享盡):다 누리지 말라.
막사진(莫使盡):다 부리지 말라.
원상봉(冤相逢):원수와 서로 만난다.
자석(自惜):스스로 아끼는 것.
교여치(驕與侈):교만과 사치.
다무종(多無終):끝이 없는 것이 많다. 흔히 나중이 없다.

32

사향(麝香)을 지녔으면 저절로 향기를 풍긴다. 어찌 반드시 바람을 맞이하여 서랴.

| 풀이 | 사향을 몸에 지녔다면 그 향기가 저절로 풍겨지게 마련이니 구태여 바람을 맞아 설 필요가 없다. 몸에 고명한 학문과 덕을 지녔다면 스스로 자랑하지 않더라도 저절로 세상에 알려지게 마련이다.

33

복이 있어도 다 누리지 말라, 복이 다하면 몸이 빈궁해지리라. 권세가 있어도 다 부리지 말라, 권세가 다하면 원수와 서로 만나느니라. 복이 있어도 항상 스스로 아끼고, 권세가 있어도 항상 스스로 공손하라. 사람에게 있어서 교만과 사치는 처음은 있으나 흔히 나중은 없다.

| 풀이 | 옛글에 '고생이 다하면 즐거움이 오고, 흥이 다하면 슬픔이 온다.'고 하였다.

복을 한껏 누린 끝에는 빈궁(貧窮)이 오고, 권세도 극도에 이르면 쇠하게 마련이다. 사람은 복록(福祿)이 찾아왔을 때는 검소한 생활로 복을 아껴야 하고, 권세가 있을수록 몸을 낮추어서 겸손해야 한다. 교만과 사치는 복을 쫓는 재앙을 불러오는 동기가 된다.

34

여유를 두어 재주를 다 쓰지 않았다가 조물주에 돌려주고, 여유를 두어 봉록(俸祿)을 다 쓰지 않았다가 조정에 돌려주고, 여유를 두어 재물을 다 쓰지 않았다가 백성에게 돌려주며, 여유를 두어 복을 다 누리지 않았다가 자손에게 돌려주라.

〈王參政 四留銘〉

| 풀이 | 옛글에 '극도로 성하면 쇠한다(極盛則衰).'고 하였다. 앞에서도 '복이 있다 해도 다 누리지 말고, 권세가 있다 해도 다 부리지 말라.'고 했는데 무엇이든 극도에 이르는 것을 경계한 것이다.

이 사류명(四留銘)에서도 재주·봉록(俸祿)·재물·복의 네 가지를 있는 대로 다 써버리지 말고 여유를 둘 것을 강조하고 있다. 어디까지나 몸을 보존하고 앞날에 대비하는 것이다.

34// 王參政四留銘에 曰 留有餘不盡之巧하여 以還造物하고 留有餘不盡之祿하여 以還朝廷하고 留有餘不盡之財하여 以還百姓하고 留有餘不盡之福하여 以還子孫하라

왕참정(王參政):이름은 단(旦), 북송(北宋) 진종(眞宗) 때 정치가. 사류명(四留銘)이란 '네 가지 남겨둠'에 대한 명문(銘文).
교(巧):재주의 뜻.
조물(造物):우주(宇宙) 만물을 창조한 신, 즉 하느님.

35

황금 천 냥이 귀한 것이 아니고, 남의 좋은 말 한마디가 천금(千金)보다 낫다.

| 풀이 | 황금이 아무리 소중하다 해도 사람에게서 좋은 말 한마디 듣는 것만 같지 못하다는 뜻이다. 황금보다도 정신적인 부분을 중요시하고 있다.

35// 黃金千兩이 未爲貴요 得人一語가 勝千金이니라

36

36// 巧者는 拙者之奴
요 苦者는 樂之母니라

재주 있는 사람은 재주 없는 사람의 종이요, 괴로움은 즐거움의 모체(母體)이다.

교자(巧者):재주 있는 사람.
졸자(拙者):졸(拙)은 졸렬(拙劣)의 뜻, 즉 재주 없는 사람.

| 풀이 | 재주 없는 사람은 물건을 만들 줄 모르기 때문에 재주 있는 사람이 대신 만들어주어야 한다. 그러므로 재주 있는 사람은 재주 없는 사람의 종이 된다는 말이 나오게 된 것이다.

또 힘들여서 노력하면 즐거움이 돌아온다. 그러므로 괴로움은 즐거움의 모체가 된다는 말이 나오게 된 것이다.

37

37// 小船은 難堪重載
요 深逕은 不宜獨行이
니라

작은 배는 무겁게 싣는 것을 견디기 어렵고, 으슥한 길은 혼자 다니면 좋지 않다.

난감(難堪):견디기 어려운 것.
중재(重載):무겁게 싣는 것.
심경(深逕):깊은 길, 즉 으슥한 길.
불의(不宜):해서는 안 된다.

| 풀이 | 작은 배에는 무겁게 짐을 싣지 말고 으슥한 길을 혼자 다니지 말라는 것은, 모든 일을 할 때는 분수에 넘치지 않게 하고 또 근신하라는 것이다.

38

38// 黃金이 未是貴요
安樂이 値錢多니라

황금이 귀한 것이 아니요, 안락함이 보다 값진 것이다.

| 풀이 | 사람은 무엇보다도 도(道)를 즐기는 올바른 길을 걸어갈 때 양심에 가책 없이 마음이 편안하다. 이는 즐거움을 느낄 수 있는 것이 바로 기쁨이기 때문이다. 황금이 아무리 귀중하지만 마음이 편안하고 즐거운 데 비한다면 그 가치가 보잘것없다.

치전(値錢):값을 말한다.

39

집에서 손님을 맞아 대접할 줄 모르면, 밖에 나갔을 때 비로소 주인이 적음을 알리라.

| 풀이 | 내 집에 찾아오는 손님을 대접할 줄 모른다면, 내가 남의 집에 갔을 때도 그 집주인이 나를 소홀히 대접할 것이다. 그러므로 내 집에 찾아오는 손님에 대해서는 정중하게 맞이하고 정성을 다해 극진히 대접하여 주인의 도리를 다해야 한다.

39// 在家에 不會邀賓客이면 出外에 方知少主人이니라

불회(不會):알지 못하는 것.
요(邀):맞이하는 것.
빈객(賓客):손님.

40

가난하게 살면 번화한 저잣거리에 살아도 서로 아는 사람이 없을 것이요, 넉넉하게 살면 깊은 산골에 살아도 먼 데서 찾아오는 친구가 있다.

| 풀이 | 가난하게 살면 누구도 만나려 들지 않기 때문에

40// 貧居鬧市無相識이요 富住深山有遠親이니라

빈거(貧居):가난하게 사는 것.

요시(鬧市):번화한 저잣거리.
원친(遠親):먼 데서 찾아오는 친구.

사람이 많이 모여 사는 변화한 저잣거리에 살아도 아는 사람이 없게 마련이다.

그러나 부자로 잘살면 아무리 두메산골에 살더라도 먼 데 있는 친척이나 친구들이 찾아온다. 가난하게 사는 사람의 비애(悲哀)를 엿볼 수 있는 내용이다.

41

41// 人義는 盡從貧處斷이요 世情은 便向有錢家니라

인의(人義):사람의 의리.
단(斷):끊어지는 것.
향(向):향하는 것.

사람의 의리는 다 가난한 데서 끊어지고, 세상의 인정(人情)은 곧 돈 있는 집으로 쏠린다.

| 풀이 | 사람이 가난해지면 아무리 가까운 친척도 가까이 하려 들지 않는다. 그러므로 의리가 끊어지고 만다. 또 세상 사람들은 돈 있는 사람을 가까이하려 든다. 참으로 박정(薄情)한 인심이 팽배한 세상이라 할 것이다.

42

42// 寧塞無底缸이언정 難塞鼻下橫이니라

영(寧):차라리.
색(塞):막는 것.
무저항(無底缸):밑 없는 항아리.
횡(橫):가로놓인 것.

차라리 밑 빠진 항아리는 막을 수 있어도 코밑에 가로놓인 것은 막기 어렵다.

| 풀이 | 비하횡(鼻下橫), 즉 코밑에 가로지른 것이란 입을 가리킨다. 이 글은 사람은 먹지 않고는 살 수 없다는 것을 표현한 것이다.

43

사람의 정분은 모두 군색한 가운데서 성기어진다.

43// 人情은 皆爲窘中 疎니라

| 풀이 | 앞의 글들과 같은 내용이다. 사람이 가난해지면 아무리 가깝던 친구나 친척들도 찾아오지 않는다. 그렇게 되면 이쪽에서도 찾아가지 않는다. 자연스레 서로 멀어지고 만다.

가난은 참으로 비극이다. 우리는 가난한 사람을 돕고 따뜻하게 대해주는 아량과 자비를 가져야 할 것이다.

44

하늘에 교제(郊祭)를 지내고 사당에 제례를 올리는 데에도 술이 아니면 흠향치 않을 것이요, 임금과 신하, 벗과 벗 사이에도 술이 아니면 의리가 두터워지지 않을 것이요, 싸우고 나서 서로 화해하는 데에도 술이 아니면 권하지 못할 것이다. 그러므로 술에는 성취와 실패가 있어서 엎어지도록 마셔서는 안 된다. 〈史記〉

44// 史記에 曰 郊天禮 廟에 非酒不享이요 君 臣朋友에 非酒不義요 鬪爭相和에 非酒不勸이 라 故로 酒有成敗而不 可泛飮之니라

사기(史記): 전한(前漢) 무제(武帝) 때 사마천(司馬遷)이 황제(黃帝)로부터 한무제(漢武帝) 때까지 약 3000년 동안을 기록한 사서(史書).
교(郊): 교사(郊祀)를 뜻한다. 고대 중국에 있어서 천자(天子)가 도성(都城)의 남쪽 들에서 하늘에 드리는 제사.
묘(廟): 선조(先祖)의 위패(位牌)를 모신 사당. 개인의 집

| 풀이 | 술이란 실로 큰 역할을 하고 있다. 국가의 가장 중요한 행사인 교사(郊祀)나 종묘(宗廟)의 제향(祭享)에도 술이 주가 되고, 군신과 붕우 사이에 의리가 두터워지는 것도 술이 큰 비중을 차지한다. 또 서로 싸우고 나서 화해하는 데도 술이 중간 역할을 한다.

사당은 가묘(家廟), 왕가(王家)의 사당은 종묘(宗廟).
향(享):귀신이 받아먹는 것. 흠향한다.
상화(相和):서로 화해하는 것.
봉음지(泛飮之):엎어지도록 마시는 것.

또 이와는 반대로 술로 인하여 큰 실수를 저지르는 경우도 있다. 술은 실로 일의 성패와 큰 관계가 있기 때문에 함부로 마시지 말고 항상 신중을 기해야 할 것이다.

45

45// 子曰 士志於道而 恥惡衣惡食者는 未足與 議也니라

지어도(志於道):도(道)에 뜻을 두는 것.
악의악식(惡衣惡食):좋지 않은 옷을 입고, 좋지 않은 음식을 먹는 것.

선비가 도(道)에 뜻을 두고 있으면서 악의악식(惡衣惡食)을 부끄러워하면 족히 더불어 의논할 자격이 안 된다. 〈孔子〉

| 풀이 | 악의악식(惡衣惡食)을 부끄럽게 생각할 정도의 사람이라면 물질에서 초연(超然)해야 할 선비가 될 자격이 없다. 그러므로 그런 사람은 서로 의논할 자격이 안 된다는 것이다.

46

46// 荀子曰 士有妬友면 則賢交不親하고 君有妬臣이면 則賢人不至니라

투우(妬友):벗을 투기하는 것.
투신(妬臣):신하를 투기하는 것.

선비가 벗을 투기하는 일이 있으면 어진 벗과 친할 수 없고, 임금이 신하를 투기하는 일이 있으면 어진 사람이 오지 않는다. 〈荀子〉

| 풀이 | 선비가 벗을 투기한다거나 임금이 신하를 투기하면 안 된다는 것을 강조하고 있다.

47

하늘은 녹 없는 사람을 내지 않고, 땅은 이름 없는 풀을 기르지 않는다.

| 풀이 | 천불생무록지인(天不生無祿之人)이란 우리가 주변에서 흔히 듣는 말이다. 사람은 이 세상에 태어날 때 이미 제 먹을 것을 다 타고났기 때문에 먹을 것을 걱정할 필요가 없다. 여기서는 이를 강조하고 있다.

47// 天不生無祿之人하고 地不長無名之草이니라

48

큰 부자는 하늘에 달려 있고, 작은 부자는 부지런한 데 달려 있다.

| 풀이 | 큰 부자가 된다는 것은 하늘의 뜻에 따라 좋은 운명을 타고 나지 않고서는 안 된다. 그러나 사람이 부지런히 일하면 작은 부자는 될 수 있다. 필자가 아는 바로는 부지런한 사람이 가난하게 사는 경우를 거의 볼 수 없었다는 것이다. 반대로 가난한 사람들의 생태(生態)를 보면 대부분이 게으른 사람들이다.

'부지런하면 천하에 어려운 일이 없다(一勤天下無難事).'는 말이 있다. 우리가 근면을 신조로 살아간다면 반드시 성공할 수 있다.

48// 大富는 由天하고 小富는 由勤이니라

49// 成家之兒는 惜糞
如金하고 敗家之兒는
用金如糞이니라

성가(成家):가업(家業)을 이루는 것. 우리 주변에서는 흔히 자수성가(自手成家)라고 한다.
분(糞):똥.
용금(用金):돈을 쓴다. 금과 돈은 통용된다.

50// 邵康節先生이 日
閑居에 慎勿說無妨하라
纔說無妨便有妨이니라
爽口勿多能作疾이요 快
心事過必有殃이라 與其
病後能服藥으론 不若病
前能自防이니라

한거(閑居):한가롭게 지냄.
물설(勿說):말하지 말라.

49

집을 세울 아이는 똥 아끼기를 금같이 하고, 집을 망칠 아이는 돈 쓰기를 똥같이 한다.

| 풀이 | 과거 중국은 농업이 국민 경제의 핵심을 이루고 있었다. 이에 이와 같은 말이 나오게 된 것이다. 현대에 와서는 비료를 통해 얼마든지 농사를 지을 수 있지만 과거에는 인분(人糞)이 유일한 비료였다. 인분을 금처럼 아끼는 사람이면 벌써 농사를 잘 지어서 집안을 일으킬 수 있는 기틀이 엿보였으며, 또 사실 그렇다.

그러나 돈을 아낄 줄 모르고 함부로 쓰는 사람이면 반드시 집을 망치고 만다. 우리는 물건을 아껴 쓰는 습성을 실러야 할 것이다.

50

편안하고 한가롭게 살 때 걱정할 것 없다고 말하지 말라. 겨우 걱정할 것 없다는 말이 입에서 떨어지자마자 문득 걱정거리가 생기리라. 입에 맞는 음식이라고 많이 먹으면 병을 만들 것이요, 마음에 기쁜 일이라도 정도에 지나치면 반드시 재앙이 있으리라. 병이 난 후에 약을 먹는 것보다는 병이 나기 전에 스스로 예방하는 것이 좋으니라. 〈邵康節〉

| 풀이 | 무슨 일이든 안심하지 말 것과 정도에 지나치지 말 것을 강조하고 있다. 병이 난 뒤에 약을 먹느니보다 병이 나기 전에 예방하는 데 힘쓸 것을 권고하고 있다.

물다(勿多):많이 먹지 말라.
작질(作疾):병을 만드는 것.
쾌심(快心):마음이 상쾌함.
사과(事過):일이 지나친 것.
여(與):……보다는.
자방(自防):스스로 예방하는 것.

51

신묘(神妙)한 약이라도 원한의 병은 고치기 어렵고, 뜻밖에 생기는 재물도 운명이 궁한 사람에게는 부자의 길을 열어주지 않는다. 일을 생기게 하고 나서 일이 생기는 것을 그대는 원망하지 말며, 남을 해치고 나서 남이 나를 해치는 것을 그대는 성내지 말라. 천지간(天地間) 모든 일은 다 주고 받는 것이 있나니, 멀면 자손에게 있고 가까우면 자기 몸에 있느니라.

〈梓童帝君〉

51// 梓童帝君垂訓에 曰 妙藥도 難醫冤債病이요 橫財도 不富命窮人이라 生事事生을 君莫怨하고 害人人害를 汝休嗔하라 天地自然이 皆有報하니 遠在兒孫近在身이니라

| 풀이 | 이 글은 남에게 원한을 갖게 하지 말라는 것이다. 한번 남의 가슴속에 원한을 갖게 하면 그 원한은 영원히 남아 있다.

보복(報復)의 이치에는 변함이 없다. 내가 남을 해치게 되면 남도 나를 해칠 것이다. 설령 내 시대에 해를 입지 않았다 해도 자손대에 이르러 반드시 해를 입게 될 것이다.

재동제군(梓童帝君):도가(道家)에 속하는 인물.
난의(難醫):고치기 어렵다.
원채병(冤債病):원한의 병.
횡재(橫財):뜻밖의 재물.
명궁인(命窮人):운명이 궁한 사람.
생사(生事):일을 만드는 것.
해인(害人):남을 해치는 것.
인해(人害):남이 나를 해치는 것.
휴진(休嗔):휴(休)는 일반적으로 쉰다로 풀이되지만 여기에서는 성내지 말라는 뜻.

52

꽃은 지었다 피고, 피었다 또 진다. 비단옷도 다시 베옷으

52// 花落花開開又落하

고 錦衣布衣更換着이라 豪家未必常富貴요 貧家未必長寂寞이라 扶人未必上靑霄요 推人未必塡溝壑이라 勸君凡事를 莫怨天하라 天意於人에 無厚薄이니라

개우락(開又落):피었다가 또 진다.
갱(更):다시.
환착(換着):갈아입는 것.
호가(豪家):호화스런 집.
미필(未必):반드시 ……하지 않는다.
장적막(長寂寞):항상 적막함.
부인(扶人):사람을 붙들어 올리는 것.
청소(靑霄):푸른 하늘.
추인(推人):사람을 밀어뜨림.
전(塡):굴러 떨어지는 것.
구학(溝壑):구렁텅이.

53// 堪歎人心毒似蛇라 誰知天眼轉如車오 去年妄取東隣物터니 今日還歸北舍家라 無義錢財湯潑雪이요 儻來田地水推沙라 若將狡譎爲生計면 恰似朝開暮落花라

감탄(堪歎):한탄하여 마지않는 것.
독사사(毒似蛇):독하기가 뱀과 같다.
천안(天眼):하늘이 내려다보는 눈.
전여차(轉如車):수레바퀴처

로 바꿔 입는다. 호화로운 집이라도 반드시 언제나 부귀한 것은 아니요, 가난한 집이라도 반드시 항상 적막한 것은 아니다.

사람을 붙들어 올린다고 반드시 하늘에 올라가지 못할 것이요, 사람을 밀어뜨린다고 반드시 깊은 구렁에 굴러 떨어지지는 않는다. 그대에게 권고하는데 무릇 어떤 일이든 하늘을 원망하지 말라. 하늘의 뜻은 사람에게 두텁고 엷은 것을 차별하지 않는다.

| 풀이 | 부귀(富貴), 빈천(貧賤)이란 돌고 도는 것이다. 딱히 한 군데만 오래 있지 않다는 것을 표현하고 있다.

53

사람의 마음이 독하기가 뱀 같음을 한탄하여 마지않는다. 누가 하늘의 눈이 수레바퀴처럼 돌아가고 있음을 알랴. 지나간 해에 망령되이 동녘 이웃의 물건을 취하더니 오늘은 어느덧 북녘 집으로 돌아갔구나. 불의(不義)로 취한 재물은 끓는 물에 뿌려진 눈이요, 뜻밖에 얻어진 전지(田地)는 물에 밀려온 모래이다.

만약 교활한 꾀로 생활하는 방법을 삼는다면 그것은 마치 아침에 피었다가 저녁에 떨어지는 꽃과 같은 것이다.

| 풀이 | 불의(不義)의 방법으로 재물을 취하면 그 재물이

마치 끓는 물에 뿌려진 눈처럼 금방 없어지고 만다. 교활한 꾀로 생활의 방법을 삼으면 그것도 오래갈 수 없는 것이다. 사람은 마땅히 꾸준한 노력으로 그 대가를 구하며, 정당한 방법으로 생활해 나가야 한다.

망취(妄取):망령되어 취하는 것.
환귀(還歸): 돌아간다.
북사가(北舍家):북녘 집.
탕발설(湯潑雪): 끓는 물에 뿌려진 눈.

54

경상(卿相)의 수명을 고칠 수 있는 약은 없고, 돈이 있어도 자손의 어질고 총명함은 사지 못한다.

54// 無藥可醫卿相壽요 有錢難買子孫賢이니라

|풀이|| 한 나라의 재상의 권세와 영화로도 죽음이라는 불가피한 운명 앞에서는 어찌할 수 없다. 마찬가지로 아무리 돈이 많아도 자손의 어질고 총명함은 사들일 수 없다. 사람에게는 무엇보다도 자손의 어질고 총명함이 가장 귀중한 것임을 표현하고 있다. 자손이 어질고 총명하다면 얼마든지 그 가문(家門)을 빛낼 수 있지만 자손이 어리석다면 그 가문을 지키지 못한다.

가의(可醫):고칠 수 있는 것.
경상(卿相):재상의 뜻.
난매(難買):사기 어렵다.

55

하루라도 마음이 맑고 편안하다면 그 하루 동안 신선이 되는 것이다.

55// 一日淸閑이면 一日仙이라

|풀이|| 인생은 고해(苦海)라는 말이 있다. 사람은 하루라

청한(淸閑):마음이 맑고 한가한 것.

도 근심 없는 날이 없다.
 그러므로 하루라도 마음이 맑고 편안한 때가 있다면, 그 날이 바로 신선이 되는 날이라는 것이다.

성심편(省心篇)
하
- 사치와 교만을 다스리는 길

복이 있다고 다 누리지 말라. 복이 다하면 몸이 가난하고 궁하다. 권세가 있다고 다 부리지 말라. 권세가 다하면 원수를 서로 만나게 된다. 권세가 있음이여, 항상 스스로 아껴야 하고, 권세가 있음이여, 항상 스스로 공경해야 한다. 사람이 살아가는 데 있어서 교만과 사치는 시작은 있어도 끝이 없을 때가 많다.

1

1// 眞宗皇帝御製에 曰 知危識險이면 終無羅網之門이요 擧善薦賢이면 自有安身之路라 施仁布德은 乃世代之榮昌이요 懷妬報冤은 與子孫之爲患이라 損人利己면 終無顯達雲仍이요 害衆成家면 豈有長久富貴리오 改名異體는 皆因巧語而生이요 禍起傷身은 皆是不仁之召니라

진종황제(眞宗皇帝):북송(北宋)의 제3대 황제. 전주의 맹약(盟約)을 맺어 거란과의 오랜 분쟁을 해결했다.
나망(羅網):그물을 늘어놓은 것.
거선(擧善):착한 사람을 올려 쓰는 것.
천현(薦賢):어진 사람을 천거하는 것.
포덕(布德):덕을 펴는 것.
세대(世代):대대(代代)로.
회투(懷妬):시기하는 마음.
보원(報冤):원한을 갚는 것.
위환(爲患):근심이 되는 것.
운잉(雲仍):자손을 말한다.
이체(異體):남에게 알리지 않기 위해 모습을 달리하는 것.
교어(巧語):교묘한 말. 말을 재치 있게 꾸며대는 것.
불인지소(不仁之召):불인(不仁)이 불러오는 것.

위태함과 험함을 알면 마침내 그물에 걸리는 일이 없을 것이요, 착한 이를 기용하고 어진 이를 천거하면 스스로 몸이 편안한 길이 있을 것이다. 인(仁)을 베풀고 덕을 펴는 것은 곧 대대로 번영을 가져올 것이요, 시기하는 마음을 품고 원한을 보복함은 자손에게 근심을 끼쳐주는 것이다. 남을 해롭게 하고 나를 이롭게 한다면 마침내 현달(顯達)하는 자손이 없을 것이요, 뭇사람을 해치면서까지 자기 집을 번성시킨다면 어찌 그 부귀가 오래 가겠는가. 이름을 고치고 몸(모습)을 달리하는 것은 모두 교묘한 말이 비롯되어 생기는 것이요, 재앙이 일어나 몸을 손상하는 것은 모두 불인(不仁)이 불러오는 것이다.

〈眞宗皇帝〉

| 풀이 | 이 글은 위험한 일을 하지 말고, 어진 이를 돕고, 인덕(仁德)을 베풀 것을 강조하고 있다. 또 남을 해롭게 하면서까지 나를 이롭게 한다든지, 많은 사람에게 손실을 입히면서까지 자기 집을 부유하게 만든다든지, 교묘한 말을 한다든지 등의 불인(不仁)한 행동을 경계하고 있다.

여기에서 개명이체(改名異體)라는 말은 자기의 정체를 남이 알까 두려워서 이름을 고치고, 자기의 본래 모습과 다른 모습으로 자신을 만드는 것을 뜻한다.

2

 정도(正道)에 벗어나는 재물을 멀리하고, 정도(程度)에 지나치는 술을 경계하며, 반드시 이웃을 가려 살고, 반드시 벗을 가려 사귀라. 남을 시기하는 마음을 일으키지 말고 참소하는 말을 입 밖에 내지 말며, 동기간의 가난한 이를 소홀히 하지 말고, 부유한 타인에게 후(厚)하게 하지 말라.

 사욕(私慾)을 극복하는 데에는 근면함과 검소함을 제일로 삼아야 할 것이며, 사람을 사랑하는 것은 겸손하고 화평함을 첫째로 하라. 언제나 지난날의 잘못을 생각하고, 또 앞날의 허물을 근심하라. 만약 나의 이 말대로 하면 나라와 집안의 다스림이 장구하리라.

〈神宗皇帝〉

| 풀이 | 이 글은 신종황제가 사람들에게 처세(處世)하는 방법을 밝힌 것이다.

 노자의 인간 처세의 요령도 마음에 담아두어도 좋을 듯하다. 노자는 '천지 사이의 도(道)라고 하는 것은 마치 풀무와도 같다.'고 하였다. 풀무는 속이 빈 상자이나 그 활동은 언제나 그치지 않는다. 움직이면 움직일수록 가운데서 바람이 나오는 것이 풀무다. 천지 사이의 도(道)도 이와 같아서 실체가 없는 빈 것이지만 그 활동은 무한하여 다함이 없는 것이다. 그러나 이와 반대로 입에서 나와서는 안 되는 것이 하나 있는데, 그것은 말〔言〕이라고 했다. 말이 너무 많으면 반드시 곤란한 경우에 처하게 됨으로 말을 조심하는 태도를 적절히 다스리는 것도 처세의 중요한 방법이라는 것이다.

2// 神宗皇帝御製에 曰 遠非道之財하고 戒過度之酒하며 居必擇隣하고 交必擇友하며 嫉妬를 勿起於心하고 讒言을 勿宣於口하며 骨肉貧者를 莫疎하고 他人富者를 莫厚하며 克己는 以勤儉爲先하고 愛衆은 以謙和爲首하며 常思已往之非하고 每念未來之咎하라 若依朕之斯言이면 治國家而可久니라

어제(御製):임금이 지은 글.
택린(擇隣):이웃을 가림.
질투(嫉妬):남을 시기함.
참언(讒言):참소하는 말. 중상(中傷)하는 말.
물선어구(勿宣於口):입에 베풀지 말라. 입 밖에 내지 말라.
골육(骨肉): 동기간이나 친족을 말한다.
막소(莫疎): 소홀히 말라.
막후(莫厚):후하게 하지 말라.
극기(克己):자기의 사욕(私慾)을 극복하는 것.
근검(勤儉): 근면 검소함.
애중(愛衆):사랑하는 것.
겸화(謙和):겸손, 화평한 것.
위수(爲首):첫째로 하는 것.
구(咎):허물.
의(依):의하면. 따른다면.
사언(斯言):이 말.
가구(可久):오래 할 수 있다.

3

3// 高宗皇帝御製에 曰 一星之火도 能燒萬頃之薪하고 半句非言도 誤損平生之德이라 身被一縷나 常思織女之勞하고 日食三飱이나 每念農夫之苦하라 苟貪妬損은 終無十載安康하고 積善存仁이면 必有榮華後裔리라 福緣善慶은 多因積行而生이요 入聖超凡은 盡是眞實而得이니라

한 점의 불티도 능히 만경(萬頃)의 숲을 태우고, 반 마디 그릇된 말이 평생의 덕을 허물어뜨린다. 몸에 한 오라기의 실을 감아도 항상 베 짜는 여자의 수고로움을 생각하고, 하루 세 끼니의 밥을 먹어도 늘 농부의 고생을 생각하라. 구차하게 탐내고 시기하여 남에게 손해를 끼친다면 마침내 10년의 편안함도 없을 것이요, 선(善)을 쌓고 인(仁)을 보존하면 반드시 후손들에게 영화가 있으리라. 행복과 경사스러운 일은 대부분이 선행(善行)을 쌓는 데서 생기고, 범용(凡庸)을 초월하여 성인의 경지에 들어가는 것은 모두 진실한 데서 비롯된다.

〈高宗皇帝〉

일성(一星): 한 점.
만경(萬頃): 극히 넓은 면적. 경(頃)은 이랑의 뜻으로, 만 이랑.
반구(半句): 반 마디.
비언(非言): 그른 말.
오손(誤損): 그르치는 것.
피(被): 여기서는 입는 것.
일루(一縷): 한 오라기의 실.
직녀(織女): 베 짜는 여자.
삼손(三飱): 세 끼의 밥.
구탐투손(苟貪妬損): 구차하게 탐내고 시기하여 남에게 손해를 입히는 것.
존인(存仁): 인덕(仁德)을 보존하는 것.
복연(福緣): 행복.
선경(善慶): 좋은 경사.
적행(積行): 선행을 쌓는 것.
입성(入聖): 성인의 경지에 들어서는 것.
초범(超凡): 범용(凡庸)을 초월하는 것.

| 풀이 | 한 점의 불티가 만경(萬頃)의 숲을 태울 수 있다. 이처럼 극히 그릇된 짧은 말이 평생의 덕을 허물어뜨리게 된다. 사람은 말 한마디 한마디를 특히 조심해야 한다. 우리는 옷을 입을 때마다 베 짜는 여인의 수고를 생각해야 하며, 밥을 먹을 때마다 땀을 흘려 일하는 농부의 수고에 감사해야 한다. 남을 시기하거나 남의 물건을 탐내어 남에게 손해를 입히는 일이 있어서는 안 되며, 언제나 선을 행하고 덕(德)을 베풀어 당대에 복을 받을 뿐만 아니라 후손들에게까지도 영화가 미치도록 해야 한다.

4

그 임금을 알고 싶으면 먼저 그 신하를 보고, 그 사람을 알고 싶으면 먼저 그 벗을 보고, 그 아비를 알고 싶으면 먼저 그 자식을 보라. 임금이 거룩하면 그 신하가 충성스럽고, 아비가 인자하면 자식이 효성스럽다. 〈王良〉

| 풀이 | 그 신하를 보면 그 임금의 됨됨이를 알 수 있고, 그 벗을 보면 그 사람의 됨됨이를 알 수 있다. 또 그 자식을 보면 그 아비의 됨됨이를 알 수 있는 것이다. 이 말은 무엇을 뜻하는 것인가. 거룩한 임금 밑에서는 신하들이 충성스럽고, 인자한 아버지 밑에서는 자식들이 효성스럽다는 것을 묘사하고 있다.

4// 王良이 曰 欲知其君인댄 先視其臣하고 欲識其人인댄 先視其友하고 欲知其父인댄 先視其子하라 君聖臣忠하고 父慈子孝니라

왕량(王良): 춘추시대 진(晋)나라 사람.
자(慈): 인자(仁慈)한 것.

5

물이 지극히 맑으면 고기가 없고, 사람이 지극히 살피면 친구가 없느니라. 〈家語〉

| 풀이 | 물이 너무 맑으면 고기가 살 수 없는 것처럼, 사람도 너무 남의 옳고 그른 것을 살피다 보면 친구가 가까이 하지 않는다는 것이다.

5// 家語에 云하였으되 水至淸則 無魚하고 人至察則 無徒니라

가어(家語): 공자가어(孔子家語)를 말한다. 공자의 유문(遺聞)과 일사(逸事)를 모은 책인데 모두 10권으로 되어 있다.
지(至): 여기서는 지극한 것.
도(徒): 무리, 즉 친구의 뜻.

6

6// 許敬宗이 曰 春雨如膏나 行人은 惡其泥濘하고 秋月이 揚輝나 盜者는 憎其照鑑이니라

봄비가 기름 같으나 행인은 그 질척거리는 길을 싫어하고, 가을 달이 극히 밝지만 도둑질하는 자는 그 밝게 비치는 것을 싫어한다. 〈許敬宗〉

허경종(許敬宗):자는 연족(延族), 당나라 사람.
고(膏):기름. 극히 귀중한 것을 표현하는 말이다.
이녕(泥濘):진창을 말한다.
양휘(揚輝):유난히 빛나는 것.
증(憎):미워한다. 싫어한다.
조감(照鑑):밝게 비치는 것.

| 풀이 | 봄비는 곡식의 싹을 트게 하고, 또 자라나게 해주는 매우 귀중한 것이다. 그러나 길을 가는 사람은 당장 길이 질척거려 다니기가 힘들어서 싫어한다. 가을 달이 밝아서 좋지만 도둑에게는 그 밝음이 싫다. 사람의 극히 이기적인 측면을 표현하고 있다.

7

7// 景行錄에 云하였으되 大丈夫는 見善明故로 重名節於泰山하고 用心精故로 輕死生於鴻毛니라

대장부는 선을 보는 것이 밝기 때문에 명분과 절의를 태산보다 중히 여기고, 마음 쓰는 것이 정순(精純)하기 때문에 살고 죽는 것을 기러기 털보다 가볍게 여긴다. 〈景行錄〉

견선명(見善明):선을 보는 것이 밝다.
명절(名節):명분과 절의.
태산(泰山):중국 오악(五嶽)의 하나.
홍모(鴻毛):기러기의 털. 극히 가벼운 것을 표현하는 말이다.

| 풀이 | 이 글은 대장부(大丈夫)의 처세를 말한 것이다. 대장부는 선(善)의 미덕을 숭상하고, 정의(正義)의 길을 가는 사람을 말한다. 대장부는 선을 좋아하기 때문에 불의를 싫어하고, 정의(正義)에 투철하기 때문에 죽고 사는 것을 초월한다.

우리나라에 있어서도 고려 말기의 포은(圃隱) 정몽주(鄭夢周)를 비롯하여 사육신(死六臣), 이순신(李舜臣), 민영환

(閔泳煥), 안중근(安重根)과 같은 분들은 모두 명절(名節)을 태산처럼 무겁게 생각하고, 살고 죽는 것을 기러기 털보다 가볍게 여겼던 대장부들이다.

　현대 사회에서는 대부분 물질적인 것에 너무 치우치고, 이기주의로 흘러 선(善)과 정의를 가볍게 여기는 경향이 있는데 이는 실로 걱정스러운 일이다. 살아가면서 물질에만 너무 치중하면 정신이 흐려질 것이다. 그렇지만 물질을 전혀 무시할 수도 없는 것인만큼 정신과 물질이 서로 적절하게 공존할 수 있도록 지혜로워야 할 것이다.

8

　남의 흉한 것을 민망히 여기고, 남의 착한 것을 즐겁게 여기며, 남의 급한 것을 건져주고, 남의 위태함을 구하라.

| 풀이 | 사람은 마땅히 남을 사랑하고 불쌍히 여기며, 남의 위급함을 도와주어야 할 것이다.

8// 悶人之凶하고 樂人之善하며 濟人之急하고 求人之危하라

민(悶):민망하게 여기는 것.
제(濟):건져주는 것.

9

　눈으로 직접 본 일도 다 참되지 아니할까 두려운데, 뒤에서 하는 말을 어찌 족히 깊이 믿을 것인가.

| 풀이 | 내 눈으로 직접 본 일도 다 진실이라고 볼 수 없다.

9// 經目之事도 恐未皆眞이어늘 背後之言을 豈足深信이리오

경목(經目):눈을 거친 것.

공미(恐未): 아닐까 두렵다.
배후지언(背後之言): 등 뒤에서 하는 말.

그런데 남이 하는 말을 듣고 그것을 그대로 받아들인다면 그것은 극히 어리석고 위험한 일이다. 물론 남의 말을 믿지 않을 수도 없지만 그렇다고 남의 말만 듣고 그것을 깊이 믿는 것은 옳지 않다.

10

10// 不恨自家汲繩短하고 只恨他家苦井深이라

자기 집의 두레박 줄이 짧은 것은 탓하지 않고 남의 집 우물 깊은 것만 탓한다.

불한(不恨): 한(恨)하지 않는다. 탓하지 않는다.
급승(汲繩): 두레박 줄.
타가(他家): 다른 집.
고정심(苦井深): 고(苦)는 괴로워한다. 여기서는 탓한다.

| 풀이 | 이 글은 사람들이 무슨 일이 잘못되었을 경우, 자기의 잘못을 반성하지 않고 남의 탓만 하는 어리석은 태도를 경계하고 있다.

11

11// 贓濫이 滿天下하되 罪拘薄福人이니라

뇌물을 탐하고 부정을 저지르는 사람들이 세상에 가득하지만 죄는 박복(薄福)한 사람에게 걸린다.

장람(贓濫): 뇌물을 탐하고 부정을 저지르는 것.
구(拘): 구속하는 것.

| 풀이 | 이 세상에는 죄를 짓는 사람들이 매우 많지만 운이 나쁜 사람만이 걸려들고, 운이 좋은 사람은 아무 일 없이 잘사는 경우가 많다. 또 큰 고기는 다 빠지고 송사리만이 걸려든다는 말이 있는데, 이는 큰 부정을 저지른 사람은 아무렇지도 않고, 하찮은 잘못을 지은 사람만이 법망(法網)에

걸려든다는 뜻이다.

12

하늘이 만약 상도(常道)를 어기면 바람 또는 비가 오고, 사람이 만약 상도(常道)를 벗어나면 병이 들지 않으면 죽으리라.

│풀이│ 하늘이 상도(常道)를 어기면 바람이 불거나 비가 오는 것과 마찬가지로, 사람이 정도(正道)에 벗어나면 병이 들지 않으면 곧 죽는다. 이 말은 사람들에게 정도에서 벗어나는 행동을 하지 말 것을 강조한 것이다. 또한 사람의 행동이 정도에 벗어나면 무서운 재앙이 이른다는 것을 하늘의 상도(常道)에서 벗어난 기상(氣象)의 변화를 예로 들어 강조하면서 경계하고 있다.

12// 天若改常이면 不風卽雨요 人若改常이면 不病卽死니라

개상(改常):상도(常道)를 어긴다.

13

나라가 바르면 하늘도 순하고, 벼슬아치가 맑고 깨끗하면 백성이 절로 편안해지리라. 아내가 어질면 그 남편에게 화가 적고, 자식이 효성스러우면 그 아버지의 마음이 너그럽다.

〈壯元詩〉

│풀이│ 벼슬아치에게 청렴의 본분을 지켜 나라를 바르게

13// 壯元詩에 云하였으되 國正天心順이요 官淸民自安이라 妻賢夫禍少요 子孝父心寬이니라

천심순(天心順):대자연의 운행(運行)이 순조로워서 바람이 제때에 불고 비가 제때에

내려 농사가 잘되고 백성이 잘 살 수 있는 것.
관(寬):너그럽다는 뜻.

다스릴 것을 강조했다. 또 남의 아내되는 자는 어진 아내가 되어 남편에게 재앙이 돌아오지 않도록 할 것과, 남의 자식 되는 자는 효성을 다해 어버이의 마음을 기쁘게 할 것을 강조한 것이다.

14

14// 子曰 木從繩則直하고 人受諫則聖이니라

나무가 먹줄을 좇으면 곧고, 사람이 직언을 받아들이면 거룩하게 된다. 〈孔子〉

승(繩):먹줄.
수간(受諫):간함을 받아들인다. 쉽게 말해서 남의 충고를 받아들이는 것.
성(聖):거룩한 것.

| 풀이 | 이 글은 나무가 먹줄을 좇으면 곧아진다는 비유를 들고 있다. 즉, 남이 충고하는 말을 받아들일 줄 알면 훌륭한 사람이 될 수 있음을 가르쳐주고 있다. 자기의 잘못은 자기보다 남이 더 잘 안다.

옛글에 '간하는 말을 좇기를 흐르는 것같이 하라(從諫如流).'는 말이 있다. 동서고금을 막론하고 남의 충고를 잘 받아들일 줄 아는 사람이 훌륭한 사업을 이루고 이름도 빛낼 수 있었다.

우리는 남이 충고하는 말을 잘 받아들여서 나의 결점을 고치고, 앞으로 발전해 나가야 할 것이다.

15

15// 一派靑山景色幽러

한 줄기 푸른 산은 경치가 그윽한데, 앞 사람의 전토(田

土)를 뒷사람이 차지하네. 뒷사람은 차지했다 해서 기뻐하지 말라. 다시 차지할 사람이 뒤에 있다.

| 풀이 | 재물은 어떤 특정인에게 영원히 주어진 것이 아니다. 덧없이 이 사람 저 사람에게로 옮겨지는 재물의 특징에 대해 말하고 있다.

니 前人田土後人收라 後人收得莫歡喜하라 更有收人在後頭니라

일파(一派):한 줄기.
유(幽):그윽한 것.
수(收):거둔다. 여기서는 차지한다로 풀이했다.
후두(後頭):바로 뒤.

16

까닭 없이 천금을 얻는 것은 큰 복이 있는 것이 아니라, 반드시 큰 재앙이 있을 것이다. 〈蘇東坡〉

| 풀이 | 사람은 노력에 의해서 재물을 얻어야만 그 재물을 오래 간직할 수 있고, 복을 누릴 수 있다. 노력하지 않고 까닭 없이 얻어진 재물에 대해서는 조금도 기뻐할 것이 없다. 그런 재물은 복이 되기는커녕 도리어 재앙을 불러온다. 횡재(橫財)한 재물이 도리어 재앙을 불러오는 경우는 너무나 많다. 우리는 노력의 대가로 재물을 얻는 삶을 살아야 할 것이다.

16// 蘇東坡曰 無故而得千金이면 不有大福이요 必有大禍이니라

소동파(蘇東坡):이름은 식(軾), 호는 동파(東坡)다. 북송(北宋)의 문인인데 당송팔대가(唐宋八大家)의 한 사람. 아버지 순(洵), 아우 철(轍)과 더불어 삼소(三蘇)로 불린다. 왕안석(王安石)의 신법(新法)에 반대했다. 그의 저작(著作)인 〈적벽부(赤壁賦)〉는 명문(名文)으로 알려져 있다.

17

어떤 사람이 와서 점을 묻는데 어떤 것이 화(禍)가 되고 어떤 것이 복이 될 것인가. 내가 남을 해롭게 하는 것이 화

17// 邵康節先生이 曰 有人이 來問卜하되 如

何是禍福고 我虧人是禍
요 人虧我是福이니라

문복(問卜):점을 묻는 것.
휴(虧):해롭게 하는 것.

요, 남이 나를 해롭게 하는 것이 복이니라. 〈邵康節〉

| 풀이 | 사람은 언제나 남을 해롭게 하는 일을 해서는 안 된다는 것을 강조하고 있다.

18

18// 大廈千間이라도 夜臥八尺이요 良田萬頃이라도 日食二升이니라

대하(大廈):큰 집. 큰 건물.
와(臥):눕는 것.
양전(良田):좋은 밭.
만경(萬頃):경(頃)은 이랑(밭이랑). 만경은 넓은 면적.

큰 집이 천 칸이라도 밤에 눕는 곳은 여덟 자뿐이요, 좋은 농토가 아무리 넓더라도 하루에 먹는 것은 두 되뿐이다.

| 풀이 | 여덟 자의 땅이면 몸이 누워 잘 수 있고, 하루 두 되의 양식이면 먹고 산다. 구태여 재물을 탐내서 혈안(血眼)이 될 필요는 없는 것이다.

19

19// 久住令人賤이요 頻來親也疎라 但看三五日에 相見不如初라

구주(久住):오래 머물다.
천(賤):천히 여기는 것.
빈래(頻來):자주 오는 것.
야(也):여기서 야(也)는 ……한 것도.
불여초(不如初):처음만 같지

오래 머물러 있으면 좋은 사람이라도 가볍게 여기게 되고, 자주 오면 친한 사람도 멀어진다. 단지 사흘이나 닷새 사이에도 서로 보는 것이 처음만 같지 않음을 알겠더라.

| 풀이 | 아무리 친한 사람의 집이라도 오래 머물러 있으면 업신여기고 싫어한다. 아무리 다정한 사이라도 자주 찾아가면 다정한 느낌이 없어진다. 까닭 없이 남의 집에 오래 머물러 있는 것은 예의가 아니다.

또 아무리 친하다 해서 일 없이 자주 찾아갈 필요도 없다. 우리는 친한 사이일수록 더욱 공경하고 예의를 지켜서 그 친분을 오래 유지하도록 힘써야 할 것이다.

못하다.

20

목마를 때 한 방울의 물은 단 이슬 같고, 취한 후에 잔을 더하는 것은 없는 것만 같지 못하다.

20// 渴時一滴은 如甘露요 醉後添盃는 不如無니라

│풀이│이 글은 술을 정도에 알맞게 마실 것을 강조하고 있다.

감로(甘露):단 이슬.
첨배(添盃):잔을 더하는 것.

21

술이 사람을 취하게 하는 것이 아니라 사람이 스스로 취하는 것이요, 색(色)이 사람을 미혹(迷惑)시키는 것이 아니라 사람이 스스로 미혹하는 것이다.

21// 酒不醉人人自醉요 色不迷人人自迷니라

│풀이│이 글은 술과 여색(女色)을 경계하고 있다.

취인(醉人):취하게 하는 것.
미인(迷人):미혹시키는 것.

22

공(公)을 위한 마음이 만약 사(私)를 위하는 마음과 같다면 무슨 일이든 옳고 그름을 가려내지 못하며, 도(道)를 향

22// 公心을 若比私心이면 何事不辨이며 道

念을 若比情念이면 成佛多時니라

공심(公心): 공(公)을 위하는 마음.
사심(私心): 사리(私利)를 위하는 마음.
변(辨): 옳고 그름을 분별한다.
성불(成佛): 부처가 된다. 모든 번뇌를 해탈해서 불과(佛果)를 얻는다.

하는 마음이 만약 남녀의 정(情)을 생각하는 마음과 같다면 성불(成佛)한 지 이미 오래일 것이다.

| 풀이 | 선공후사(先公後私)란 말이 있다. 즉, 공사(公事)를 먼저 하고 사사(私事)를 후에 한다는 뜻이다. 또 남녀인지대욕(男女人之大欲)이란 말이 있다. 이 말은 남녀 간의 정사(情事)는 사람의 큰 욕심이라는 뜻이다.

이 글에서는 공사(公事)를 사사보다 더 무겁게 생각하는 마음을 가져야 하며, 도를 향하는 마음을 남녀의 정(情)을 생각하는 것처럼 절실하게 가져야 할 것을 강조하고 있다.

23

23//濂溪先生曰 巧者言하고 拙者默하며 巧者勞하고 拙者逸하며 巧者賊하고 拙者德하며 巧者凶하고 拙者吉하나니 嗚呼라 天下拙이면 刑政이 徹하여 上安下順하며 風淸弊絶이니라

염계(濂溪): 성은 주(周), 이름은 돈이(敦頤), 염계는 호다. 북송(北宋)의 유학자, 송학(宋學: 주자학(朱子學))의 원조인데 〈태극도설(太極圖說)〉과 〈통서(通書)〉를 저술하였다.

교자(巧者)는 말을 잘하고 졸자(拙者)는 말이 없으며, 교자는 수고하는데 졸자는 한가하다. 교자는 패악하나 졸자는 덕성(德性)스럽고, 교자는 흉하고 졸자는 길하다. 아! 천하가 졸(拙)하면 형정(刑政)이 밝아져서 윗사람은 편안하고 아랫사람은 순하며, 풍속은 맑고 나쁜 폐단은 없어질 것이다.

〈周濂溪〉

| 풀이 | 교(巧)라는 것은 인간의 순수성을 벗어나서 재주를 부리는 것을 말한다. 또 졸이라는 것은 순수성을 지닌 것을 말한다. 교자는 사람들이 보기에 총명하고 영리하며, 졸자는 어리석어 보인다. 그 어리석어 보이는 것이 곧 순수성

을 지니고 있는 표시이다. 교자는 말을 잘하며 매우 활동적이지만 그 속에는 거짓이 많고 사람을 해치기 때문에 결과가 흉(凶)하다. 졸자는 말이 없으며 마음이 편안하다. 인의(仁義)의 덕을 갖추었기 때문에 모든 일이 좋다.

세상 사람들이 다 순수성을 잃지 않는다면 나라가 평화롭고, 밝은 사회가 될 것이다. 이 글은 교(巧)와 졸(拙)을 비교하여 졸의 미덕(美德)과 길(吉)함을 강조하고 있다.

교자(巧者):재주, 꾀 있는 자.
졸자(拙者):어리석은 자.
묵(默):묵묵한 것, 즉 말이 없는 것.
적(賊):일반적으로 도적의 뜻. 여기에서는 사람을 해치는 것을 말한다.
형정(刑政):정치와 법률.
철(徹):철저한 것. 밝은 것.
풍청(風淸):풍속이 맑아지는 것.
폐절(弊絕):나쁜 폐단이 없어지는 것.

24

덕은 적으면서 지위가 높고, 지혜는 없으면서 꾀하는 것이 크다면 재앙이 없을 사람이 드물다. 〈周易〉

24// 易에 曰 德微而位尊하고 智小而謀大면 無禍者鮮矣니라

| 풀이 | 실력이나 자질을 무시하고 정도에 지나치는 일을 하면 반드시 재앙을 불러오게 된다. 사람은 마땅히 중용의 도를 지켜서 분수에 넘치는 일을 하지 않도록 힘써야 한다.

미(微):미약한 것.
위존(位尊):벼슬이 높은 것.
선(鮮):드문 것.

25

벼슬살이는 지위가 높아진 데서 게을러지고, 병은 조금 낫는 데서 더해지며, 재앙은 게으른 데서 생기고, 효도는 처자에게서 흐려진다. 이 네 가지를 살펴 끝까지 경계하기를 처음과 같이 할지니라. 〈說苑〉

25// 說苑에 曰 官怠於宦成하고 病加於少愈하며 禍生於懈怠하고 孝衰於妻子니 察此四者하여 愼終如始니라

설원(說苑):전한(前漢) 때 유향(劉向)이 편찬하였다. 유문일사(遺聞逸事)를 모은 책.
환성(宦成):벼슬이 이루어진다. 곧 지위가 높아지는 것.
소유(少愈):조금 낫는 것.
해태(解怠):게으른 것.
신종(慎終):끝까지 삼가는 것.
사자(四者):네 가지. **여시**(如始):처음과 같이.

| 풀이 | 지위가 높아졌다고 직책을 게을리 하거나, 병이 조금 나았다고 마음을 놓거나, 게으른 생활을 하거나, 처자(妻子)에 빠져서 부모에게 효도하기를 소홀히 해서는 안 된다. 우리는 자기 직책에 충실하고, 병을 조심하고, 부지런히 생활해야 하고, 부모에게 효도하는 데 힘써야 한다.

26

26// 器滿則溢하고 人滿則喪이니라

그릇이 차면 넘치고, 사람이 차면 잃게 된다.

만(滿):가득 차는 것.
일(溢):넘치는 것.
상(喪):잃는 것.

| 풀이 | 물이 그릇에 가득 차면 밖으로 넘치는 것처럼, 사람도 차게 되면 이지러지게 마련이다. 사람은 언제나 부귀와 영화가 극도에 이르는 것을 경계하고, 몸이 귀히 될수록 몸가짐을 겸손하게 하고 덕을 베풀어야 한다. 이것이 재앙을 멀리하고 몸을 지키는 길이다.

27

27// 尺璧非寶요 寸陰是競이니라

지름이 한 자나 되는 구슬이 보배가 아니다. 한 치의 시간을 다투라.

척벽(尺璧):벽은 구슬, 즉 지름이 한 자나 되는 구슬.
촌음(寸陰):한 치의 시간, 즉 극히 짧은 시간을 말한다.
시경(是競):이를 다투라.

| 풀이 | 옛글에 '한 치의 광음도 가볍게 여겨서는 안 된다(一寸光陰不可輕).'거나 '사마(駟馬)가 틈을 스쳐가는 듯한 시간은 한번 가면 뒤쫓기 어렵다(隙駟光陰一去難追).'고

하였다. 또 서양 격언에 '시간은 금이다.' 라는 말이 있는데 모두 시간의 귀중함을 강조한 교훈이다. 아무리 한 자나 되는 구슬을 가져도 시간의 귀중함에는 미치지 못한다.

28

양고깃국이 비록 맛이 좋다 하지만 모든 사람의 입을 맞추기는 어렵다.

| 풀이 | 많은 사람을 일일이 다 좋게 할 수는 없음을 표현한 것이다.

28// 羊羹이 雖美나 衆口를 難調니라

양갱(羊羹):양고깃국.
중구(衆口):여러 사람의 입.
난조(難調):맞추기 어렵다.

29

흰 옥(玉)은 진흙 속에 던져도 그 빛이 더럽혀지지 않고, 군자는 혼탁한 곳에 갈지라도 그 마음이 혼란스럽지 않다. 그러므로 소나무와 잣나무는 서리와 눈을 견디어내고, 밝은 지혜는 위태로운 문제를 해결해 나간다. 〈益智書〉

| 풀이 | 백옥을 진흙 속에 던져도 그 빛이 더렵혀지지 않는 것처럼, 군자는 어떠한 혼탁한 곳에 가더라도 그 마음이 흔들리지 않는다. 온갖 나무가 모두 시들어도 소나무와 잣나무는 차가운 서리와 눈을 견디며 겨울에도 그 푸름을 잃지 않는 것처럼, 세상이 어지러워도 군자는 그 지조를 변함

29// 益智書에 云하였으되 白玉은 投於泥塗라도 不能汚穢其色이요 君子는 行於濁地라도 不能染亂其心하나니 故로 松栢은 可以耐雪霜이요 明智는 可以涉危難이니라

이도(泥塗):진흙. 진창길.
오예(汚穢):더러운 것.
탁지(濁地):혼탁한 땅.
염란(染亂):어지럽히는 것.
송백(松栢):소나무와 잣나무.
내(耐):견디는 것.

섭(涉):건너다. 겪다.
위난(危難):위태롭고 어려운 것.

없이 굳게 지키며 살아간다. 또 그 밝은 지혜는 능히 모든 위태하고 어려운 일들을 처리해 나간다.

  이 글은 의리에 밝고 슬기로운 군자의 모습을 표현하고 있다.

30

30// 入山擒虎는 易나 開口告人은 難이니라

산에 들어가 범을 잡기는 쉽지만 입을 열어 남에게 말하기는 어렵다.

금호(擒虎):범을 사로잡는 것.

| 풀이 | 뭔가 딱한 일을 남에게 말하는 것이 어렵다는 것을 표현하고 있다. 사람에게는 불인지심(不忍之心), 즉 차마 하지 못하는 마음이 있는데 이를 비유하고 있는 것이다.

31

31// 遠水는 不救近火요 遠親은 不如近隣이니라

먼 곳에 있는 물은 가까운 불을 구하지 못하고, 먼 곳의 친척은 가까운 이웃만 못하다.

원수(遠水):먼 곳에 있는 물.
근화(近火):가까운 곳의 불.
원친(遠親):먼 곳의 일가.

| 풀이 | 먼 곳에 있는 물이 가까운 곳의 불을 끌 수 없는 것처럼, 먼 곳의 친척이 가까운 이웃만 같지 못하다는 말이다. 우리나라 속담에 '이웃 사촌'이란 말이 있는데 이웃끼리 서로 협동단결하고 환난상구(患難相救)한다면 실로 먼 곳에 사는 친척보다 훨씬 낫다고 할 수 있다.

32

해와 달이 비록 밝으나 엎어놓은 동이의 밑은 비치지 못하고, 칼날이 비록 날카로우나 죄 없는 사람은 베지 못하며, 불의(不意)의 재앙은 조심하는 사람의 집 문으로는 들어가지 못하느니라. 〈太公〉

| 풀이 | 해와 달이 비록 밝다 해도 엎어놓은 동이의 밑을 비칠 수 없고, 칼날이 아무리 예리하더라도 죄 없는 사람을 벨 수 없다. 이처럼 근신하고 조심하는 사람의 집에 재앙이 들 수 없음을 말하고 있다. 평소에 모든 일을 조심한다면 뜻밖의 재앙을 당할 이유가 없다. 우리는 항상 근신하는 태도로 세상을 살아가야 한다.

32// 太公이 曰 日月이 雖明이나 不照覆盆之下하고 刀刃이 雖快이나 不斬無罪之人하고 非災橫禍는 不入愼家之門이니라

수명(雖明):비록 밝으나.
복분(覆盆):엎어놓은 동이.
도인(刀刃):칼날.
쾌(快):빠르다. 여기서는 날카롭다로 해석한다.
비재(非災):그릇된 재앙.
횡화(橫禍):예기치 않은 재앙, 즉 뜻밖의 재앙.
신가(愼家):근신하는 집.

33

좋은 밭 만(萬) 이랑이, 변변치 않은 재주가 몸에 따르는 것만 같지 못하다. 〈太公〉

| 풀이 | 무릇 재물은 전전무상(轉轉無常), 즉 덧없이 돌고 돈다. 오늘 만 이랑의 좋은 밭을 가졌지만 내일 남의 손에 넘어갈 수도 있다. 그러나 기술이란 한번 몸에 익히게 되면 영원히 없어질 수 없다. 언제든지 생활을 영위할 수 있는 도구가 된다.
공업이 발달된 오늘의 시대에는 더욱 그렇다. 무엇이든

33// 太公이 曰 良田萬頃이 不如薄藝隨身이니라

양전(良田):좋은 밭.
만경(萬頃):만 이랑.
박예(薄藝):변변치 않은 재주.
수신(隨身):몸에 따르는 것.

한 가지 기술만 몸에 익히면 생활하는 데 큰 어려움이 없다. 그러므로 저마다 기술을 배우려고 노력하고 있다.

34

사물을 접할 때 중요한 것은 자기가 원하지 않는 것을 남에게 베풀지 말며, 행동에 소득이 없으면 돌이켜 자기에게서 원인을 구하라.

〈性理書〉

34// 性理書에 云하였으되 接物之要는 己所不欲을 勿施於人하고 行有不得이어든 反求諸己니라

접물(接物):사물(事物)에 접하는 것.
요(要):요도(要道), 즉 중요한 방법.
기소불욕(己所不欲):자기가 원치 않는 것.
부득(不得):얻지 못하는 것. 즉 뜻대로 되지 않는 것.
반구제기(反求諸己):돌이켜 자기에게서 그 원인을 구하는 것. 쉽게 말해서 자기 반성(自己反省)을 하는 것.

| 풀이 | 유가(儒家)에서는 사물에 접하는 가장 중요한 방법으로 내가 원치 않는 것을 남에게 베풀지 않는 것과, 일이 뜻대로 되지 않을 때는 반성하여 그 원인을 자기에게서 구하는 것을 강조하고 있다. 내가 원치 않는 것을 남에게 베푸는 것은 오히려 남을 괴롭히는 것인데 이는 군자의 태도가 아니다. 무슨 일이 뜻대로 되지 않을 때는 남을 탓하기에 앞서 자신을 반성하고, 그 원인을 자기에게서 찾아야 한다. 우리는 남과 만나 사귀는 데 있어서 언제나 이 두 가지를 원칙으로 삼아 잘못을 하는 일이 없도록 유의해야 한다.

35

술과 색, 재물과 기운, 이 네 가지로 쌓은 담 안에 수많은 어진 자와 어리석은 자가 들어 있다. 만약 그 누가 이곳을 뛰쳐나올 수 있다면 그것이 바로 신선의 죽지 않는 방

35// 酒色財氣四堵墻에 多少賢愚在內廂이라 若有世人이 跳得出이면 便是神仙不死方이니라

법이다.

| 풀이 | 많은 사람들이 주(酒), 색(色), 재(財), 기(氣)의 네 가지 그물 속에 걸려들어 헤어나지 못하고 있다. 이 네 가지의 그물 속에서 용감하게 뛰쳐나올 수 있다면 인간으로서 재생(再生)의 길을 걸을 수 있다. 인간의 길을 걷는 것을 신선불사방(神仙不死方)이란 말로 표현하고 있다.

사도장(四堵墻):도장(堵墻)은 네 가지(술·색·재물·기운)로 쌓은 담.
현우(賢愚):어진 이와 어리석은 이.
내상(內廂):집 안.
도득출(跳得出):뛰쳐나오는 것.
불사방(不死方):죽지 않는 방법.

이 편(篇)에서는 윤리도덕의 강령(綱領)이 되는 삼강오륜을 비롯하여 정치, 경제, 사회 등 각 방면에 걸쳐 그 근본이 되는 것들을 설명하고 있다.

1

1// 子曰 立身有義而孝
爲本이오 喪祀有禮而哀
爲本이오 戰陣有列而勇
爲本이오 治政有理而農
爲本이오 居國有道而嗣
爲本이오 生財有時而力
爲本이니라

입신에는 의(義)가 있는데 효가 근본이요, 상사(喪祀)에는 예(禮)가 있는데 슬퍼함이 근본이요, 전진(戰陣)에는 대열(隊列)이 있는데 용기가 근본이다. 나라를 다스리는 데에는 도리가 있는데 농사가 근본이요, 나라를 지키는 데에는 방도(方道)가 있는데 후사(後嗣)가 근본이요, 재물을 생산함에는 시기가 있는데 노력이 근본이다. 〈孔子〉

입신(立身):몸을 세우는 것, 즉 사회에 진출하는 것.
상사(喪祀):상은 사람이 죽어서 초종 치르는 것을 말하며, 사(祀)는 제사지내는 것, 즉 상사(喪事)와 제사(祭祀).
애(哀):슬퍼하는 것.
전진(戰陣):전쟁을 위해 진을 치는 것.
치정(治政):정사를 다스리는 것, 즉 나라를 다스리는 것.
이(理):이치, 여기에서는 도리(道理).
거국(居國):나라에 사는 것. 여기에서는 나라를 지키는 것으로 풀이하는 것이 타당하다.
사(嗣):뒤를 계승한다는 뜻.
생재(生財):재물을 생산하는 것.
역(力):힘의 뜻인데, 여기에서는 노력으로 풀이된다.

| 풀이 | 유교의 경전은 통틀어 13경(經)인데, 효경(孝經)이 그중 하나이다. 효경이 따로 분리돼 편집된 것을 보더라도 효도(孝道)가 차지하는 비중이 얼마나 큰지 알 수 있다.

옛글에 '효도는 모든 행실의 근본이 된다.' 거나 '효도는 인(仁)의 근본이 된다.' 는 말이 있는 것을 보더라도 과거 동양에서 효도를 얼마나 중요하게 생각했는지 알 수 있다. 그러므로 사회에 진출하기 위해서는 부모에게 효도를 극진히 함으로써 사람들의 호응과 지지를 받아야만 했다. 즉, 입신출세를 하는 데는 효가 근본이 된다고 할 수 있다.

부모가 세상을 떠났을 때 슬퍼하는 것은 인정(人情)이다. 또 옛날 예법에 의하면 부모가 죽어서 초종(初終)을 치르거나 기일(忌日)이 돌아와 제사를 지낼 때는 슬프게 울어야 했다. 그래서 상사(喪祀)에는 슬퍼하는 것이 근본이 된다는 것이다. 전쟁터에서는 무엇보다도 용기가 필수조건이다. 공업이 발달하지 못했던 과거에는 농업이 국민경제의 기반이었다. 그러므로 나라를 다스리는 데는 농업이 근본이었다.

고대 중국의 선양(禪讓)에 의한 정권교체가 세습군주제로 전환된 뒤부터는 왕위계승 문제가 그 나라를 유지하는 데 있어서 특히 중요했다. 재화(財貨)를 생산하는 것은 시기가 있다. 그 시기를 놓치면 이루어질 수 없으며, 또 그것은 노력에 의해서 이루어진다.

이 글은 효도가 입신출세의 근본이 되고, 슬퍼하는 것이 상제(喪祭)의 근본이 되고, 용기가 전진(戰陣)의 근본이 되고, 농사가 나라를 다스리는 근본이 되고, 왕위계승 문제의 확립이 나라를 지키는 근본이 되고, 노력이 재화를 생산하는 근본이 된다는 것을 설명하고 있다.

2

정치하는 도(道)는 공정과 청렴이요, 집을 이루는 도는 절검(節儉)과 근면이다. 〈景行錄〉

2// 景行錄에 云하였으되 爲政之要는 曰公與淸이요 成家之道는 曰儉與勤이라

위정(爲政):정치를 한다. 즉 정사를 다스리는 것.
공여청(公與淸):공정과 청렴.

| 풀이 | 정치를 하는 중요한 길은 공정과 청렴에 있다. 정치는 반드시 공정해야 한다. 어떤 국민에게는 후하고 어떤 국민에게는 소홀하며, 어떤 국민은 도와주고 어떤 국민은 냉대하는 편파적인 정치는 절대 안 된다. 정치의 혜택이 온 국민에게 고루 미치도록 힘써야 하며, 일을 처리함에 있어서도 공정을 기해야 한다.

또 군주나 벼슬아치는 극히 청렴해야 한다. 과거 동양 여러 나라에서는 청렴을 이도(吏道), 즉 관리(官吏)의 길로 삼

아서 청렴한 벼슬아치를 포상하고 융숭하게 대우했다. 우리 나라도 근대에 들어와서는 청렴한 벼슬아치들에게 청백리(淸白吏)라는 명예를 내리고, 은전(恩典)이 자손에게까지 미쳤다. 중국은 청나라 시대에 벼슬아치들의 녹봉(祿俸)에 양렴은(養廉銀)이란 이름을 붙여 청렴의식을 불어넣어 주는 동시에 청렴한 관리는 이를 칭찬하여 장려했다. 벼슬아치들이 이도(吏道)가 확립된 청렴한 태도를 지닐 때 국민은 정부를 신임하게 되고, 행복한 사회가 이루어지며 나라가 잘 다스려진다.

예를 들어보자. 조선 세종의 치세(治世)는 국민경제가 안정되고 문화의 번영을 누린 것이었다. 당시의 번영은 우연히 얻어진 것이 아니다. 밝은 임금에게서 청렴한 이도(吏道)가 확립되었기 때문이다. 그 대표적인 인물로서 황희 정승을 들 수 있다. 황희는 세종 때의 정승인데 호를 방촌(厖村), 자를 구부(懼夫)라고 했다.

한 나라의 정승이면서도 황희는 집을 수리할 수 없어서 비가 오는 날이면 지붕에서 새는 빗물을 막으려고 방 안에서 우산을 받치고 있었다. 이로써 그 청렴함을 짐작할 수 있다. 세종께서 그와 같은 소식을 듣고는 그 지붕을 수리해 주며 그에게 청백리(淸白吏)라는 명예를 내리셨다. 이와 같은 사실은 기록에서도, 또는 구전(口傳)으로도 오늘날까지 전해 내려오고 있다.

성가(成家)라 함은 경제적으로 부유한 집안을 이루는 것을 뜻한다. 우리들 주변에서 흔히 자수성가(自手成家)란 말을 들을 수 있는데 이 말은 곧 다른 사람에게 의존하지 않고 자기 힘만으로 집안을 일으켰다는 뜻이다. 그와 같이 자수성가를 하려면 엄청난 노력이 필요하면서도 힘이 든다. 성가하는 방법은 근면과 절검(節儉), 두 가지뿐이다. 앞에서도 '작은 부자는 부지런한 데 있다.'거나 '일생의 계획은 부지런한 데 있다.'는 등의 구절을 읽었으리라.

부지런히 노력해야 재물을 얻을 수 있고, 물건을 아껴 쓸 때 재물을 모을 수 있다. 검이양덕(儉以養德)이란 말이 있다. 검소한 생활을 통해 덕을 기른다는 것이다. 경제적으로 성공하더라도 사치스러운 생활은 금물이다. 근면과 절검이 우리의 생활에서 얼마나 중요한지 헤아릴 수 있을 것이다.

3

글을 읽는 것은 집안을 일으키는 근본이요, 도리에 따르는 것은 집안을 보존하는 근본이요, 근검(勤儉)은 집안을 다스리는 근본이요, 화순(和順)한 것은 집안을 정제하는 근본이다.

| 풀이 | 동서고금을 막론하고 글을 많이 읽어 학문을 닦을 때 입신출세할 수 있다. 또 큰 뜻을 이루어 빛나는 이름을 길이 전할 수 있다. 배우지 않으면 사물의 도리에 어둡기 때문에 아무 일도 할 수 없다. 그러므로 글 읽는 것이 집안을 일으키는 근본이 되는 것이다.

3// 讀書는 起家之本이요 循理는 保家之本이요 勤儉은 治家之本이요 和順은 齊家之本이니라

기가(起家):집을 일으키는 것.
순리(循理):도리에 따르는 것.
보가(保家):집을 보전하는 것.
화순(和順):온화하고 유순한 것.
제가(齊家):집을 정제하는 것.

무슨 일이든 도리에 따라야 성공할 수 있고, 도리에 어긋나면 반드시 실패하게 된다. 그러므로 도리에 따르는 것이 집안을 보전하는 근본이 되는 것이다. 근면하고 검소한 생활을 하면 부(富)를 얻게 된다.

옛글에 '지아비는 화평하고 지어미는 유순해야 한다(夫和婦順).'는 말이 있고, 또 집안이 화목해야 모든 일이 이루어진다는 말이 있는데 한 가족이 화목하고 협동할 때 모든 일이 순조롭게 된다는 것이다.

우리는 글을 읽어 지식을 넓히고, 도리에 따라 일하고, 근검한 생활을 하고, 한 가족이 화목하는 데 힘써야 한다.

4

일생의 계획은 어릴 때에 있고, 일 년의 계획은 봄에 있고, 하루의 계획은 새벽에 있다. 어려서 배우지 않으면 늙어서 아는 것이 없고, 봄에 밭을 갈지 않으면 가을에 바랄 것이 없고, 새벽에 일어나지 않으면 그날에 한 일이 없다.

〈孔子 三計圖〉

| 풀이 | 사람은 계획을 세운 후 그 계획대로 행동해야 한다. 공자의 삼계도(三計圖)에서는, 일생의 계획은 어릴 때에 있고, 일 년의 계획은 봄에 있고, 하루의 계획은 새벽에 있음을 말하고 있다.

어릴 때부터 학문에 정진하고 몸을 닦아 평생을 두고 활

4// 孔子三計圖에 云하였으되 一生之計는 在於幼하고 一年之計는 在於春하고 一日之計는 在於寅이니 幼而不學이면 老無所知요 春若不耕이면 秋無所望이요 寅若不起면 日無所辦이니라

삼계(三計): 하루의 계획, 일 년의 계획, 일생의 계획을 합쳐서 이르는 말.
일생지계(一生之計): 일생의 계획.

동할 수 있는 기틀을 굳건히 세워야 한다. 그렇게 할 때 큰 일을 이루어 삶을 보람 있게 보낼 수 있다. 어렸을 때 학문을 게을리하면 평생을 헛되이 보내게 되는 것처럼 봄에 계획을 세워 일을 시작하지 않으면 일 년을 헛되이 보내게 되고, 새벽에 일어나 활동을 시작하지 않으면 그날 하루는 한 일이 없게 되는 것이다.

우리는 공자의 삼계도(三計圖)를 참고하여 빈틈없는 계획을 세워서 건전한 생활을 할 수 있도록 힘써야 한다.

유(幼):어린 것. 여기서는 어릴 때.
인(寅):인시(寅時)를 말하니 새벽 4시.
약(若):만약.
판(辦):일을 처리하는 것.

5

다섯 가지 가르침의 조목은 어버이와 자식 사이에는 친함이 있어야 하고, 임금과 신하 사이에는 의리가 있어야 하고, 남편과 아내 사이에는 분별이 있어야 하고, 어른과 어린이 사이에는 차례가 있어야 하고, 벗 사이에는 믿음이 있어야 하는 것이다.

〈性理書〉

5// 性理書에 云하였으되 五敎之目은 父子有親하며 君臣有義하며 夫婦有別하며 長幼有序하며 朋友有信이니라

| 풀이 | 여기에서 오교(五敎)라 함은 오륜(五倫)을 말한다. 부자유친(父子有親)이란 어버이와 자식 사이에 친애함을 말하는데 어버이는 자식을 사랑으로 이끌어주고, 자식은 어버이를 공경으로 받들어야 한다는 것이다.

오교(五敎)란 말은 〈서경(書經)〉의 순전(舜典)에 나온다. 고대 중국에서는 가부장제도의 남존여비 사상이 깊이 뿌리박혀 있었다. 그래서 어머니에 대해서는 언급 없이 부자에

목(目):조목(條目).

대해서만 말하고 있다. 그러나 여기서는 부자를 어버이와 자식으로 해석했다. 부자가 서로 친애해야만이 윤리질서(倫理秩序)가 확립되고 가정이 번영할 수 있다.

군신유의(君臣有義)란 임금은 신하를 대우해 주고, 신하는 임금에게 충성하는 도리를 말한다. 과거 동양 여러 나라에서는 신하가 임금을 어버이처럼 공경하며 몸을 바쳐 받들었다. 그런 까닭에 군부(君父)라는 말이 나왔다. 오늘날에 와서는 민주제도에 의해 국민이 나라에 대한 충성이 있을 뿐 임금에게 충성한다는 윤리는 없다.

부부유별(夫婦有別)이란 남편의 도리와 아내의 도리가 따로 있음을 뜻한다. 과거 부부의 윤리란 아내는 남편에게 복종하고 희생하는 봉사자였다. 남의 아내가 된 여자는 삼종지의(三從之義)라는 틀에 갇혀 있었는데 어려서는 친정 부모의 명에 좇고, 시집가면 남편의 말을 좇고, 남편이 죽으면 아들의 말을 좇는 것이다.

장유유서(長幼有序)란 어른과 어린이에게는 차례가 있다는 것인데, 나이 어린 사람이 나이 많은 사람을 공경하는 도리이다.

붕우유신(朋友有信)이란 친구 사이의 신의(信義)를 가리킨다. 오늘날에도 친구 사이에 서로 돕는 사람이 많지만 과거에도 책선(責善)은 붕우지도(朋友之道)라 하여 서로 착한 길로 권고하고 협력했던 관계였다. 사생지교(死生之交)라 하여 자기의 목숨을 던져서까지 친구를 도왔던 예가 많이 있었다.

필자의 집에 오륜행실(五倫行實)이라는 책이 있었는데 어렸을 때 여러 번 되풀이해 읽었었다. 효자 · 충신 · 열녀 · 장유 · 붕우의 5편으로 나누어진 책으로 무척 감명을 받았다. 시대의 변천에 따라 윤리질서도 많은 변화를 거쳐 왔다.

6

삼강(三綱)은, 임금은 신하의 본이 되고 어버이는 자식의 본이 되고 남편은 아내의 본이 되는 것이다.

6// 三綱은 君爲臣綱이요 父爲子綱이요 夫爲婦綱이니라

강(綱):여기서는 본으로 해석된다. 즉 모범이 되는 것.

| 풀이 | 삼강(三綱)은 사람의 가장 큰 인륜인 군신(君臣), 부자(父子), 부부(夫婦)의 관계를 말한다.

군위신강(君爲臣綱)은 임금이 몸가짐을 바르게 하여 신하의 본이 되는 것이다. 임금의 몸가짐이 바르면 신하가 임금을 존경하게 되고 그 행동을 본받아 어진 신하가 된다. 따라서 군신의 질서가 확립되고 정사가 밝아서 나라가 잘 다스려진다. 반대로 임금의 몸가짐이 바르지 않으면 신하들이 그 임금을 존경하지 않고 명령을 듣지 않게 되므로 상하의 질서가 어지럽고 부정이 생기며 나라가 혼란에 빠진다. '임금이 바르면 나라가 안정된다(一正君而國定).' 는 말이 있다. 남의 위에 선 사람은 늘 자기 반성으로 높은 수양을 쌓아 마음가짐과 행동이 아랫사람의 거울이 되어야 한다.

부위자강(父爲子綱)은 어버이의 행동이 자식의 본이 되는 것이다. 어버이의 행동이 바르면 자식이 그 어버이를 존경하고 그 행동을 본받아 착한 사람이 된다. 따라서 부자 관계의 질서가 확립되고 가정이 원만하여 번영을 이룬다. 어버이의 행동이 바르지 못하면 자식이 그 어버이의 말을 듣지 않고 행동을 함부로 하여 부자 관계의 질서가 무너지고 가정이 파탄을 일으킨다.

부위부강(夫爲婦綱)은 남편이 행동을 바르게 하여 아내의 본이 되는 것이다. 남편의 행동이 바르지 못하면 아내가 그 남편을 존경하지 않으며 아내의 도리를 다하지 않게 된다. 따라서 부부 관계의 질서가 무너지게 되고 원만한 가정을 이룰 수 없다.

삼강(三綱)은 실로 윤리를 바르게 하는 길이니, 삼강이 확립된다면 가정이 원만하고 국가가 번영을 누릴 것이다.

7

7// 王蠋이 曰 忠臣은 不事二君이요 烈女는 不更二夫니라

충신은 두 임금을 섬기지 않고, 열녀(烈女)는 두 지아비를 섬기지 않는다. 〈王蠋〉

왕촉(王蠋): 전국시대의 제(齊)나라 사람. 연(燕)나라 군대가 쳐들어와 성이 함락되자 항복하라는 권고를 받았으나 단호히 이를 물리치고 스스로 목매어 죽었다. 충신으로 이름이 높다.
사(事): 섬기는 것.
열녀(烈女): 절개가 곧은 여자.

| 풀이 | 과거 동양에서 충성은 임금 개인을 상대로 했다. 그러므로 충신은 두 임금을 섬기지 않는다는 말이 나온 것이다.

남의 아내가 된 사람은 두 남편을 섬기지 않는 것을 미덕으로 생각했다. 그래서 남편이 죽으면 평생 동안 절개를 지켜 재혼을 하지 않는 사람이 많았다.

조선 태종 때, 선비 집안에는 부인의 개가(改嫁)를 국법(國法)으로 금지시켰다. 그러나 이것은 여자의 일방적인 희생을 불러왔으며, 인권 유린과 구속이라고 볼 수 있다. 민주제도가 발달되어 남녀평등의 인권이 보장된 시대에는 개가에 대해서는 여자의 자유의사에 맡겨지고 있다.

기억할 것은 남녀평등의 시대에도 남편과 아내가 각자 자기의 권리와 주장만을 고집한다면 그 가정은 파탄에 이르고 말 것이다. 상호간의 인권 존중과 관심, 배려를 할 때 원만한 부부의 길을 갈 수 있지 않을까.

8

관청 일을 다스리는 것은 공평함만 같음이 없고, 재물에 접할 때는 청렴함만 같음이 없다. 〈忠子〉

| 풀이 | 벼슬아치가 자기의 직무를 수행할 때 공평(公平)의 원칙을 굳게 지켜서, 어떤 사람에게는 후하게 하고 어떤 사람에게는 소홀히 하는 일이 있어서는 안 된다. 관리들이 공평의 원칙을 지킬 때 국민은 정부를 신뢰하게 되고 정치가 밝으며 나라가 잘 다스려진다.

또 재물을 대하게 되었을 때는 청렴이라는 이도(吏道)에 입각해 옳지 않은 것이면 이를 취하지 않아야 한다. 벼슬아치가 청렴이라는 이도(吏道)를 지켜야만 부정(不正)이 없어지고 정치가 밝아진다.

8// 忠子曰 治官엔 莫若平이요 臨財엔 莫若廉이니라

충자(忠子):어떤 사람인지 미상이다.
치관(治官):관청 일을 다스리는 것.
막약(莫若):같지 못하다.
평(平):공평한 것.
임재(臨財):재물을 대하는 것.

9

9// 張思叔座右銘에 曰 凡語를 必忠信하며 凡行을 必篤敬하며 飮食을 必愼節하며 字劃을 必楷正하며 容貌를 必端莊하며 衣冠을 必整肅하며 步履를 必安詳하며 居處를 必正靜하며 作事를 必謀始하며 出言을 必顧行하며 常德을 必固持하며 然諾을 必重應하며 見善如己出하며 見惡如己病하라 凡此十四者는 皆我未深省이라 書此當座右하여 朝夕視爲警하노라

무릇 말은 반드시 성실하고 믿음이 있고, 행실은 반드시 돈독하고 공경히 하고, 음식은 반드시 삼가고 알맞게 먹고, 글씨는 반드시 정확하고 반듯하게 쓰고, 용모는 반드시 단정하고 엄숙히 하고, 의관(衣冠)은 반드시 정제하고, 걸음걸이는 반드시 침착하고 조용하게 하고, 거처하는 곳은 반드시 바르고 정숙(靜肅)하게 하고, 일하는 것은 반드시 계획을 세워서 시작하고, 말을 할 때는 반드시 그 실행 여부를 돌아보고, 평상(平常)의 덕을 반드시 굳게 가지고, 일을 허락하는 것은 반드시 신중히 응하고, 선을 보거든 내게서 나간 것같이 하고, 악을 보거든 내가 병든 것같이 하라. 무릇 이 열네 가지는 모두 내가 아직 깊이 깨닫지 못한 것이라. 이를 자리의 오른편에 써놓고 아침저녁으로 보고 경계하노라.

〈張思叔 座右銘〉

장사숙(張思叔):북송(北宋) 때의 학자이며 정이천(程伊川)의 제자이다.
좌우명(座右銘):자리 옆에 써놓고 아침저녁으로 보면서 반성하는 자료로 삼는 격언.
독경(篤敬):돈독하고 공경히 하는 것.
신절(愼節):신은 삼간다는 뜻이고, 절은 정도에 알맞게 하는 것.

| 풀이 | 장사숙(張思叔)은 자기의 언행(言行)을 경계하는 열네 가지 항목을 자리의 오른편에 써 붙여놓고 아침저녁으로 이를 보면서 자신을 경계했다. 말이란 입에서 나오는 대로 함부로 내뱉으면 안 된다. 말에는 진실하고 믿음이 있어야 한다. 믿음을 잃는 거짓말을 하면 세상 사람들에게서 신임을 받지 못하고 타인을 이해시킬 수 없다. 이런 사람은 일을 올곧게 할 수 없다. 행동은 반드시 독실하고 공경히 해서 과오를 일으키는 일이 없도록 해야 한다. 행동이 경박하고 신중하지 못하면 과오를 일으키기 쉽고 사람들에게 증오를

불러일으킨다.

　논어(論語)에 '말에 믿음이 있고 행실이 독실하면 비록 오랑캐 나라도 갈 수 있지만 말에 믿음이 없고 행실이 독실하지 못하면 비록 동네에서도 어찌 다닐 수 있으랴.'고 하였다. 우리는 말 한마디 한마디를 신중히 생각해서 성실하게 말하고, 행동할 때 조심해 잘못을 불러오는 일이 없도록 힘써야 한다.

　음식은 삼가서 알맞게 먹어야 한다. 음식을 잘못 먹으면 생명에 관계되고, 먹는 분량이 정도에 못 미치거나 지나쳐도 몸에 해롭다. 글씨는 정자로 반듯하게 쓰는 것을 원칙으로 한다. 용모는 단정하고 엄숙하게 가져야 한다. 의관은 반드시 정제해야 한다. 과거 선비들은 정의관(整衣冠)과 정용모(正容貌)를 매우 중시했다. 걸음걸이는 언제나 조용하고 예모(禮貌)가 있어야 하며 사는 곳은 정숙해야 한다.

　모든 일은 반드시 계획을 세워서 해야 한다. 계획성이 없는 일이야말로 성공을 기대할 수 없다. 말을 꺼낼 때는 반드시 실행할 수 있는지 없는지를 살펴본 뒤에 해야 한다. 옛글에 언행일치(言行一致)라는 말이 있다. 또 '말을 입 밖에 내지 않는 것은 실천이 따르지 못할 것을 부끄러워하기 때문이다.'고 하였다. 실천이 말을 따르지 못한다면 그 말은 가치를 잃게 되는 것이다.

　사람은 언제나 인간 본연의 양심을 잃어서는 안 된다. 남이 나에게 어떤 요청을 하였을 때는 극히 신중을 기해야 한다. 선을 좋아하고 악을 멀리해야 한다. 장사숙의 좌우명을

자획(字劃):글씨 획. 여기서는 그대로 글씨로 풀이했다.
해정(楷正):해서(楷書)처럼 흘림을 하거나 글씨 모양을 이상스럽게 쓰는 일 없이 정확하게 쓰는 것.
의관(衣冠):의(衣)는 옷, 관(冠)은 갓. 사모와 같이 머리에 쓰는 것.
정숙(整肅):엄숙하게 정제하는 것.
보리(步履):걸음걸이.
안상(安詳):침착하고 조용한 것.
거처(居處):사는 곳.
모시(謀始):계획을 세워서 시작하는 것.
고행(顧行):행실을 돌아본다. 여기서는 실행할 수 있는지 없는지를 살펴보는 것.
상덕(常德):평상(平常)의 덕, 즉 착하고 올바른 마음씨.
연낙(然諾):무슨 일을 승낙하는 것.
중응(重應):신중을 기해서 응하는 것.
여기출(如己出):자기 몸에서 나간 것처럼 하는 것.
기병(己病):자기 몸의 병.
미심성(未深省):심성(深省)은 깊이 살핀다는 뜻으로, 아직도 깊이 살피지 못한 것.
좌우(座右):자리의 오른편.
조석시위경(朝夕視爲警):아침저녁으로 보면서 경계(警戒)로 삼는 것. 몸을 경계한다.

우리의 좌우명으로 삼아도 좋을 것이다.

10

첫째, 조정에 대한 이해와 변방에서 오는 보고와 관직의 임명에 대하여 말하지 말라.

둘째, 주현(州縣)의 관원의 장단(長短)과 득실(得失)에 대하여 말하지 말라.

셋째, 여러 사람이 저지른 악한 일을 말하지 말라.

넷째, 벼슬에 나가는 것과 기회를 따라 권세에 아부하는 일에 대하여 말하지 말라.

다섯째, 재리(財利)의 많고 적음과, 가난을 싫어하고 부(富)를 구하는 것을 말하지 말라.

여섯째, 음탕하고 난잡한 농지거리나 여색(女色)에 대한 평론(評論)을 하지 말라.

일곱째, 남의 물건을 탐내거나 주식(酒食)을 토색(討索)하는 것을 말하지 말라.

그리고 남이 부치는 편지를 뜯어보거나 지체시켜서는 안 되고, 남과 같이 앉아 있으면서 남의 사사로운 글을 엿봐서는 안 된다. 무릇 남의 집에 들어갔을 때 남이 적어놓은 글을 보지 말고, 남의 물건을 빌렸을 때 이것을 손상하거나 돌려주지 않아서는 안 된다. 무릇 음식을 먹는 데 있어서 가려서 취하지 말고, 남과 같이 있으면서 스스로의 편리만을 가려서 취하지 말라. 무릇 남의 부하고 귀한 것을 부러워하거

10// 范益謙座右銘에 曰 一不言朝廷利害邊報差除요 二不言州縣官員長短得失이요 三不言衆人所作過惡之事요 四不言仕進官職趨時附勢요 五不言財利多少厭貧求富요 六不言淫媒戲慢評論女色이요 七不言求覓人物干索酒食이요 又人付書信을 不可開坼沈滯요 與人并坐에 不可窺人私書요 凡入人家에 不可看人文字요 凡借人物에 不可損壞不還이요 凡喫飮食에 不可揀擇去取요 與人同處에 不可自擇便利요 凡人富貴를 不可歎羨詆毀니 凡此數事에 有犯之者면 足以見用心之不正이며 於正心修身에 大有所害라 因書以自警하노라

범익겸(范益謙): 어떤 사람인지는 미상이다.
조정(朝廷): 정부.
변보(邊報): 변방으로부터 들어오는 보고.
차제(差除): 관리의 임명.

나 헐뜯지 말라.

 무릇 이러한 몇 가지 일을 범하는 사람이 있으면, 족히 그 마음을 쓰는 것이 바르지 않다는 것을 알 수 있으며, 마음을 바르게 하고 몸을 닦는 데에 크게 해되는 바가 있는지라. 이로 인하여 이 글을 써서 스스로 경계하노라. 〈范益謙〉

| 풀이 | 범익겸(范益謙)은 좌우명에서 열네 가지 경계해야 할 일을 알려주고 있다. 열네 가지 항목이 모두 다 마음에 와 닿는 절실한 말인데, 우리가 처세하는 데 있어서 잠언(箴言)으로 삼아도 좋을 듯하다. 우리는 특히 남의 결점을 말한다든지, 남의 사사로운 글을 엿본다든지, 남과 함께 있으면서 자신의 편리함만을 추구한다든지, 남의 부귀를 부러워하거나 헐뜯는 일을 해서는 안 된다.

11

무왕이 태공에게 물었다.

"사람이 세상에 사는 데 있어서 어찌하여 귀천과 빈부가 고르지 않습니까? 원컨대 말씀을 들어서 이를 알고자 합니다."

태공이 대답했다.

"부귀는 성인의 덕과 같아서 모두 하늘의 뜻에 말미암거니와, 부자는 쓰는 것이 절도(節度)가 있고 가난하게 사는 사람은 집에 십도(十盜)가 있습니다."

주현(州縣):주(州)와 현(縣).
사진(仕進):벼슬에 나가는 것.
추시(趨時):기회를 따라서.
부세(附勢):세력에 아부하는 것.
염빈(厭貧):가난을 싫어함.
음설(淫媒):음탕한 것.
희만(戱慢):희롱하는 것.
구멱인물(求覓人物):남의 물건을 차지하려는 것.
간색주식(干索酒食):술과 음식을 토색하는 것.
개탁(開坼):뜯어보는 것.
침체(沈滯):더디게 만드는 것.
병좌(幷坐):나란히(또는 함께) 앉는 것.
규(窺):엿보는 것.
사서(私書):개인의 사사로운 글.
손괴(損壞):손상시키고 파괴하는 것.
간택(揀擇):가리는 것.
탄선(歎羨):부러워하는 것.
저훼(詆毁):헐뜯는 것.
자경(自警):스스로 경계하는 것.

11// 武王이 問太公曰 人居世上에 何得貴賤貧富不等고 願聞說之하여 欲之是矣로이다 太公이 曰 富貴는 如聖人之德하여 皆由天命이어니와 富者는 用人有節하고 不富者는 家有十盜니다

무왕(武王): 문왕(文王)의 아들. 부왕(父王)의 유업을 계승하여 은나라의 폭군 주왕(紂王)을 쳐서 멸하고 중국을 통일하여 주왕조(周王朝)를 세웠다. 강태공을 왕사(王師)로 받들었다.
부등(不等): 같지 않다. 고르지 않다.
욕지시(欲知是): 이를 알고자 한다.
유절(有節): 절도가 있다.

| 풀이 | 주(周)나라의 무왕이 그의 스승 태공에게 우리는 모두 같은 사람으로 태어났는데 어떤 사람은 부유하고 어떤 사람은 가난하며, 또 어떤 사람은 귀하고 어떤 사람은 천해서 부귀빈천이 고르지 못한 까닭이 왜 있는지 물었다. 태공은 이 질문을 듣고서 부귀는 천명에 있는 것이기 때문에 사람의 힘으로 어찌할 수 없음을 말했다. 그러나 부유하게 되는 사람은 재물을 아껴 쓰고, 가난하게 사는 사람은 그 집에 십도(十盜)가 있다고 말했다.

12

12// 武王이 曰 何謂十盜닛고 太公이 曰 時熟不收爲一盜요 收積不了爲二盜요 無事燃燈寢睡爲三盜요 慵懶不耕爲四盜요 不施功力爲五盜요 專行巧害爲六盜요 養女太多爲七盜요 晝眠懶起爲八盜요 貪酒嗜慾爲九盜요 强行嫉妬爲十盜니다

시숙(時熟): 제철에 익은 것.
불료(不了): 마치지 않은 것.
연등(燃燈): 등불을 켜는 것.
용라(慵懶): 게으른 것.
전행(專行): 전문적으로 행하는 것.
교해(巧害): 교활하고 해로운

무왕이 물었다.
"무엇을 십도(十盜)라고 합니까?"
태공이 대답했다.
"곡식이 제때에 익은 것을 거둬들이지 않는 것이 첫째의 도(盜)요, 거두고 쌓는 것을 끝내지 않는 것이 둘째의 도요, 일 없이 등불을 켜놓고 잠자는 것이 셋째의 도요, 게을러서 밭 갈지 않는 것이 넷째의 도요, 공력(功力)을 들이지 않는 것이 다섯째의 도요, 오로지 교활하고 해로운 일만 행하는 것이 여섯째의 도요, 딸을 너무 많이 기르는 것이 일곱째의 도요, 낮잠 자고 아침에 일어나기를 게을리하는 것이 여덟째의 도요, 술을 탐하고 환락을 즐기는 것이 아홉째의 도요, 심히 남을 시기하는 것이 열째의 도입니다."

|풀이| 이 글은 앞의 글을 잇고 있다. 무왕은 십도(十盜)가 무엇인지 태공에게 물었는데 태공은 이를 설명해 주었다. 농사 일을 게을리하고 항상 노력하지 않으며, 곡식을 제 때에 거두지 않고 거둬들인다 해도 잘 보관하지 않고, 교활하고 올바르지 않은 행동을 일삼고, 술을 탐하고 환락을 즐기는 등 재물의 소모에만 힘쓰고 생산을 게을리하는 것이다.

재물을 쓸 때도 절도(節度)가 있어야 집이 부유해진다. 그와는 정반대로 그 집에 십도(十盜)가 있다면 부유해지기는커녕 부유하던 사람도 가난해지게 마련이다. 부귀가 비록 하늘의 뜻에 달려 있다고는 하지만, 가난하게 사는 사람은 역시 그만한 이유가 있다고 본다. 우리는 십도를 특히 경계해야 한다.

일.
주면(晝眠):낮잠.
나기(懶起):일어나기를 게을리하는 것.
기욕(嗜慾):욕심을 즐긴다. 여기서는 환락(歡樂)을 즐기는 것.
강행질투(强行嫉妬):강행은 일반적으로 강제로 행한다는 뜻이 되지만 여기서는 심히 한다로 해석, 심히 시기하는 것으로 풀이했다.

13

무왕이 물었다.

"집에 십도가 없고도 부유하지 못한 것은 어찌하여 그럽니까?"

태공이 대답했다.

"그런 사람의 집에는 반드시 삼모(三耗)가 있을 것입니다."

"무엇을 삼모라고 합니까?"

"창고가 뚫려 있는데도 가리지 않아 쥐와 새들이 어지럽

13// 武王이 曰 家無十盜而不富者는 何如잇고 太公曰 人家에 必有三耗니다 武王曰 何名三耗잇고 太公曰 倉庫漏濫不蓋하여 鼠雀亂食이 爲一耗요 收種失時 爲二耗요 抛撒米穀穢賤이 爲三耗니다

인가(人家):사람의 집, 또는

남의 집.
삼모(三耗):세 가지 소모하는 것.
창고(倉庫):곳간.
누람(漏濫):물이 새어 넘치는 것. 쥐구멍이 뚫린 것.
불개(不蓋):덮지 않는 것.
서작(鼠雀):쥐와 참새.
난식(亂食):어지러이 먹어대는 것.
수종(收種):거두고 씨를 뿌리는 것.
실시(失時):때를 놓치는 것.
포살(抛撒):포는 던진다는 뜻이며, 살은 뿌린다는 뜻. 즉 퍼 흩뜨리는 것.
예천(穢賤):더럽고 천하게 다루는 것.

14// 武王이 曰 家無三耗而不富者는 何如잇고

게 먹어대는 것이 첫째의 모(耗)요, 거두고 씨를 뿌리는 때를 놓치는 것이 둘째의 모요, 곡식을 퍼 흩뜨려서 더럽고 천하게 다루는 것이 셋째의 모입니다."

│풀이│ 십도(十盜)에 대해서는 앞에서 이미 밝혀졌다. 이번에는 무왕이 집에 십도가 없는데도 형편이 넉넉지 못한 것은 어찌 된 까닭이냐고 물었다. 태공은 이에 대해서 삼모(三耗)를 들었다. 비록 십도가 없더라도 삼모가 있다면 역시 가난을 피할 수 없다고 대답했다. 당시는 농업이 국민경제의 주체였기 때문에 태공의 삼모는 농업과 깊은 관련이 있다.

모(耗)는 소모(消耗)의 뜻으로 물자를 써 없애는 것을 말한다. 창고의 관리를 소홀히 해서 구멍이 뚫려 쥐나 참새들이 떼지어 들어가 곡식을 먹는다면 막대한 곡식의 소모를 가져오게 된다. 또 씨를 뿌리고 거둬들이는 일을 게을리한다면 큰 손실을 입게 된다. 곡식을 퍼 흩뜨려 놓고 잘 다루지 않으면 역시 손실을 입게 마련이다.

오늘날에도 농가에서 극히 깊이 새겨들어야 할 일들이다. 농사의 시기를 잃지 말고, 창고의 관리를 철저히 하고, 곡식을 소중하게 다뤄서 손실을 막아야 한다.

14

무왕이 물었다.

"집에 삼모(三耗)가 없는데도 부유하지 못한 것은 또 어찌하여 그럽니까?"

태공이 대답했다.

"그런 사람의 집에는 반드시 일착(一錯), 이오(二誤), 삼치(三癡), 사실(四失), 오역(五逆), 육불상(六不祥), 칠노(七奴), 팔천(八賤), 구우(九愚), 십강(十强)이 있어서 스스로 그 화를 부르는 것이요, 하늘이 재앙을 내리는 것은 아닙니다."

太公曰 人家에 必有一錯, 二誤, 三癡, 四失, 五逆, 六不祥, 七奴, 八賤, 九愚, 十强하여 自招其禍요 非天降殃니다

| 풀이 | 태공은 앞에서 집에 십도가 없는데도 부유하지 못한 것은 그 집에 반드시 삼모가 있기 때문이라고 말했다. 이 말을 들은 무왕은 이번에는 삼모가 없는데도 부유하지 못한 까닭을 다시 물었다. 태공은 이와 같은 물음에 대해서 그런 집에는 반드시 일착, 이오, 삼치, 사실, 오역, 육불상, 칠노, 팔천, 구우, 십강이 있어서 스스로 재앙을 불러오기 때문이라고 설명했다.

자초(自招):스스로 부르는 것.
강앙(降殃):재앙을 내리는 것.

15

무왕이 말했다.

"그 내용을 듣기를 원합니다."

태공이 대답했다.

"아들을 기르며 가르치지 않는 것이 첫째의 잘못이요, 어린아이를 훈도하지 않는 것이 둘째의 그릇됨이요, 처음 신부(新婦)를 맞아들여서 엄격하게 가르치지 않는 것이 셋째

15// 武王이 曰 願悉聞之하노이다 太公이 曰 養男不敎訓이 爲一錯이요 嬰孩不訓이 爲二誤요 初迎新婦不行嚴訓이 爲三癡요 未語先笑爲四失이요 不養父母爲五逆이요 夜起赤身이 爲六不祥이요 好挽他弓이

爲七奴요 愛騎他馬爲八賤이요 喫他酒勸他人이爲九愚요 喫他飯命朋友爲十强이니다 武王이 曰 甚美誠哉라 是言也여

원실문지(願悉聞之):모두 듣기를 원한다.
양남(養男):아들을 기름.
영해(嬰孩):어린아이.
미어선소(未語先笑):말하기 전에 먼저 웃는 것.
실(失):과실.
적신(赤身):벌거벗은 몸.
호만(好挽):만은 당긴다는 뜻으로, 당기기를 좋아한다.
타궁(他弓):남의 활
노(奴):종의 뜻인데, 종이란 극히 비천(卑賤)한 신분이다. 그러므로 여기에선 상스러움으로 풀이했다.
애기(愛騎):애는 일반적으로 사랑의 뜻이지만 이런 경우에는 좋아하는 것으로 풀이하여 타기를 좋아하는 것으로 해석하였다.
끽타주(喫他酒):남의 술을 마시는 것.
권타인(勸他人):다른 사람에게 권하는 것.
강(强):여기에서는 뻔뻔하나로 풀이했다.
재(哉): 어조사로서, ~인가? 또는 하도다로 풀이된다. 여기에서는 하도다.
시언(是言):이 말.

의 어리석음이요, 말하기 전에 웃는 것부터 먼저 하는 것이 넷째의 잘못이요, 부모를 봉양하지 않는 것이 다섯째의 패역(悖逆)이요, 밤에 알몸으로 일어나는 것이 여섯째의 상서롭지 못함이요, 남의 활을 당기기 좋아하는 것이 일곱째의 상스러움이요, 남의 말을 타기 좋아하는 것이 여덟째의 천함이요, 남의 술을 마시면서 다른 사람에게 권하는 것이 아홉째의 어리석음이요, 남의 밥을 먹으면서 벗에게 주는 것이 열번째의 뻔뻔함이 되는 것입니다."

무왕이 말했다.

"매우 아름답고 성실하도다, 그 말씀이여."

| 풀이 | 이 글은 태공이 무왕의 요청에 따라 일착·이오·삼치·사실·오역·육불상·칠노·팔천·구우·십강에 대해서 설명한 것이다. 실로 재앙을 불러오는 내용인데 어느 하나도 우리가 경계하지 않을 것이 없다. 무왕은 태공의 설명을 듣고 크게 감탄했다.

치정편(治政篇)

- 정치는 국민을 행복하게 하는 것

정치란 사회의 질서를 바로잡고 백성들의 삶을 행복하게 해주기 위해 있는 것이다. 정치가 밝으면 백성이 잘살 수 있고, 정치가 어지러우면 도탄에 빠지게 된다. 그렇다면 나라의 정사(政事)를 맡은 벼슬아치들은 어떤 신념을 가지고 어떤 태도를 취할 것인가?

1

1// 明道先生이 曰 一命之士 苟存心於愛物이면 於人에 必有所濟니라

처음 벼슬을 얻은 사람이 진실로 물건을 사랑하는 데 마음을 둔다면 사람에게 반드시 도움되는 바 있을 것이다.

〈明道 先生〉

명도선생(明道先生): 이름은 호(顥), 북송(北宋)의 유학자. 주돈이에게 수학했으며 성리학을 크게 발전시켰다. 성리학은 주자(朱子)에 이르러 대성을 보았기 때문에 정주학(程朱學)이라고도 한다. 도학(道學)에 밝다 하여 사람들로부터 명도 선생으로 일컬어지며, 또 그의 아우 정이와 함께 이정(二程)으로 불리어진다.
일명지사(一命之士): 처음으로 관직을 임명받은 사람.
구(苟): 진실로.
존심(存心): 마음을 두는 것.
소제(所濟): 구제하는 바.

| 풀이 | 처음으로 벼슬에 임명된 사람은 그 존재가 극히 미약하게 마련이다. 아무리 그와 같은 사람이라도 애물(愛物)에 마음을 둔다면 반드시 사람에게 도움을 줄 수 있다. 주자(朱子)는 인(仁)을 사랑의 원리이고 마음의 덕이라고 해석했다. 또 맹자는 사람에게 남을 불쌍히 여기는 마음이 있는데 이것이 인(仁)의 실마리라고 했다.

사람은 남을 사랑하는 마음을 가지고 남을 돕는 일에 힘써야 한다. 더구나 벼슬길에 오른 사람은 국민을 사랑하고 국민을 위하여 봉사하는 정신을 발휘하여야 한다.

2

2// 唐太宗御製에 云하였으되 上有麾之하고 中有乘之하고 下有附之하여 幣帛衣之하고 倉廩食之하니 爾俸爾祿이 民膏民脂니라 下民은 易虐이어니와 上蒼은 難欺니라

위에는 지휘하는 이가 있고, 중간에는 이에 의하여 다스리는 관원이 있고, 그 아래에는 이에 따르는 백성이 있다. 백성이 바친 비단으로 옷을 지어 입고 곳간에 있는 곡식을 먹으니, 너의 봉록(俸祿)은 모두 백성들의 기름이다. 아래에 있는 백성은 학대하기 쉬우나, 위에 있는 푸른 하늘은 속이기 어렵다.

〈唐太宗 御製〉

| 풀이 | 이 글은 당 태종이 벼슬아치들을 경계하며 전한 말이다. 벼슬아치들이 입고 먹는 것은 모두 백성들이 피땀 흘려 농사지은 데서 얻어진 것이다. 백성들의 노고(勞苦)를 생각하여 백성을 사랑하고 위하는 정치를 하여야 할 것이다. 만일 백성을 착취해서 못살게 구는 자가 있다면 하늘이 용서하지 않을 것이다.

과거 동양 여러 나라는 관존민비체제(官尊民卑體制) 아래 있었는데 벼슬아치들의 백성을 사랑하는 마음가짐이 강조되었다. 더구나 오늘날 민주제도 아래서 국민의 봉사자로 자처하는 공무원이라면 더욱 국민을 사랑하고 국민을 위하여 봉사해야 할 것이다.

당태종(唐太宗):당(唐)나라 제 2대 임금. 이름은 세민(世民). 아버지 이연(李淵)을 도와서 수나라를 멸하고 당나라를 세웠다. 태종은 백성을 지극히 사랑했다. 황충(蝗蟲)이 번성해서 농작물에 피해가 컸는데, 태종이 황충을 잡아 씹으면서 경계하였더니 황충이 사라져 버렸다는 얘기가 있다.
휘(麾):지휘하는 것.
승(乘):여기선 다스리는 것.
부(附):따른다.
폐백(幣帛):예물로 받은 비단.
이(爾):너.
이학(易虐):학대하기 쉬운 것.
상창(上蒼):푸른 하늘.
난기(難欺):속이기 어렵다.

3

벼슬살이하는 방법에는 오직 세 가지가 있는데 청렴과 신중, 근면이다. 이 세 가지를 알면 몸 가질 바를 알리라.

〈童蒙訓〉

3// 童蒙訓에 曰 當官之法이 唯有三事하니 曰淸曰愼曰勤이라 知此三者면 知所以持身矣니라

| 풀이 | 이 글은 벼슬아치가 지켜야 할 세 가지 길을 말한 것이다. 첫째 청렴이다. 벼슬아치가 뇌물 받기를 좋아하고 부정(不正)을 일삼는다면 국법(國法)이 문란해지고, 정치가 어지러워지며 백성이 살 수 없게 된다. 벼슬아치는 첫째 청렴을 신조로 삼아 직무에 충실하여야 한다.

둘째 신중이다. 무슨 일이든 치밀한 계획을 세우고 신중

동몽훈(童蒙訓):송(宋)나라 때 여본중(呂本中)이 아이들을 가르치기 위해 지은 책.
당관(當官):벼슬살이하는 것.
지신(持身):몸가짐.

을 다해 실패하는 일이 없도록 하여 큰 성과를 올릴 수 있어야 한다. 이것이야말로 나라의 재정을 아끼고 능률을 올리는 동시에 백성을 잘살게 하는 길이다.

셋째는 근면이다. 벼슬아치가 맡은 바 직무에 충실하려면 부지런해야 한다. 관리가 부지런하면 부지런할수록 백성들이 많은 혜택을 입게 된다. 청렴·신중·근면 세 가지야말로 벼슬아치가 잠시도 잊어서는 안 될 원칙이다.

4

벼슬살이하는 사람은 반드시 심하게 성내는 것을 경계하라. 일에 옳지 않음이 있거든 마땅히 자상하게 처리하면 반드시 맞지 않음이 없다. 그런데 만약 성내기부터 먼저 한다면 오직 자기 자신을 해롭게 할 뿐이다. 어찌 남을 해칠 수 있으랴.

| 풀이 | 사람이 너무 지나치게 성을 내면 이성을 잃게 되고 일의 순서를 잃어 제대로 해결되지 않을 뿐만 아니라 도리어 일을 그르치게 된다. 더구나 벼슬아치는 중대한 나라 일을 맡아보고 있다. 심하게 성을 내서 위신을 추락시키고 일을 그르쳐서는 안 된다.

일이 잘못되었을 때는 더욱 침착한 태도로 자상하게 살펴서 이를 바로잡아 나가야 한다.

4// 當官者는 必以暴怒爲戒하여 事有不可어든 當詳處之면 必無不中이어니와 若先暴怒면 只能自害라 豈能害人이리오

폭노(暴怒):심하게 성내는 것.
상처지(詳處之):자상하게 처리하는 것.
부중(不中):맞지 않는 것.

5

임금을 섬길 때는 어버이를 섬기는 것과 같이 하며, 윗사람을 섬길 때는 형을 섬기는 것과 같이 하며, 동료를 대할 때는 자기 집안의 사람같이 하며, 여러 아전을 대접할 때는 자기 집 노복(奴僕)과 같이 하며, 백성을 사랑할 때는 처자(妻子)와 같이 하며, 나라 일을 처리할 때는 내 집안의 일처럼 한 연후에야 능히 내 마음을 다했다 할 것이다.

만약 털끝만치라도 이에 이르지 못하면 모두 내 마음에 다하지 못한 것이 있는 것이다.

| 풀이 | 이 글은 관직에 있는 사람이 그 임금을 섬기고 윗사람을 받들며, 동료들과 상종하고 아전들을 대하며, 백성을 사랑하는 태도나 나랏일에 임하는 태도 등을 제시한 것이다. 벼슬아치는 마땅히 윗사람을 공경하고 동료들과 화목하고, 아랫사람을 어루만지고 백성들을 사랑해야 한다. 나아가 나랏일도 자신의 일처럼 생각하며 마음을 다해야 할 것이다.

5// 事君을 如事親하며 事長官을 如事兄하며 與同僚를 如家人하며 待群吏를 如奴僕하며 愛百姓을 如妻子하며 處官事를 如家事然後에야 能盡吾之心이니 如有毫末不至면 皆吾心에 有所未盡也니라

사(事): 섬긴다는 뜻.
가인(家人): 자기 집 사람.
군리(群吏): 여러 아전. 아전이라 함은 각 관청에서 사무를 보는 사람.
진(盡): 다하는 것.
호말(毫末): 털끝.
부지(不至): 이르지 못한다.
유소미진(有所未盡): 다하지 못함이 있다.

6

어떤 사람이 물었다.

"부(簿)는 영(令)을 돕는 자입니다. 부가 하고자 하는 바를 영이 혹시 따르지 않는다면 어찌합니까?"

이천 선생(伊川先生)이 대답했다.

6// 或이 問簿는 佐令者也니 簿欲所爲를 令或不從이면 奈何잇고 伊川先生이 曰 當以誠

意動이니라 今令與簿不和는 便是爭私意라 令是邑之長이니 若能以事父兄之道로 事之하여 過則歸己하고 善則唯恐不歸於令하며 積此誠意면 豈有不動得人이리오

이천선생(伊川先生):이름은 이(頤), 명도(明道) 정호(程顥)의 아우이며 북송(北宋)의 유학자. 성리학을 일으키는 데 공이 매우 컸다.
부(簿):관청의 장(長)을 보좌하는 직위.
영(令):현령(縣令)을 말하는데, 곧 고을의 장관.
내하(奈何):어떻게 할 것인가?
사의(私意):사사로운 생각.
귀기(歸己):잘못을 자기에게로 돌리는 것.
유공불귀어령(唯恐不歸於令):오직 그 공이 영에게로 돌아가지 않을까 봐 두려워하는 것.

"마땅히 성의(誠意)로써 움직여야 할 것이다. 이제 영과 부가 화목하지 않은 것은 곧 사사로운 생각으로 다투는 것이다. 영은 고을의 장관이니 만약 부형을 섬기는 도리로 섬겨서 잘못이 있으면 자기에게로 돌리고, 잘한 것은 영에게로 돌아가지 않을까 봐 두려워해야 한다. 이와 같은 성의(誠意)를 쌓는다면 어찌 사람을 움직이지 못함이 있으리오."

| 풀이 | 주(註)에서 밝힌 것처럼 영(令)이란 한 고을의 장관이요, 부(簿)란 영을 보좌하는 관원이다. 아마도 어떤 고을에서 영과 부가 서로 화합하지 못하고 부가 하고자 하는 바를 영이 따르지 않은 일이 있었던 것 같다. 이와 같은 경우에 부가 취할 태도는 어떤 것인가?

영과 부가 서로 화합하지 않는 것은 서로 자기 의견을 고집하기 때문이다. 그와 같은 경우에는 부가 성의로써 영을 움직여야 한다. 영은 부에게는 윗사람이 된다. 부가 아랫사람으로서 부형을 섬기는 도리로 영을 섬기고, 모든 잘못의 책임을 자기에게로 돌리고, 잘한 것은 그 영예(榮譽)를 영에게로 돌아가게 하는 등의 성의를 다한다면 영도 부의 그와 같은 성의에 감동하지 않을 수 없다.

이 글은 앞 글에서 윗사람을 섬길 때는 형을 섬기는 것과 같이 하라는 말을 뒷받침하고 있다. 아랫사람이 양보하고 윗사람에게는 성의를 다해 받듦으로써 인화(人和)를 이루고 원활한 행정의 운영을 기해야 할 것이다. 이것은 지극히 밝은 견해다.

7

유안례(劉安禮)가 백성을 다스리는 도리를 물으니, 명도 선생(明道先生)이 말했다.

"백성으로 하여금 각각 그들의 뜻을 펴게 하라."

또 아전을 거느리는 도리를 물으니,

"내 몸을 바르게 함으로써 남을 바르게 하라."고 말했다.

| 풀이 | 유안례가 백성을 다스리는 태도를 물은 데 대해 명도 선생은 백성들이 생각하는 바를 숨김없이 전달할 수 있어야 한다고 대답했다. 관청은 백성을 위해서 존재하는 것이다. 백성들의 고충을 듣고 건의를 받아들여서 이를 정치에 반영시켜야 한다. 이렇게 할 때 백성들의 괴로움을 덜어주고 백성들이 잘살 수 있게 된다.

아전을 통솔하는 방법을 물은 데 대해서는 자기의 몸가짐을 바르게 함으로써 아전들을 바르게 할 것을 강조했다. 어리(御吏)라는 말은 문장으로 보아서 아전을 통솔한다는 뜻이 되는데 부하를 통솔하는 것으로 풀이하는 사람도 있다. 사람을 통솔하는 데 있어서 가장 중요한 것은 먼저 자신을 바르게 하는 것이다. 그러므로 윗사람이 몸을 바르게 한다면 아랫사람이 이에 따라가지 않을 수 없다. 무엇보다도 자신이 먼저 모범을 보이는 것이 현명한 방법이다.

맹자는 '올바른 임금 한 사람이면 나라가 안정을 누릴 수 있다.'고 하였다. 임금이 바르다면 그 밑에 있는 신하들이 바르지 않을 수 없다. 따라서 정치가 잘 다스려지고 나라가

7// 劉安禮는 問臨民한대 明道先生이 曰 使民으로 各得輸其情이니라 問御吏한대 曰 正己以格物이니라

유안례(劉安禮):자는 원소(元素), 북송(北宋) 사람.
수기정(輸其情):그 뜻을 관청에 전달하는 것.
어리(御吏):아전을 통솔하는 것.
정기(正己):자기의 몸가짐을 바르게 하는 것.
격물(格物):물건을 바르게 하는 것.

안정된다. 우리는 정기이격물(正己以格物)이라는 금언(金言)을 깊이 명심해야 할 것이다.

8

도끼로 맞더라도 바른길을 말하며, 솥에 삶아 죽이려 하더라도 바른말을 다하면 이것을 충신이라 하느니라.

〈抱朴子〉

8// 抱朴子에 曰 迎斧鉞而正諫하며 據鼎鑊而盡言이면 此謂忠臣也니라

포박자(抱朴子):진(晋)나라 사람 갈홍(葛洪)의 호(號). 신선술(神仙術)을 즐겨 닦았으며 정치에도 참여했다. 그의 저서(著書)도 그의 호를 따서 〈포박자〉라고 이름하였는데 내외(內外) 두 편으로 나누어져 있다. 내편에서는 신선술을, 외편에서는 시정(時政)의 득실(得失)과 인사(人事)의 선부(善否)를 논하였다.
부월(斧鉞):도끼를 뜻한다. 부는 작은 도끼이며, 월은 큰 도끼.
간(諫):임금이나 아버지의 잘못을 말하며 제지하는 것.
정확(鼎鑊):가마솥.
진언(盡言):서슴지 않고 다 말하는 것.

| 풀이 | 임금이 바른길로 가지 않을 때는 신하가 마땅히 그 잘못을 말해야 한다. 도끼에 맞아 죽고 가마솥에 삶아져 죽는 한이 있더라도 바른말은 굽히지 않아야 한다. 과거 동양 여러 나라에는 간관(諫官)이 있었는데 이들은 임금의 잘못을 바로잡는 일을 직분으로 했다. 폭군이 아니고서는 이들 간관을 벌주지 못했다.

'임금의 마음의 그릇됨을 바로잡는다(格君心之非).'는 말이 있는데 옛날의 신하들은 임금의 잘못을 바로잡는 것을 큰 임무로 생각하였다. 시간(尸諫)이라 하여 자기 목숨을 끊음으로써 임금에게 말했는데 이는 임금을 사랑하고 나라를 근심한 나머지 최후의 수단으로 목숨을 끊은 것이다. 또 지부복궐(持斧伏闕)이라 하여 도끼를 들고 궐문(闕門) 밖에 엎드려 임금의 잘못을 말했는데 곧 도끼로 죽여 달라는 것이다. 이처럼 죽음으로써 임금과 다퉜던 것이다.

오늘날에는 군신(君臣)이란 용어를 찾아볼 수 없지만 위

에 있는 사람이 잘못을 저질렀을 때 그 밑에 있는 사람이 마땅히 이것을 못하게 진언(進言)해야 한다. 그것이 자기의 직분을 충실히 하는 길이며, 나아가 나라를 사랑하는 마음가짐이다. 윗사람이 잘못을 저질렀는데도 바른말을 하기는커녕 도리어 이에 영합하고 이를 합리화시키려 든다면, 이는 곧 민의(民意)를 거역하고 나라를 배반하는 극악(極惡)의 행동이다.

우리는 서슴지 않고 부정을 방지하고 질서를 바로잡는 데 힘써야 한다.

치가편(治家篇)

- 집안을 건강하게 하는 가정교육

살림살이를 잘하면 집이 경제적으로 부유해지고 자녀들을 훌륭한 인물로 길러낼 수 있고, 집안의 질서가 바로잡히고 번영을 가져올 수 있다. 그렇다면 살림살이를 잘하는 방법이란 어떤 것들인가? 이 글 속에서 찾아보기로 하자.

1// 司馬溫公이 曰 凡諸卑幼는 事無大小히 毋得專行하고 必咨稟於家長이니라

비유(卑幼): 손아랫사람의 뜻.
무득(毋得): 해서는 안 된다.
전행(專行): 마음대로 하는 것.
자품(咨稟): 윗사람에게 여쭈어보는 것.
가장(家長): 집안의 어른.

1

무릇 손아랫사람들은 일의 크고 작음을 가릴 것 없이 제멋대로 행동하지 말고 반드시 집안 어른께 여쭈어보고 해야 한다.

〈司馬溫公〉

| 풀이 | 오늘날 대부분 동양권 나라에서는 부부 중심의 소가족제도를 지향하고 있다. 하지만 과거에는 가장(家長)을 중심으로 한 대가족제도였다. 많은 사람이 한집에 모여 살기 때문에 법도가 엄격하고, 가장이 이들을 통솔해서 질서를 잡아나갔다. 손아랫사람들이 가장의 지시를 받지 않고 제멋대로 행동하면 그것은 그 집의 질서가 문란하다는 것을 나타내는 것이다.

가족간의 질서가 바로잡히지 않고서는 그 집의 번영은 기대할 수 없다. 부부 중심의 소가족제도라 하더라도 자녀들이 자립할 때까지는 그 부모의 지시를 받아 행동해야 할 것이다.

2// 待客은 不得不豊이요 治家는 不得不儉이니라

대객(待客): 손님을 접대하는 것.

2

손님에 대한 접대는 풍성하게 하지 않을 수 없으며, 살림살이는 검소하게 하지 않을 수 없느니라.

| 풀이 | 내 집을 찾아주는 손님에게 접대를 잘 하는 것은 예의요 인정(人情)이며 또 사교(社交)이기도 하다. 인간은

치가편 • 221

홀로 동떨어져 살지는 못한다. 여러 사람이 어우러져 살 때 발전도 있고, 성공도 기대할 수 있다.

그러나 살림살이는 검소해야 한다. 수입에 의한 지출을 해야 하며 저축이 있어야 한다. 넉넉하지 못한 사람이 검소한 생활을 하지 않으면 파산을 가져오게 되고, 아무리 부유한 사람이라도 검소한 생활을 하는 것이 집을 지켜 나가는 현명한 길이다. 사람은 마땅히 사치와 낭비를 버리고 절검(節儉)의 습관과 미덕을 길러야 한다.

부득불(不得不):아니할 수 없다.
치가(治家):집을 다스리는 것. 쉽게 말해서 살림살이의 뜻.

3

어리석은 사람은 아내를 두려워하고, 어진 여자는 남편을 공경한다. 〈太公〉

3// 太公이 曰 癡人은 畏婦요 賢女는 敬夫니라

| 풀이 | 어리석은 사람은 아내를 통솔하기 어렵기 때문에 아내를 두려워하고, 어진 여자는 사물의 도리를 알기 때문에 남편을 소중하게 알아 공경한다.

치인(癡人):어리석은 사람.

4

무릇 노복(奴僕)을 부리는 데에는 먼저 그들의 춥고 배고픔을 생각하라.

4// 凡使奴僕에 先念飢寒하라

| 풀이 | 무릇 사람을 부리는 데는 은정(恩情)을 베풀어야

사(使):사람을 부리는 것.
선념(先念):먼저 생각하는 것.

기한(飢寒):굶주림과 추위.

한다. 먼저 춥고 배고픈 것부터 생각해야 한다. 사람이 춥고 배고프면 아무 일도 못한다. 아무리 노복이라 해도 먹고 입을 것을 넉넉히 주고 온정을 베풀어야만 감격하여 온 정성과 힘을 다해 일할 것이다. 그렇게 되면 그 집은 번영할 수밖에 없다.

5

5// 子孝雙親樂이요 家和萬事成이니라

아들이 효도하면 두 어버이가 즐겁고, 집안이 화목하면 만사가 이루어진다.

쌍친(雙親):두 어버이, 즉 아버지와 어머니.

| 풀이 | 부자(父子)는 인륜의 으뜸이다. 인간관계에서 부자보다 더 친밀한 것은 없다. 부모에게 효도하는 자식을 둔 것보다 더한 즐거움은 없다.

한 가족이 서로 사랑하고 돕는다면 어떤 어려움도 극복할 수 있으며, 아무리 어려운 일도 성공으로 이끌어 갈 수 있기 때문에 그 집안은 발전을 가져오고 번영을 이룬다. 그래서 가화만사성(家和萬事成)이란 말이 나온 것이다.

6

6// 時時防火發하고 夜夜備賊來하라

때때로 불이 나는 것을 막고, 밤마다 도적이 드는 것을 방비하라.

| 풀이 | 우리는 잠시도 불을 떠나서는 생활할 수 없다. 그러나 우리가 또한 경계해야 할 것은 바로 화재다. 화재란 삽시간에 막대한 재산과 인명의 피해를 가져온다. 화마(火魔)라는 말로 그 두려움을 표현할 정도다. 우리는 이와 같이 무서운 화재 방지를 잠시도 게을리할 수 없다.

도적은 방비가 소홀한 틈을 노린다. 조금만 경계를 게을리해도 곧 침입하게 마련이다. 낮에도 물론 그 방비에 힘써야 하겠지만 특히 밤이 되면 문단속을 철저히 하고, 물품의 관리를 철저히 하여 도적의 피해를 막아야 한다.

방화발(防火發):불이 나는 것을 막는다.
비적래(備賊來):도적이 드는 것을 방비한다.

7

아침밥과 저녁밥의 이르고 늦음을 보아 그 사람의 집이 흥하고 쇠함을 알 수 있다.　　　　　　　　〈景行錄〉

7// 景行錄에 云하였으되 觀朝夕之早晏하여 可以卜人家之興替니라

| 풀이 | 아침저녁 식사의 이르고 늦음을 본다는 것은 곧 그 사람들에게서 부지런하고 게으른 것을 보는 것이다. 부지런한 집에서는 아침 식사를 일찍 하고, 또 저녁 식사를 늦게 한다. 그러나 반대로 게으른 집에서는 아침 식사가 늦고, 저녁 식사는 이르다.

부지런히 일하는 집에서는 날로 발전이 있어서 번영을 가져오게 되지만 게으른 집은 날로 살림이 줄어들어 패가(敗家)를 하게 된다. 부지런한 것은 그 집이 일어나는 징조이며, 게으른 것은 그 집이 망하는 징조다. 그러므로 그 집

조석(朝夕):여기서는 아침밥과 저녁밥.
조안(早晏):이르고 늦는 것.
복(卜):점치는 것.
흥체(興替):흥하고 쇠하는 것.

의 아침저녁 식사의 이르고 늦음을 보아 흥하고 망하는 것을 미리 알 수 있다는 것이다.

8

혼인하면서 재물을 논하는 것은 오랑캐의 길이다.〈文仲子〉

8// 文仲子曰 婚娶而論財는 夷虜之道也니라

문중자(文仲子):수(隋)나라 때 학자인 왕통(王通)을 가리킨다. 자기의 건의(建議)가 조정에 받아들여지지 않자 은퇴하여 후진 양성에 힘을 기울였다. 이세민(李世民)을 도와 당(唐)나라를 세웠으며 어진 재상으로 이름 높은 방현령(房玄齡), 두여회(杜如晦), 위징(魏徵) 등이 모두 그의 문인이다. 저서(著書)로는 〈중설(中說)〉이 지금까지 전해지고 있다. 문중자(文仲子)란 그의 사후(死後) 문인들이 부른 호다.
혼취(婚娶):남녀의 결혼을 말한다.
이로(夷虜):오랑캐.

| 풀이 | 혼인할 때는 어디까지나 상대방의 인격이 문제가 된다. 인격만 훌륭하다면 다른 것은 볼 필요가 없다. 부부란 인륜(人倫)의 도에 뿌리를 두고 있다. 가장 신성해야 할 부부의 결합에서 재물을 가지고 분란을 일으키면 그것은 천한 생각이다. 과거에는 물질보다도 정신이 앞섰기 때문에 혼인은 반드시 인물 본위였고 재물 같은 것은 크게 상관하지 않았다.

오늘날에도 인물이 차지하는 비중이 크지 않은 것은 아니지만 재물도 무시할 수 없는 조건이 되고 있다. 문중자는 혼인하는 데 있어서 재물을 논하는 것은 오랑캐의 길이라고까지 혹평했다. 우리는 인격 본위의 신성한 혼인을 지향해야 할 것이다.

안의편(安義篇)

- 돈독한 가족관계에 대한 성찰

인간이 생기면서 제일 먼저 성립된 것이 부부관계다. 부부가 있은 뒤에 부자가 있고, 부자가 있은 뒤에 형제가 있다. 부부·부자·형제를 삼친(三親)이라고 하는데 모든 친척 관계는 이 삼친에서 비롯된다.

1

1// 顔氏家訓에 曰 夫有人民而後에 有夫婦하고 有夫婦而後에 有父子하고 有父子而後에 有兄弟하니 一家之親은 此三者而已矣라 自玆以往으로 至于九族이 皆本於三親焉이라 故로 於人倫에 爲重也니 不可不篤이니라

백성이 있은 후에 부부가 있고 부부가 있은 후에 부자가 있고 부자가 있은 후에 형제가 있는데 한 집의 친함은 이 세 가지뿐이다. 여기서 나아가 구족(九族)에 이르기까지 모두 이 삼친(三親)에 바탕을 둔다. 그러므로 인륜에 있어서 가장 중요한 것이므로 돈독하게 아니하지 못하리라. 〈顔氏 家訓〉

안씨가훈(顔氏家訓): 북제(北齊)의 안지추(顔之推)가 편찬한 책.
자자이왕(自玆以往): 여기서부터 나아가.
구족(九族): 고조로부터 직계친(直系親)을 중심으로 하여 형제·종형제·재종형제·삼종형제를 포함하는 현손(玄孫)까지의 동종친족(同宗親族)을 일컫는다. 그밖에 부족(父族) 셋, 처족(妻族) 둘을 합쳐서 일컫는 말이기도 함.
삼친(三親): 부부, 부자, 형제를 합쳐서 이르는 말.

| 풀이 | 사람이 생겨난 뒤에 제일 먼저 이루어진 인간관계가 부부다. 부부가 있으므로 부자가 있고, 부자가 있으므로 형제가 있다. 이와 같이 부부·부자·형제가 모인 것이 바로 가족이다. 부부·부자·형제를 삼친(三親)이라고 일컫는데 그밖의 멀고 가까운 친척은 모두 이 삼친에 바탕을 두고 있다.

그러므로 인륜에 있어서 가장 중요한 것이 삼친이다. 부부·부자·형제는 마땅히 친애(親愛)함을 다하여 인륜의 길을 온전히 걸어야 한다. 이 글은 가족 단위의 기본 요건을 설명하고 있다.

2

2// 莊子曰 兄弟는 爲手足하고 夫婦는 爲衣服이니 衣服破時엔 更得新이어니와 手足斷時엔 難可續이니라

형제는 수족(手足)과 같고 부부는 의복과 같은데 의복이 떨어졌을 때는 다시 새것으로 갈아입을 수 있지만 수족이 끊어졌을 때는 잇기가 어렵다. 〈莊子〉

| 풀이 | 형제와 부부 두 가지 관계 중에서 친함을 놓고 어느 것이 더 소중하고 어느 것이 덜 소중한가를 비교해서 비판한 것이다. 형제는 수족에 비유하고 부부는 의복에 비유했다. 의복이 떨어졌을 때는 갈아입으면 되지만 수족은 한 번 끊어지면 다시 이을 수가 없다.

부부보다도 형제가 더 소중하다는 것이다. 형제란 한 몸에서 피와 살을 나눈 사이지만 부부는 전혀 다른 사람과의 결합이다. 그러나 사람들은 결혼하기 전까지는 형제끼리 서로 친애하다가도 결혼하면 그 친애하던 사이가 멀어지는 것이 일반적인 경향이다.

이 글은 부부를 소중하게 생각하고 형제를 소홀하게 여기는 사람들의 사고방식을 경계하고 있다.

위수족(爲手足):수족(手足)이 되는 것. 형제의 친밀한 관계를 손발로 표현했다.
갱득신(更得新):다시 새것으로 입는다. 여기서는 다시 새옷으로 갈아입는 것.
단시(斷時):끊어졌을 때.

3

부유하다고 친하지 않으며 가난하다고 멀리하지 않는 것은 바로 사람 가운데 대장부이고, 부유하면 나아가고 가난하면 물러남은 이것이 곧 사람 가운데 참으로 소인배(小人輩)이다.

〈蘇東坡〉

3// 蘇東坡云하되 富不親兮貧不疎는 此是人間大丈夫요 富則進兮貧則退는 此是人間眞小輩니라

| 풀이 | 사람들은 흔히 부유한 사람과 친해지려고 하고 가난한 사람을 멀리하려 든다. 그러나 사람다운 사람은 상대방이 부유하다고 친해지려 하거나 가난하다고 멀리하는 일이 없다. 도리어 가난한 사람을 동정하고 이를 도우려 한다.

불소(不疎):멀리하지 않는 것.
소배(少輩):소인배(小人輩).

상대방이 부유했을 때는 자주 찾아가고 아부하다가도, 가난해지면 돌아서 버리는 행동을 하는 사람들이야말로 참으로 소인의 무리들이다.

준례편(遵禮篇)

- 인격을 가늠하는 예의

예(禮)는 법률 이전의 인간 질서를 유지하는 규범(規範)이다. 우리나라는 예로부터 동방예의지국이라 불리는 예의바른 민족으로 널리 알려져 있다. 예의가 바르다는 것은 곧 그 사람의 고상한 인격을 표현하는 것이다.

1

1// 子曰 居家有禮故로 長幼辨하고 閨門有禮故로 三族和하고 朝廷有禮故로 官爵序하고 田獵有禮故로 戎事閑하고 軍旅有禮故로 武功成이니라

거가(居家):집안, 즉 가정을 말한다.
변(辨):옳고 그른 것을 분별하는 것.
규문(閨門):부녀자가 거처하는 안방. 또는 안방 입구의 문.
삼족(三族):여기서는 부부·부자·형제를 말한다. 자기 집안과 모족(母族), 처족(妻族)을 합쳐서 이르는 말이기도 하다.
전렵(田獵):사냥하는 것. 과거에는 사냥이 군사훈련의 한 방법이었다.
융사(戎事):병사(兵事).
군려(軍旅):군대.

집안에 예(禮)가 있을 때 어른과 어린이가 분별이 있고, 규문(閨門)에 예가 있을 때 삼족(三族)이 화목하고, 조정에 예가 있을 때 벼슬이 차례가 있고, 사냥에 예가 있을 때 융사(戎事)가 숙달되고, 군대에 예가 있을 때 무공(武功)이 이루어진다.
〈孔子〉

| 풀이 | 한 가정에 어른과 어린이가 분별이 없다면 그 집안의 질서는 무너진다. 윗사람은 아랫사람을 사랑으로 이끌고, 아랫사람은 윗사람을 공경하며 윗사람의 말에 복종할 때 그 집안의 질서가 바로잡히고 발전과 번영을 기대할 수 있다.

친족 사이의 화목은 주로 부녀자들의 행동에 달려 있다. 부녀자들이 법도를 지키고 부덕(婦德)을 발휘하면 친족 사이가 화목해지고, 법도를 지키지 않고 부덕이 없으면 화목이 깨진다. 그러므로 규문유례고(閨門有禮故)로 삼족화(三族和)라는 말이 나오게 된 것이다.

상관(上官)은 하관(下官)을 통솔하고, 하관은 상관의 명령에 복종할 때 벼슬의 질서가 바로잡힌다. 또 조정의 법도가 서고 정치가 밝아진다. 사냥도 질서가 있을 때 병사(兵事)가 익혀진다. 군대도 명령계통이 바로 서고 군기가 엄정해야만 그 위력을 발휘하여 무공(武功)을 이룰 수 있다.

예(禮)는 질서를 말하는데 무슨 일이든 질서가 바로잡혀야 성공을 기대할 수 있다. 반대로 질서가 문란하다면 실패

로 돌아가기 십상이다.

2

군자가 용맹만 있고 예(禮)가 없으면 세상을 어지럽게 하고, 소인이 용맹만 있고 예가 없으면 도둑이 되느니라.

〈孔子〉

2// 子曰 君子有勇而無禮면 爲亂하고 小人이 有勇而無禮면 爲盜니라

| 풀이 | 군자(君子)란 상류층, 즉 지배계급에 있는 사람을 말한다. 또 소인은 하류층, 즉 피지배계급의 일반 백성을 말한다. 군자가 용맹만 있고 예가 없다면 행동이 난폭해지기 때문에 세상을 어지럽게 만들고, 소인이 용맹만 있고 예가 없다면 도리를 모르기 때문에 도둑이 되기 쉽다. 용맹과 예는 상대적인 것이라고 볼 수 있다.

용맹과 예가 조화를 이룸으로써 훌륭한 인간이 될 수 있다. 따라서 훌륭한 사업을 이룰 수 있다. 우리는 용기와 예가 어우러진 사람이 되기에 힘써야 할 것이다.

무례(無禮):예의가 없는 것.

3

조정에서는 작위(爵位)만 같음이 없고, 향당(鄕黨)에서는 나이만 같음이 없으며, 세상을 평화롭게 하고 백성을 잘 살게 하는 데에는 덕만 같음이 없느니라.

〈曾子〉

3// 曾子曰 朝廷엔 莫如爵이요 鄕黨엔 莫如齒요 輔世長民엔 莫如德이니라

증자(曾子):이름은 삼(參). 공자의 제자로서 효행으로 이름이 높았다. 안자(顏子), 자사(子思:공자의 손자인 공급(孔伋)) 및 맹자와 더불어 사성(四聖)으로 일컬어진다.
향당(鄕黨):마을.
치(齒):나이.
보세(輔世):세상을 돕는 것.
장민(長民):백성을 잘살게 하는 것.

| 풀이 | 조정에서는 벼슬의 서열이 첫째다. 하관은 상관의 명령에 복종해야 하듯이 모든 행동이 서열에 의해 이루어진다. 마을에서는 나이가 첫째다. 장유(長幼)의 서열이 분명해야 어린이는 어른을 공경하고 어른의 지시를 따른다. 세상을 편안하게 하고 백성을 잘살도록 이끌어 나가는 데는 인덕(仁德)이 첫째다. 백성을 사랑하는 어진 마음으로 정치를 한다면 백성이 잘살 수 있게 된다. 따라서 세상이 밝고 평화로워진다.

4

4// 老少長幼는 天分秩序니 不可悖理而傷道也니라

천분(天分):하늘이 나눈 것.
패리(悖理):도리에 어긋나는 것.
상도(傷道):도덕을 손상하는 것.

노소(老小)와 장유(長幼)는 하늘이 나눈 질서인데 바른 도리를 어겨 도덕을 손상해서는 안 된다.

| 풀이 | 나이 어린 사람이 나이 많은 사람을 공경하는 것은 하늘이 정해준 질서다. 이것을 어기고 나이 어린 사람이 나이 많은 사람을 업신여긴다든지 함부로 대해서는 안 된다. 그와 같은 행동은 도리에 위배되는 것이어서 도덕을 손상하는 것이다. 사람은 언제나 어른을 공경하는 도덕질서를 지켜야 한다.

5

5// 出門如見大賓하고

문밖에 나설 때는 큰 손님을 대하는 것같이 하고, 방으로 들 때는 사람이 있는 것같이 하라.

| 풀이 | 사람이 밖에 나갔을 때는 행동을 예의바르게 하고 몸가짐을 정중하게 하여 마치 큰 손님을 대하듯이 해야 한다. 또 방에 있을 때는 아무리 혼자 있더라도 옆에 사람이 있는 것같이 행동을 조심해야 한다. 사람은 혼자 있게 되면 남이 보지 않는다고 행동을 함부로 하기가 쉽다.

중용(中庸)에 '군자는 남이 보지 않는 데서 삼가고, 남이 듣지 않는 데서 두려워한다.'고 하였으며, 또 '어두운 방 안에서 양심을 속이지만 귀신의 눈이 번개 같다.'고 하였다. 모두 홀로 있을 때 조심하라는 뜻이다. 우리는 마땅히 남이 듣거나 안 듣거나, 보는 데서나 안 보는 데서나 마음가짐과 몸가짐을 바르게 하여 변함없는 수양을 쌓아야 할 것이다.

入室如有人이니라

출문(出門):문밖을 나서는 것.
대빈(大賓):큰 손님.
여유인(如有人):사람이 있는 것같이 하는 것.

6

만약 남이 나를 중하게 여기기를 바란다면 내가 남을 중하게 여기는 것이 가장 좋다.

6// 若要人重我면 無過我重人이니라

| 풀이 | 남이 나를 중하게 여겨주기를 바란다면 내가 먼저 남을 중하게 여겨야 한다. 출호이자반호이(出乎爾者反乎爾)란 말이 있는데 곧 너에게서 나간 것이 너에게 돌아온다는 뜻이다.

이것은 곧 내가 남에게 잘해주면 남도 나에게 잘해주고,

요(要):바란다. 또는 원한다는 뜻.
중아(重我):나를 중하게 여기는 것.
무과(無過):이에서 지나는 것이 없다. 보다 더 좋은 것이 없다.

내가 남에게 나쁘게 하면 남도 나에게 나쁘게 한다는 뜻이다. 내가 남에게 대접을 받으려면 내가 먼저 남을 대접해야 한다. 나만을 위하는 일방적인 요구는 그릇된 생각이다.

7

7// 父不言子之德하며 子不談父之過니라

아버지는 아들의 덕을 말하지 말며, 아들은 아버지의 허물을 말하지 말라.

부담(不談):말하지 않는 것.

| 풀이 | 예로부터 자식을 칭찬하는 사람은 못난이로 취급받았다. 자식을 칭찬하는 것은 자신을 칭찬하는 것과 같이 인정되기 때문이다. 남이 자기 자식을 칭찬해 주는 것은 괜찮지만 스스로 자식을 칭찬하는 일은 하지 말아야 한다.

또 자식은 아버지의 허물을 남에게 말해서도 안 된다. 부자유친(父子有親)이 오륜(五倫)의 으뜸이다. 이 세상에서 부자 사이보다 더 친함이 없는데 자식이 어찌 그 아버지의 허물을 남에게 말할 수 있겠는가? 이것은 아버지의 위신을 깎는 일이 될 뿐만 아니라 자신도 불효를 저지르는 것이 되고, 사람들로부터 비난을 듣게 된다. 자식은 어버이의 허물을 숨길 수는 있어도 드러내서는 안 된다. 〈논어(論語)〉 자로편에 섭공(葉公)이 공자에게 말하기를,

"우리 마을에 극히 정직한 사람이 있는데 그 아버지가 양을 훔쳐 그 아들이 증인을 섰습니다."고 말했다.

공자는 이 말을 듣고 다음과 같이 대답했다.

"나의 제자들은 그와 달리 아버지는 아들을 위해 숨기고, 아들은 아버지를 위해 숨기니 정직함이 바로 그 가운데 있습니다."

'아버지는 아들을 위해 숨기고 아들은 아버지를 위해 숨긴다(父爲子隱 子爲父隱).' 는 것은 실로 법률 이전의 도덕률이다.

언어편(言語篇)

- 말은 교양을 가리키는 지렛대

말이란 그 영향력이 너무 커서 일신(一身), 일가(一家), 심지어는 한 국가의 흥망성쇠(興亡盛衰)에까지 관련된다. 또 말이란 일상생활에 있어 그 사람의 교양을 대변하는 것이기도 하다. 올바른 언어생활을 이 글 속에서 찾아보기로 하자.

1

1// 劉會曰 言不中理면 不如不言이니라

말이 이치에 맞지 않으면 말하지 아니한 것보다 못하다.

〈劉會〉

중리(中理):중은 맞는다로 해석해서, 이치에 맞는 것.

| 풀이 | 말이란 반드시 이치에 맞아야 한다. 이치에 맞지 않는 말은 하지 않은 것보다 못한 것이다.

2

2// 一言不中이면 千語 無用이니라

한 마디 말이 맞지 않으면 천 마디 말이 쓸데없다.

천어(千語):천 마디 말.
무용(無用):쓸데없는 것.

| 풀이 | 한 마디 말이 조리에 맞지 않기니 실지와 맞지 않으면 천 마디 말을 해도 상대방이 믿어주지 않는다. 우리는 말 한마디 한마디를 깊이 생각하고 말해야 한다.

3

3// 君平이 曰 口舌者 는 禍患之門이요 滅身 之斧也니라

입과 혀는 재앙과 근심의 문이며, 몸을 죽게 하는 도끼다.

〈君平〉

군평(君平):인물 미상(未詳).
화환(禍患):재앙과 근심.
멸신(滅身):몸을 멸하는. 몸을 죽게 하는.

| 풀이 | 사람은 입과 혀를 가지고 말한다. 한마디 말을 잘못 내뱉으면 근심을 불러오고, 재앙이 몸에 미친다. 심지어는 생명을 잃는 무서운 결과를 가져오기도 한다.

동서고금에 걸쳐 말 한마디 잘못으로 패가망신한 예는

너무 많다. 수구여병(守口如甁)이란 말이 있는데, 입을 지키는 것을 병과 같이 한다는 뜻이다. 우리는 말을 극히 조심해 화환(禍患)이 몸에 닥쳐오는 일이 없도록 힘써야 한다.

4

사람을 이롭게 하는 말은 따뜻한 솜과 같고, 사람을 해치는 말은 날카로운 가시와 같다. 한마디 말이 사람을 이롭게 하는 데 그 무거움이 천금 같고, 한마디 말이 사람을 해치는 데 그 아픔이 칼로 베이는 것 같다.

| 풀이 | 남을 이롭게 하는 말과 중상모략하는 말을 비교한 것이다. 사람을 이롭게 하는 말은 따뜻한 솜에 비유하고, 사람을 중상하는 말은 가시에 비유하고 있다. 우리는 흔히 주변에서 중상모략하는 말을 자주 듣는다. 사람들은 일반적으로 남의 결점을 말하기 좋아하는 습성이 있는데 우리나라 사람들이 특히 심한 것 같다.

필자가 일찍이 시골에서 살았던 적이 있었는데 밤이면 마을 사람들이 동네 사랑방에 모여들었다. 벌써 40년 전이다. 그때만 해도 농촌에서는 짚신을 삼아 신었던 시대였다. 한편으로 짚신을 삼으며 지나가는 투로 하는 말이 대개 남을 헐뜯는 말들이었다. 필자는 그런 얘기를 들으며 가슴이 아팠던 적이 한두 번이 아니었다.

남의 결점을 말하기 좋아하는 것은 무책임한 일이며, 어

4// 利人之言은 煖如綿絮하고 傷人之語는 利如荊棘하여 一言利人에 重値千金이요 一語傷人에 痛如刀割이니라

이인(利人):사람을 이롭게 하는 것.
면서(綿絮):솜.
이(利):예리한 것.
형극(荊棘):가시.
중치천금(重値千金):무거운 것이 천금의 가치가 있다는 뜻.
도할(刀割):칼로 베는 것.

디까지나 자신의 교양을 깎는 행동이다. 우리는 남을 이롭게 할 수 있는 솜과 같이 따뜻한 말은 많이 할수록 좋지만 남을 중상하는 가시 돋친 말은 하지 말아야 한다.

5

5// 口是傷人斧요 言是割舌刀니 閉口深藏舌이면 安身處處牢니라

입은 사람을 상하게 하는 도끼요 말은 혀를 베는 칼인데 입을 다물고 혀를 깊이 감추면 몸이 어느 곳에 있든지 편안할 것이다.

할설도(割舌刀): 혀를 베는 칼.
심장설(深藏舌): 혀를 깊이 감추는 것.
뢰(牢): 안온하다는 뜻.

| 풀이 | 앞의 글에 이어서 여기서도 말을 삼갈 것을 강조하고 있다. 입은 사람을 상하는 도끼에 비유하고, 말은 혀를 베는 칼에 비유하고 있다. 입을 닫고 혀를 깊이 감추어 말을 하지 않는 것이 몸과 마음을 편안하게 하는 유일한 방법이라고 설명하고 있다.

6

6// 逢人且說三分話하되 未可全抛一片心이니 不怕虎生三個口요 只恐人情兩樣心이니라

사람을 만나거든 말을 세 마디만 하되 자기가 지니고 있는 한 조각 마음을 다 버리지 말지니, 호랑이에게 세 입이 있는 것을 두려워하지 않고 오직 사람의 두 가지 마음을 두려워한다.

삼분화(三分話): 할 말이 열 마디가 있다면 그 가운데서 세 마디만 한다는 뜻.

| 풀이 | 사람을 만나서 말을 하려면 세 마디만 하되 그나

언어편 • 245

마도 마음 놓고 하지 말라는 것이다. 호랑이에게 세 개의 입이 있는 것보다도 사람에게 두 가지 마음이 있는 것이 더 두렵다는 것이다. 우리나라 속담에 '열 길 물 속은 알아도 한 길 사람 속은 모른다.' 는 말이 있듯이, 상대방이 어떤 마음을 품고 있는지 모르기 때문에 말하는데 극히 조심스러운 것이다.

전포(全抛):다 던져버리는 것.
불파호생삼개구(不怕虎生三個口): 호랑이에게 입이 세 개나 있는 것을 두려워하지 말라. 호랑이는 맹수에 속한다. 입이 하나 있는 것만으로도 두렵다. 만일 입이 세 개나 있다면 얼마나 두렵겠는가? 이것은 가정을 두고 한 말인데 사람에게 두 가지 마음이 더 두렵다는 것.

7

술은 나를 알아주는 사람을 만나면 천 잔도 적고, 말은 뜻이 맞지 않으면 한 마디도 많다.

7// 酒逢知己千鍾少요 話不投機一句多니라

| 풀이 | 나를 알아주는 벗을 만나 술을 마시면 기분이 유쾌해서 아무리 마셔도 부족한 줄 모른다. 옛글에 사위지기자사(士爲知己者死)란 말이 있다. 즉 선비는 '지기(知己)를 위해서는 목숨도 아끼지 않는다.' 는 뜻이다. 사람이 지기를 만난다는 것이 쉬운 일이 아니며, 진실로 지기를 얻을 수 있다면 어떤 어려운 일도 해낼 수 있다.

말은 의사(意思)가 서로 통하는 사람끼리 만나야 비로소 흉금을 털어놓을 수 있다. 나아가 기쁨을 느낄 수 있다. 의사가 서로 통하지 않는 사람끼리 말을 한다면 한 마디의 말도 지루하고 괴로울 뿐이다.

지기(知己):나를 알아주는 사람.
천종(千鍾):좋은 술잔으로 풀이되어, 즉 천 잔.
투기(投機):의사(意思)가 서로 통하는 것.

교우편(交友篇)

- 참다운 벗을 사귀려면

인간은 많은 벗을 사귈 수밖에 없는 사회적 동물이다. 붕우유신(朋友有信)이 오륜의 하나인 것을 보면 벗이 인간관계에 있어서 얼마나 큰 비중을 차지하고 있는가를 알 수 있다. 착한 길로 서로 권고하는 것이 벗의 도리다. 우리는 이 글 속에서 진정한 벗이란 어떤 것인가를 알 수 있다.

1

1// 子曰 與善人居면 如入芝蘭之室하여 久而不聞其香이라도 卽與之化矣요 與不善人居면 如入鮑魚之肆하여 久而不聞其臭라도 亦與之化矣니 丹之所藏者는 赤하고 漆之所藏者는 黑이라 是以로 君子는 必愼其所與處者焉이니라

지란지실(芝蘭之室): 향기로운 지초와 난초가 있는 방.
문(聞): 여기서는 냄새를 맡는 것.
여지화(與之化): 그것과 더불어 동화된다는 뜻.
포어(鮑魚): 절인 생선.
사(肆): 가게.
취(臭): 냄새.
소장(所藏): 간직하고 있는 것.
소여처자(所與處者): 더불어 있을 사람.

착한 사람과 함께 있으면 마치 지란(芝蘭)의 방에 들어간 것과 같아서 오래되어 그 향기를 맡지 못하더라도 곧 더불어 동화되며, 착하지 못한 사람과 함께 있으면 마치 절인 생선가게에 들어간 듯이 오래되어 그 냄새를 맡지 못하더라도 또한 더불어 동화하게 된다. 단(丹)이 지닌 것은 붉은빛이고, 칠(漆)이 지닌 것은 검은빛이다. 그러므로 군자는 반드시 그와 함께 있을 사람을 삼간다.
〈孔子〉

| 풀이 | 지초(芝草)나 난초는 다 같이 매우 향기로운 풀이다. 그러나 아무리 지초와 난초가 있는 방이라도 그 안에서 오래 살다 보면 자신도 모르는 사이 거기에 동화되어 그 짙은 향기를 모르게 된다. 이와 마찬가지로 착한 사람과 오랫동안 함께 하면 자신도 모르는 사이 동화되어 똑같이 착한 사람이 된다.

절인 생선은 그 냄새가 매우 역겹다. 그러나 절인 생선을 파는 가게에 오래 있다 보면 거기에 동화되어 그 나쁜 냄새를 모르게 된다. 착하지 않은 사람과 함께 하면 자신도 모르게 동화되어 똑같이 나쁜 사람으로 변하게 된다. 근주자적(近朱者赤)하고 근묵자흑(近墨者黑)이란 말이 있다. 우리는 벗을 사귈 때 신중해야 한다.

2

　학문을 좋아하는 사람과 함께 가면 마치 안개 속을 가는 것과 같아서 비록 옷을 적시지 않더라도 때때로 물기가 배어들 수 있고, 무식한 사람과 함께 가면 마치 뒷간에 앉은 것 같아서 비록 옷을 더럽히지 않더라도 때때로 그 냄새를 맡느니라.
〈孔子 家語〉

| 풀이 | 학문을 좋아하는 사람과 행동을 같이하면 알지 못하는 사이 무언가 얻어지는 바가 있고, 무식한 사람과 행동을 같이하면 비록 물들지 않더라도 마음이 흔들릴 때가 있다. 우리는 마땅히 학문을 좋아하고 교양이 있는 사람과 접촉하고 행동을 함께해야 한다. 아는 것이 없고 행동이 단정치 못한 사람과 접촉하면 나 자신도 거기에 물들어 행동이 정도에서 벗어나게 된다.

2// 家語에 云하였으되 與好學人同行이면 如霧中行하여 雖不濕衣라도 時時有潤하고 與無識人同行이면 如厠中坐하여 雖不汚衣라도 時時聞臭니라

습의(濕衣):옷을 적시는 것.
시시(時時):때때로.
측(厠):뒷간.
오의(汚衣):옷을 더럽히는 것.
문취(聞臭):냄새를 맡는 것.

3

　안평중(晏平仲)은 사람 사귀기를 잘한다. 오래도록 공경하누나.
〈孔子〉

| 풀이 | 이 글은 공자가 제나라의 재상 안영(晏嬰)이 사람을 잘 사귀는 것을 칭찬하는 말이다. 서로 친한 사이라도 심한 농담을 한다거나 예의를 지키지 않는다면 서로 감정이 상해서 멀어질 수밖에 없다. 서로 공경하고 예의를 지키는

3// 子曰 晏平仲은 善與人交로다 久而敬之오녀

안평중(晏平仲):이름은 영(嬰), 춘추시대 제나라의 재상. 경공(景公)을 도와 제나라의 번영을 가져왔다. 평중(平仲)은 그의 자(字).

것만이 친분을 두텁게 하고 또 오래 유지할 수 있는 유일한 방도다.

4

4// 相識은 滿天下하되 知心은 能幾人고

상식(相識):서로 얼굴을 아는 것.
지심(知心):마음을 아는 것.
능기인(能幾人):몇 사람이나 되겠는가?

얼굴을 아는 사람은 세상에 많지만 마음을 아는 사람은 몇이나 있겠는가?

| 풀이 | 얼굴을 아는 것만으로는 진정한 벗이라 할 수 없다. 서로 마음을 아는 것이 비로소 참다운 벗이다. 세상에서 서로 얼굴을 아는 사람은 많지만, 지기(知己)는 만나기가 어렵다.

5

5// 酒食兄弟는 千個有로되 急難之朋은 一個無니라

주식(酒食):술과 음식.
급난지붕(急難之朋):위급하고 어려울 때 서로 도울 수 있는 친구.

술과 음식을 나누는 형제는 천 명이나 있지만 위급하고 어려울 때의 친구는 한 명도 없다.

| 풀이 | 술이나 음식을 나눌 때 같이 먹고 즐길 수 있는 친구는 얼마든지 있다. 그러나 위급하고 어려울 때 서로 도울 수 있는 친구는 극히 드물다. 우리가 새겨두어도 좋을 전설을 하나 들어보자.

옛날 중국에서 있었던 일이다. 주인공의 이름은 전해지지 않고 있다. 어떤 사람이 아들 하나를 두었는데 그 아들은

발이 넓어 사귀는 친구가 매우 많았다. 그래서 하루 종일 집에 머물러 있는 때가 없었다. 아버지는 어느 날 그 아들을 불러놓고 물었다.

"너는 친구가 많은 모양인데, 너와 생사를 같이할 수 있는 친구가 몇이나 되느냐?"

그 아들은 퍽 많다고 대답했다.

아버지는 다시 말했다.

"그렇다면 우리 둘이 시험을 해보기로 하자. 누가 진정한 친구가 있는가를!"

그 아버지는 그날로 돼지 한 마리를 잡아 삶아서 거적에 쌌다. 그리고는 그날 밤 자정쯤 아들과 함께 집을 나섰다. 먼저 아들의 친구부터 찾기로 했다. 아들은 가장 친한 친구를 찾아갔다. 그리고는 문을 두드렸다. 한참 후에 친구가 밖으로 나와 아들에게 깊은 밤중에 찾아온 까닭을 물었는데 아들은 그 친구에게 이렇게 말했다.

"내가 남과 시비를 하다가 잘못하여 살인을 했네. 만일 발각되는 날엔 관아로 잡혀가서 사형을 당해야 할 위급한 지경이네. 할 수 없이 시체를 거적에 싸 가지고 자네를 찾은 것인데, 나를 급히 좀 숨겨주게."

그 친구는 이 말을 듣더니 대번에 호통을 쳐댔다.

"이놈아, 살인을 한 놈이 뻔뻔스럽게 나를 찾아오다니! 당장에 돌아가라. 만일 조금이라도 지체한다면 내가 너를 관가에 알리고 말겠다!"

아들은 한마디도 하지 못하고 발길을 돌렸다. 계속 세 군데를 더 찾아갔으나 모두 마찬가지로 냉혹하기 짝이 없었다. 이번에는 아버지의 친구를 찾아가기로 했다. 한 집의 문을 두드리니 아버지의 친구가 나왔다. 이번에는 아버지가 아들이 친구들에게 했던 말을 되풀이했다. 아버지의 친구되는 사람은 깜짝 놀라면서 빨리 들어오라고 했다. 그리고는 괭이와 삽을 가지고 나오더니 거적에 싼 것을 받아서 묻으려고 서둘러 마당 한 구석을 급하게 파헤쳤다. 그제서야 아버지는 그 친구에게 이렇게 말했다.

"거적에 싼 것은 송장이 아니라 통돼지를 삶은 걸세. 돼지를 썰고 술을 내오게. 우리 방으로 들어가서 술이나 들며 못다 한 얘기나 하기로 하세."

그 친구는 어리둥절했다. 하지만 시키는 대로 돼지를 썰고 술상을 마련했다. 세 사람은 방으로 들어가서 술상을 한 가운데 놓고 둘러앉았다. 아버지는 마침내 그 친구에게 자초지종을 털어놓았다. 통쾌한 웃음소리와 함께 잔과 잔이 서로 부딪쳤다. 정담과 술로 밤을 지새우고 돌아온 다음 아버지는 아들에게 말했다.

"보아라. 너에겐 친구가 많지만 어느 하나도 너의 어려움을 해결해 주는 친구가 없었다. 나는 비록 한 사람일망정 위험을 무릅쓰고 나를 구해주려는 친구가 있다. 한 사람이라도 진정한 친구를 사귀도록 하여라."

아들은 할 말이 없었다. 그리고 그제서야 마음속으로 자기의 어리석었음을 깊이 뉘우쳤다.

6

열매를 맺지 않는 꽃은 심지 말고, 의리 없는 벗은 사귀지 말라.

| 풀이 | 의리 없는 친구는 믿을 수 없고 잘못하면 큰 해를 입게 된다. 그래서 의리 없는 벗은 사귀지 말라는 말이 나온 것이다.

6// 不結子花는 休要種 이요 無義之朋은 不可 交니라

자(子):여기서는 열매.
종(種):여기서는 심는 것.

7

군자의 사귐은 맑기가 물 같고, 소인의 사귐은 달콤하기가 단술 같으니라.

| 풀이 | 물은 담백하지만 변함이 없고, 단술은 비록 달콤하나 변하기 쉽다. 군자의 사귐은 의리로써 맺어지는 것이기 때문에 그 다정함이 겉으로 나타나지는 않으나 깊이가 있고 변함이 없다.

소인의 사귐은 어디까지나 이익으로 맺어지는 것이기 때문에 이로울 때는 말이 달콤하고 매우 좋아하는 것 같지만, 불리할 때는 다른 한쪽이 냉정하게 돌아서 버린다.

오늘 친했다가도 내일은 멀어지고 아침에 다정했다가도 저녁이면 식어 버린다. 우리는 마땅히 의리 있는 벗을 가리어 사귈 수 있어야 한다.

7// 君子之交는 淡如水 하고 小人之交는 甘如 醴니라

담(淡):담박(淡泊)한 것.
예(醴):단술.

8// 路遙知馬力이요 日久見人心이니라

노요(路遙):길이 먼 것.
일구(日久):날이 오래되는 것.

8

길이 멀어야 말[馬]의 힘을 알고 날이 오래되어야만 사람의 마음을 안다.

| 풀이 | 가까운 거리에서는 말의 힘이 있는지 없는지 확인할 수 없다. 이와 마찬가지로 짧은 시간에는 사람의 마음을 정확히 알 수가 없다. 세월이 오래 흘러가야만 비로소 짐작할 수 있게 된다.

부행편(婦行篇)

- 가정을 주도하는 주부의 힘

한 남자가 성공하고 자손이 현달하여 한 집안이 번영하는 것은, 부인의 덕행(德行)과 내조의 힘이 매우 크다. 아내가 어질면 남편이 재앙을 만나지 않는다고 한다. 그렇다면 불행이란 어떤 것인가. 이 글에서 알아보기로 하자.

1// 益智書에 云하였으되 女有四德之譽하니 一曰婦德이요 二曰婦容이요 三曰婦言이요 四曰婦工也니라

부덕(婦德):부녀자의 아름다운 덕행.
부용(婦容):부녀자의 용모.
부언(婦言):부녀자의 말씨.
부공(婦工):부녀자의 하는 일. 예를 들어 길쌈 또는 바느질 등.

2// 婦德者는 不必才名絶異요 婦容者는 不必顔色美麗요 婦言者는 不必辯口利詞요 婦工者는 不必技巧過人也니라

재명(才名):재주와 이름.
절이(絶異):썩 뛰어난 것.
안색(顔色):얼굴빛으로 해석되지만 여기서는 그대로 얼굴이라고 풀이한다.
미려(美麗):고운 것.
변구(辯口):입담이 좋은 것.
이사(利詞):말을 잘하는 것.
기교(技巧):손재주.
과인(過人):남보다 뛰어난 것.

3// 其婦德者는 淸貞廉節하여 守分整齋하고 行止有恥하며 動靜有法이니 此爲婦德也요 婦

1

여자에게는 네 가지의 아름다운 덕이 있다. 첫째는 부덕(婦德)을 말하고, 둘째는 부용(婦容)을 말하고, 셋째는 부언(婦言)을 말하고, 넷째는 부공(婦工)을 말한다. 〈益智書〉

| 풀이 | 부녀자에 대해서 사덕(四德)이니 사행(四行)이니 하는 말이 있다. 부덕(婦德)·부용(婦容)·부언(婦言)·부공(婦工)의 네 가지를 말한다.

2

부덕은 반드시 새주와 이름이 뛰어난 것이 아니요, 부용은 반드시 얼굴이 아름답고 고운 것이 아니요, 부언은 반드시 입담이 좋고 말을 잘하는 것이 아니요, 부공은 반드시 손재주가 남보다 뛰어난 것을 말하는 것이 아니다.

| 풀이 | 여유사덕(女有四德)에서의 사덕(四德)에 대해 설명한 글이다.

3

부덕은 절개가 곧고 염치가 있고 절도가 있으며, 분수를 지키고 몸을 정제하며, 행동에 수줍음이 있으며, 동정(動靜)에 법도가 있는 것이다. 이것이 부덕이 된다. 부용은 먼지나

때를 깨끗이 빨아 옷차림을 정결하게 하며, 목욕을 제때에 하여 몸에 더러움이 없는 것인데 이것이 부용이 된다.

  부언은 말을 가려서 하며, 예의에 어긋나는 말을 하지 않고, 꼭 해야 할 때에 말해서 사람들이 그 말을 싫어하지 않는 것인데 이것이 바로 부언이 된다. 부공은 길쌈을 부지런히 하며, 술을 빚는 것을 좋아하지 않고, 맛좋은 음식을 갖추어서 손님을 접대하는 것인데 이것이 바로 부공이 된다.

| 풀이 | 이 글은 앞의 글에 이어서 사덕(四德)을 설명하고 있다. 주부들은 마음에 깊이 새겨서 실천에 옮겼으면 한다.

4

  이 네 가지 덕은 주부들이 하나라도 빼놓을 수 없는 것이다. 행하기가 매우 쉽고 힘을 쏟는 것이 바른 것에 있는데, 이에 의하여 행한다면 이것이 바로 주부의 범절이 되는 것이다.

| 풀이 | 사덕(四德)은 주부들이 반드시 갖추어야 할 내용이다. 한 가지도 빼놓을 수 없다는 것을 강조하고 있다. 주부의 범절은 바로 이 네 가지 덕을 실천하는 데 있다.

容者는 洗浣塵垢하여 衣服鮮潔하며 沐浴及時하여 一身無穢니 此爲婦容也요 婦言者는 擇詞而說하여 不談非禮하고 時然後言하여 人不厭其言이니 此爲婦言也요 婦工者는 專勤紡績하고 勿好暈酒하며 供具甘旨하여 以奉賓客이니 此爲婦工也니라

정(貞):절개가 곧다.
치(恥):부끄러움.
부담(不談):말하지 않는 것.
비례(非禮):예의에 어긋나는 것.
감지(甘旨):맛좋은 음식.
봉(奉):대접하는 것.

4// 此四德者는 是婦人之所不可缺者라 爲之甚易하고 務之在正이니 依此而行이면 是爲婦節이니라

불가결(不可缺):없어서는 안 될 것.
위지심이(爲之甚易):행하기가 매우 쉽다.
부절(婦節):부녀자의 범절(凡節).

5// 太公이 曰 婦人之
禮는 語必細니라

어필세(語必細):말이 반드시
작아야 한다는 뜻이다.

5

부인의 예절에서 말은 반드시 작아야 한다. 〈太公〉

| 풀이 | 앞의 글에서 사덕을 설명할 때 행지유치(行止有恥), 즉 행동하는데 수줍음이 있는 것이 부덕의 하나라고 했다. 수줍음이 있는 부인은 말소리가 크고 거친 경우는 없다. 부인의 말소리는 어디까지나 작고 조용해야 한다.

6

6// 賢婦는 令夫貴요 惡
婦는 令夫賤이니라

어진 부인은 남편을 귀하게 만들고, 악한 부인은 남편을 천하게 만든다.

| 풀이 | 남자가 세상을 살아가고 입신출세(立身出世)하는데는 부인의 내조(內助)가 매우 중요하다. 어진 부인은 그 남편을 공경하고 남편의 말에 순종하며 남편을 정성껏 내조한다. 남편은 여기에서 용기를 얻고 열심히 노력하여 앞날을 개척하게 된다. 따라서 남편의 앞길은 밝아지고 부귀와 영화가 따르게 된다.

악한 부인은 남편을 공경할 줄 모른다. 남편의 말에 순종하기는커녕 이를 거역하고, 남편을 돕기는커녕 오히려 괴롭힌다. 남편은 용기를 잃고 쉽게 포기하여 입신출세도 못하고 낙오자가 되고 만다. 또한 부인이 패악한 남편을 만나는 것도 불행이 되지만 남자가 아내를 잘못 만나도 일생을 불

행하게 지내게 된다.
　'두 성(姓)의 합함은 인생의 출발이고, 온갖 행복의 근원이다(二姓之合 生民之始 百福之源).'고 했다. 남편은 아내를 사랑하고 아내는 남편을 사랑하며, 서로 돕고 협력하여 행복한 생활을 할 수 있도록 힘써야 할 것이다.

7
집에 어진 아내가 있으면 그 남편이 뜻밖의 재앙을 만나지 않는다.

7// 家有賢妻면 夫不遭橫禍니라

횡화(橫禍): 뜻하지 않은 재앙.

| 풀이 | 아내가 남편을 공경하고 돕는다면 남편은 언제나 마음이 편안하고 즐겁다. 마음이 편안하고 즐거우면 모든 일이 순조롭고 앞길이 순탄하니, 뜻하지 않은 재앙이 닥쳐올 리도 없다. 마음이 괴롭고 불안하면 일이 뜻대로 되지 않고 재앙이 닥쳐온다.
　아내는 이와 같은 교훈을 살려서 언제나 단란한 가정을 이루고 남편의 앞날이 복되도록 힘써야 한다.

8
어진 부인은 육친(六親)을 화목하게 하고, 아첨하는 부인은 육친의 화목을 깨뜨린다.

8// 賢婦는 和六親하고 佞婦는 破六親이니라

영부(佞婦): 아첨하는 부인.
육친(六親): 부·모·형·제·처·자(父母兄弟妻子), 또는 부·자·형·제·부·부(父子兄弟夫婦) 등 여러 가지 설이 있다. 여기서는 가까운 친척으로 풀이하면 된다.

| 풀이 | 친족 사이의 화목은 주부에 의해 좌우된다고 할 수 있다. 그러므로 앞에서도 '규문에 예가 있는 까닭에 삼족이 화목하다.' 는 말이 있었다.

어진 부인은 친족이 화목할 수 있도록 힘쓴다. 그러나 아첨하는 부인은 친족들 사이에 의리가 상하도록 중간에서 선동을 한다. 속담에 '여자가 잘 들어와야 집안이 화목하다.' 는 말이 있는데 그 말은 어김없는 사실이다. 아내는 모름지기 친족 사이의 화목에 힘써야 한다.

증보편(增補篇)

-다시 한 번 기억할 것들

이 편(篇)은 명심보감 본편을 보강한 것이다. 우리에게 어떤 도움이 될 금언(金言)들이 있는지 살펴보기로 한다.

1// 周易에 曰 善不積이면 不足以成名이요 惡不積이면 不足以滅身이어늘 小人은 以小善으로 爲無益而弗爲也하고 以小惡으로 爲無傷而佛去也니라 故로 惡積而不可掩이요 罪大而不可解니라

주역(周易): 중국 상고(上古) 시대에 복희씨(伏羲氏)가 그린 괘(卦)에 대하여 주의 문왕(文王)이 총설(總說)하여 괘사(卦辭)라 하고, 주공(周公)이 이것의 육효(六爻)에 대하여 자세한 설명을 더하여 효사(爻辭)라 했는데, 공자가 다시 심오(深奧)한 원리를 해설하여 십익(十翼)을 지었다. 음양(陰陽)의 이원(二元)으로서 천지간의 만상(萬象)을 설명하고, 이원(二元)은 태극(太極)에서 나온다고 했다. 음양은 태양(太陽), 소양(少陽), 소음(少陰), 태음(太陰)의 사상(四象)이 되고 다시 건(乾), 태(兌), 이(離), 진(震), 손(巽), 감(坎), 간(艮), 곤(坤)의 8괘로 나뉘며, 8괘를 포개어 64괘를 만든다고 했다. 이것을 자연현상, 즉 가족 관계, 방위(方位), 덕목(德目) 등에 맞추어 철학, 윤리, 정치상의 설명과 해석을 더했다. 주대(周代)에 대성되었기

1

선을 쌓지 않으면 이름을 이루기에 족하지 못하고, 악을 쌓지 않으면 몸을 망치기에 족하지 못하거늘, 소인은 조그마한 선으로는 이로움이 없다 하여 행하지 않고, 조그마한 악으로는 해로움이 없다 하여 버리지 않는다. 그러므로 악이 쌓이면 가릴 수가 없고, 죄가 크면 풀지 못하느니라.

〈周易〉

| 풀이 | 이 책의 계선편(繼善篇)에 촉한(蜀漢)의 소열황제가 죽을 때, 후주(後主)인 유선(劉禪)에게 '선이 작다고 해서 아니하지 말며, 악이 작다고 해서 하지 말라.'는 교훈을 남겼다는 말이 나오고 있다. 그와 같은 유훈(遺訓)이야말로 주역의 말을 인용한 것이다. 작은 선이 쌓여서 큰 선을 이루고, 또 작은 선을 실천해 나가면 큰 선을 행하게 된다.

선은 아무리 작은 것이라도 이를 버리지 않고 행해야 하며, 악은 아무리 변변치 않은 것이라도 이를 해서는 안 된다. 하늘은 선한 사람에게는 복을 주고 악한 사람에게는 재앙을 내린다고 했다. 또 하늘은 스스로 돕는 자를 돕는다고 했다.

선을 행하는 사람이면 사람마다 공경하고 사랑하며 정성을 다해 도우려 든다. 고대 중국의 이상적인 군주로 이름이 높아 후세 제왕의 표준이 되는 당요(唐堯)와 우순(虞舜)도 모두 선을 행해서 천하 사람들의 존경과 협력을 한 몸에 모을 수 있었기 때문에 그러한 공업을 이루었던 것이다.

선을 행하는 사람은 사람들의 도움을 얻어서 큰 사업을 이루고, 아름다운 이름을 백대(百代)에 남긴다. 그러나 악을 행하는 사람은 사람마다 미워하고 죽이려 들기 때문에 몸을 망치는 무서운 재앙을 불러오게 된다.

동서고금(東西古今)을 막론하고 극히 포악한 자로서 영화를 길이 누리고 악명(惡名)을 얻지 않는 사람은 일찍이 그 유례를 찾아볼 수 없다. 우리는 악을 버리고 선을 행하기에 힘써야 한다.

때문에 주역이라 한다. 이밖의 하(夏)의 연산(連山), 은(殷)의 귀장(歸藏)을 합하여 삼역(三易)이라 하는데 하역(夏易)과 은역(殷易)은 전해지지 않는다.

2

서리를 밟으면 굳은 얼음이 이른다 하니, 신하가 그 임금을 죽이며 자식이 그 아비를 죽이는 것이, 하루아침이나 하룻저녁에 이루어지는 일이 아니라 오래 전부터 비롯된 것이니라.

2// 履霜하면 堅氷至라 하니 臣弑其君하며 子弑其父가 非一旦一夕之事라 其由來者漸矣니라

| 풀이 | 서리가 내리고 나서 살얼음이 잡히고, 살얼음이 잡히고 나서 얼음이 얼며, 그것이 거듭되면서 얼음이 두껍게 굳어진다. 말하자면 얼음이 두껍고 굳게 언다는 것은 하루아침에 이루어지는 것이 아니다. 이와 마찬가지로 신하가 그 임금을 죽이고, 아들이 그 아비를 죽이는 불상사도 하루 이틀에 되는 것이 아니라, 그 유래가 깊은 것이다. 신하가 임금을 죽이고, 자식이 아비를 죽이게 되는 동기는 주로 원한 관계나 권력 다툼에 있다.

이상(履霜):서리를 밟는 것.
견빙(堅氷):굳은 얼음.
시(弑):자식이 아비를 죽이거나 신하가 임금을 죽이는 것을 말한다.
일단일석(一旦一夕):하루아침이나 하룻저녁.
유래(由來):비롯됨.
점(漸):점점의 뜻이니, 점점이라는 것은 하루아침에 되는 것이 아니라, 오랜 세월을 두고 이루어지는 것을 뜻한다.

오랜 시일을 두고 원한이 깊고 깊은 나머지 그와 같은 일이 생기게 되며, 권력을 탐하는 마음이 그 도(度)가 넘치는 데에서 그와 같은 일이 발생된다.

오늘날에는 군신(君臣) 관계가 성립될 수 없지만 부자 관계는 변함없다. 자식이 아비를 죽인다는 것은 인륜 도덕을 파괴하고 하늘의 뜻을 거역하는 패악한 행동이다. 그와 같은 마음이 싹튼다는 것조차도 상상할 수 없는 일에 속하지만 털끝만치라도 그와 같은 불순한 마음이 싹텄다면 자신의 마음을 회초리질해서 깊이 반성해야 할 것이다.

이것은 또 그 아비에게도 책임이 있다. 첫째 자식을 옳게 이끌지 못한 책임을 피하지 못할 것이며, 둘째 자식의 동향에 대해서 무관심했다는 책임을 피할 수 없을 것이다.

아버지는 모든 자신의 행동이 본보기가 되어 자식을 선의의 길로 이끌어야 하며, 자식은 아버지를 공경하고 그 뜻을 받들어야 할 것이다.

팔반가 (八反歌)

-부모를 섬기는 8가지 가르침

사람은 흔히 제 자식에 대해서는 사랑할 줄 알면서도 어버이를 봉양하는 데는 게을리한다. 이 여덟 편의 노래 속에서 우리가 어버이께 어떤 마음가짐을 가져야 할 것인가를 살펴보기로 하자.

1//　幼兒 或罵我하면 我心에 覺懽喜하고 父母嗔怒我하면 我心에 反不甘이라 一懽喜一不甘하니 待兒待父心何懸고 勸君今日逢親怒어든 也應將親作兒看하라

유아(幼兒):어린아이.
매(罵):꾸짖는 것.
각(覺):깨닫는 것. 느끼는 것.
환희(懽喜):기쁨.
진노(嗔怒):성내는 것.
반(反):도리어.
불감(不甘):달갑지 않다. 쉽게 말해서 기분이 좋지 않은 것.
대아(待兒):아이를 대하는 것.
현(懸):차이가 많은 것, 즉 현수(懸殊)한 것.
야응(也應):또한 ……와 같이 하라.
장(將):차(且)와 같다.
작아간(作兒看):아이처럼 보라.

2//　兒曹는 出千言하되 君聽常不厭하고 父母는 一開口이언만 便道多閑管이라 非閑管親掛牽이라 皓首白頭에 多諳練이라 勸君敬奉老人言하고 莫敎乳口爭長短하라

1

어린아이가 혹 나를 꾸짖으면 나는 마음에 기쁨을 느끼고, 부모가 성내서 자식을 꾸짖으면 나의 마음은 도리어 달갑지 않다. 하나는 기쁘고 하나는 달갑지 아니하니 아이를 대하는 마음과 어버이를 대하는 마음이 어찌 그렇게도 다른가. 그대에게 권하노니 오늘 어버이의 노여움을 만나거든 어버이도 아이와 같이 볼지니라.

| 풀이 | 자기의 어린 자식이 자기를 꾸짖는다면 그것이 싫지 않을 뿐만 아니라 도리어 귀엽고 대견스러워서 기쁨마저 느낀다. 그러나 부모가 자식을 꾸짖는다면 그것은 듣기 싫고 마음에 날삽지 않나. 똑같은 꾸짖음에도 하니는 기쁨마저 느끼고, 하나는 기분이 나쁘니 자식을 향하는 마음과 부모를 향하는 마음이 실로 차이가 난다. 여기서는 어버이를 사랑하기를 어린 자식 사랑하듯이 할 것을 강조하고 있다.

2

어린 자식들은 여러 말을 하되 그대가 듣기에 늘 싫지 않고, 부모는 한 번 입을 열었지만 참견이 많다고 한다. 참견이 아니라 어버이는 근심이 되어 그러느니라. 흰 머리가 되도록 긴 세월에 아는 것이 많으니라. 그대에게 권하노니 늙은 사람의 말을 공경하여 받들고, 젖내 나는 입으로 길고 짧음을 다투지 말게 할지니라.

| 풀이 | 사람들은 자기의 어린 자식들이 하는 말은 무슨 소리를 해도 듣기 싫어하지 않고, 도리어 그것을 재롱으로 받아들인다. 그러나 부모가 모처럼 무슨 말을 하면 쓸데없는 간섭을 한다고 반발한다. 어버이가 말을 하는 것은 간섭을 하려 드는 것이 아니라 자식의 일이니만큼 걱정이 되어서 그러는 것이다.

늙은 부모가 걱정되어 하는 말은 마땅히 공경해 듣고 이것을 받아들여야 할 것이다.

이 글은 자식들이 하는 말은 기꺼이 받아들여도 늙은 어버이가 하는 말은 업신여기고 잔소리로 돌려버리는 사람들의 그릇된 사고방식을 경계한 것이다.

아조(兒曹):조는 무리의 뜻. 여기서는 어린 자식들.
천언(千言):여러 말.
불염(不厭):싫어하지 않는 것.
개구(開口):입을 연다. 즉 말을 하는 것.
도(道):여기서는 말한다로 풀이된다.
한관(閑管):부질없이 남의 일에 간섭하는 것.
괘견(掛牽):걱정하는 것.
호수(皓首):머리털이 하얗게 센 것.
암련(諳練):모든 사물에 정통한 것. 아주 익숙하게 알고 있는 것.
경봉(敬奉):공경해서 받드는 것.
유구(乳口):젖내 나는 입.

3

어린아이의 오줌과 똥 같은 것은 그대 마음에 싫어하는 것이 없고, 늙은 어버이의 눈물과 침이 떨어지는 것은 도리어 미워하고 싫어하는 뜻이 있느니라. 여섯 자나 되는 몸이 어디서 왔는가. 아버지의 정기와 어머니의 피로 그대의 몸이 이루어졌느니라. 그대에게 권하노니 늙어가는 사람을 공경하고 대접하라. 젊었을 때 그대를 위하여 힘줄과 뼈가 닳도록 애쓰셨느니라.

| 풀이 | 어린 자식들이 오줌이나 똥을 싼 것은 더러운 줄 모르고 이를 치운다. 그러나 늙은 부모가 눈물이 난다든지

3// 幼兒尿糞穢는 君心에 無厭忌로되 老親涕唾零은 反有憎嫌意니라 六尺軀來何處오 父精母血成汝體라 勸君敬待老來人하라 壯時爲爾筋骨敝니라

요분예(尿糞穢):오줌과 똥.
군심(君心):그대의 마음.
염기(厭忌):미워하고 싫어하는 것.
체타령(涕唾零):눈물과 침이 떨어지는 것.

구(軀):몸.
부정(父精):아버지의 정기.
경대(敬待):공경하는 것.
노래인(老來人):늙어가는 사람.
위이(爲爾):너를 위해서.
근골폐(筋骨敝):힘줄(살)과 뼈가 닳다.

가래침을 뱉었을 때는 이를 싫어하고 귀찮게 생각하여 곧 표정에 나타났다.

무엇보다도 소중한 제 몸이 아버지의 정기와 어머니의 피를 받아 생겨났으며, 또 부모의 피땀 어린 노력으로 자라나고, 당당한 사회의 한 사람으로 활동하는 행복을 누리게 되었으니, 늙어가는 부모를 극진히 공경하고 받들어야 할 것이다.

4

4// 看君晨入市하여 買餠又買餻하니 少聞供父母하고 多說供兒曹라 親未啖兒先飽하니 子心이 不比親心好라 勸君多出買餠錢하여 供養白頭光陰少하라

그대가 새벽에 시장에 가서 떡을 사는 것을 보는데, 부모에게 드린다는 말은 별로 듣지 못하고 흔히 자식들에게 준다는 말을 들었다. 어버이는 아직 맛도 보지 않았는데 자식이 먼저 배부르니, 자식의 마음은 부모의 마음이 좋아하는 것에 비하지 못하리라. 그대에게 권하니 떡을 살 돈을 많이 내서 앞날이 얼마 남지 않은 늙은 어버이를 봉양하라.

신(晨):새벽.
고(餻):떡.
소문(少聞):적게 들었다. 별로 듣지 못했다.
다설(多說):많이 말한다. 흔히 말한다.
담(啖):씹는 것.
광음소(光陰少):시간이 얼마 없는 것.

| 풀이 | 사람들이 시장에서 먹을 것을 사면서 하는 말을 들어보면 대부분 자식에게 갔다 준다는 말은 하지만 부모를 대접한다는 말은 별로 없다. 어버이를 생각하는 마음과 자식을 생각하는 마음이 실로 거리가 멀다. 우리는 마땅히 자식보다도 어버이를 먼저 생각하는 태도를 가져야 하며 앞으로 남은 생애가 얼마 남지 않은 어버이를 정성껏 받들어야 할 것이다.

5

　시장에 있는 약을 파는 가게에 오직 아이를 살찌게 하는 약이 있을 뿐 어버이의 몸을 튼튼하게 만드는 약은 없는데 무슨 까닭으로 두 가지로 보는가? 아이도 병들고 어버이도 병들었을 때, 아이의 병을 고치는 것은 어버이의 병을 고치는 것에 비하지 못할 것이니라. 자기 다리의 살을 베더라도 이는 도로 어버이의 살이니라. 그대에게 권하노니 부모의 목숨을 중히 여겨라.

| 풀이 | 시장에 있는 약국에서 아이를 살찌게 하는 약은 팔아도 어버이의 몸을 튼튼하게 하는 약은 팔지 않고 있다. 이와 같은 실정은 곧 사람들이 아이의 몸을 튼튼하게 만드는 약은 사더라도 어버이의 몸을 튼튼하게 만드는 약은 사지 않는다는 확실한 증거다. 아이도 병이 나고 어버이도 병이 났다면, 어버이의 병을 고치는 것은 아이들의 병을 고치는 것과 비교될 수 없다. 자기 다리의 살을 베어도 이는 어버이에게서 받은 살이다. 어디까지나 부모의 생명을 지키고 귀히 여기는 데 힘써야 할 것이다.

6

　부하고 귀하면 어버이를 봉양하기 쉬우나 어버이는 늘 미안한 마음이 있고, 가난하고 천하면 아이를 기르기 어렵지만 아이는 굶주림과 추위를 겪지 않는다. 한 가지 마음과

5// 市間賣藥肆에 惟有肥兒丸하고 未有壯親者하니 何故兩般看고 兒亦病親亦病에 醫兒不比醫親症이라 割股라도 還是親的肉이니 勸君亟保雙親命하라

매약사(賣藥肆):약 파는 가게.
비아환(肥兒丸):아이를 살찌게 하는 약.
장친자(壯親者):어버이의 몸을 튼튼하게 하는 것.
양반(兩般):두 가지.
의아(醫兒):아이의 병을 고치는 것.
의친증(醫親症):어버이의 병을 고치는 것.
할고(割股):다리의 살을 베는 것.
극보(亟保):극진히 보중하는 것.
쌍친(雙親):두 어버이, 즉 부모를 말한다.

6// 富貴엔 養親易로되 親常有未安하고 貧賤엔 養兒難하되 兒不受饑寒이라 一條心兩條路에

爲兒終不如爲父라 勸君養親을 如養兒하고 凡事를 莫推家不富하라

이(易): 이 글자는 바꾼다는 뜻일 때는 '역'으로 발음되고, 쉽다는 뜻일 때는 '이'로 발음된다.
미안(未安): 마음이 편치 않은 것.
기한(饑寒): 춥고 배고픔.
양조로(兩條路): 두 가지 길. 즉 아이를 위하는 길과 어버이를 위하는 길.
여양아(如養兒): 아이를 기르는 것과 같이 하는 것.
막추(莫推): 미루지 말라.
가불부(家不富): 집안이 넉넉지 못한 것.

7// 養親엔 只有二人이로되 常與兄弟爭하고 養兒엔 雖十人이나 君皆獨自任이라 兒飽暖親常問하되 父母饑寒不在心이라 勸君養親을 須竭力하라 當初衣食이 被君侵이니라

지유이인(只有二人): 오직 두 사람이 있다. 즉 아버지와 어머니를 말하는 것이다.
독자임(獨自任): 혼자 스스로 맡는 것.
아포난친상문(兒飽暖親常問): 아이의 배부르고 따뜻한 것을 어버이가 항상 묻는다.

두 가지 길에 아이를 위하는 것이 마침내 어버이를 위하는 것과 같지 않느니라. 그대에게 권하노니, 두 어버이 섬김을 아이를 기르는 것과 같이 하고, 모든 일을 집이 넉넉하지 못하다며 미루지 말라.

| 풀이 | 이 글은 부모 위하기를 자식을 위하는 것보다 더 해야 한다는 것을 강조하고 있다. 사람은 모름지기 부모를 섬기기를 자식을 기르는 것과 같이 해야 하며, 집이 넉넉지 못하다는 것을 구실로 삼아 부모에게 봉양하는 것을 소홀히 하는 일이 있어서는 안 된다.

7

어버이를 봉양하는 것은 다만 두 사람인데도 늘 형과 동생이 서로 다투고, 아이를 기르는 데에는 비록 열 사람이라도 모두 자기 혼자 맡느니라. 아이의 배부르고 따뜻한 것은 어버이가 늘 물으나, 어버이의 배고프고 추운 것은 마음에 두지 않는다. 그대에게 권하노니 어버이 섬기기에 모름지기 힘을 다하라. 애초 입는 것과 먹는 것이 그대에게 빼앗김을 당했느니라.

| 풀이 | 어버이는 아버지와 어머니 단 두 사람인데도 그 봉양하는 것은 형제들 간에 서로 미루고 맡으려 하지 않기 때문에 늘 다툼이 벌어진다. 그러나 제 자식을 기르는 것은

혼자서 도맡고 누구에게도 맡기려 들지 않는다. 자식을 위하는 마음은 지극히 간절하면서도 부모에 대한 성의는 너무나 부족하다.

　아이들이 배부르고 따뜻한 것은 늘 걱정하고 묻지만, 어버이가 배고프고 추운 것은 마음에 두지도 않는다. 부모의 일에 대해서는 무관심하다. 어버이는 자식을 기를 때 먹을 것도 못 먹고 입을 것도 못 입으면서 배부르게 먹이고 따뜻하게 입히며 온갖 정성을 다해 길러냈다. 자식을 위해서 희생한 것이다.

　그런데도 자식은 늙은 부모를 소홀하게 대접한다. 이와 같은 태도는 자식된 도리에 어긋난다. 마땅히 우리는 어버이가 나를 길러준 노고(勞苦)를 생각해서 힘을 다하여 봉양할 것이다.

수갈력(須竭力):모름지기 힘을 다하라.
피군침(被君侵):그대에게 침탈(侵奪)을 당했다.

8

　어버이는 지극히 그대를 사랑하지만 그대는 그 은혜를 생각하지 않고, 자식이 조금이라도 효도함이 있으면 그대는 곧 그 이름을 빛내려 한다. 어버이를 대하는 것은 어둡고 자식을 대하는 것은 밝으니, 누가 어버이가 자식을 기르는 마음을 알 것인가. 그대에게 권하노니 부질없이 아이들의 효도를 믿지 말라. 아이들의 어버이가 바로 그대인 것이다.

| 풀이 | 어버이가 지극히 나를 사랑해 주셨는데 그 은혜는

8// 親有十分慈하되 君不念其恩하고 兒有一分孝하되 君就揚其名이라 待親暗待兒明하니 誰識高堂養子心고 勸君漫信兒曹孝하라 兒曹親子在君身이니라

자(慈):사랑.
일분(一分):조금.
양기명(揚其名):그 이름을 빛

내는 것.
대친암(待親暗):어버이를 대하는 것이 어둡다.
만신(漫信):부질없이 믿는 것.
군신(君身):그대의 몸.

생각할 줄 모르고, 자식이 조금이라도 나에게 효도를 한다면 그것은 기뻐서 남들에게 자랑을 하고 자식의 이름을 빛내려 든다. 자식을 대하는 것은 지극히 밝으나 어버이를 대접하는 것은 너무나 어둡다. 그렇다면 어버이가 자식을 기르는 마음을 누가 알아준단 말인가.

아이들의 효도는 믿을 것이 못 된다. 자신이 아이들의 어버이인 것이다. 자신이 어버이를 그처럼 소홀하게 대접하면 아이들이 당장은 효도할지 모르지만, 앞으로 자기가 어버이에게 대하듯이 자기에게 하지 않으리라고 누가 장담하랴. 자신이 그 어버이에게 효도를 해야만 자식들도 그것을 본받아 자기에게 효도하게 마련이다. 자신이 어버이를 소홀히 한다면 자식들도 자기에게 소홀하게 마련이다. 또 설사 자식들이 끝내 자기에게 효도한다 하더라도 양식이 있는 사람이면 가책을 받게 된다.

사람은 마땅히 어버이에게 효도하여 자식된 도리를 다할 것이니, 이것이 또한 자신도 자식들로부터 효도를 받을 수 있는 유일한 길이다.

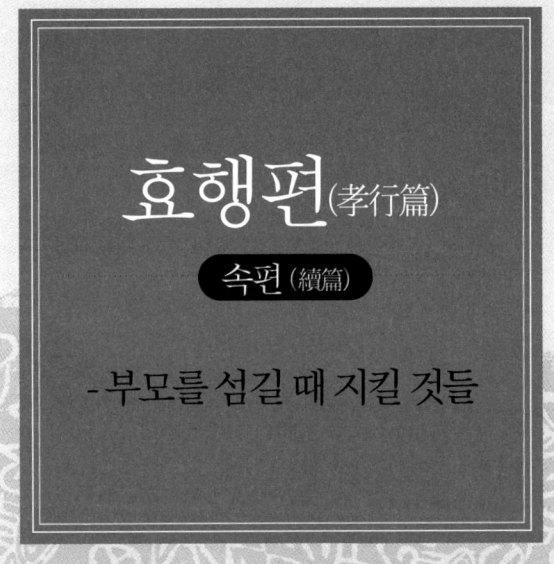

효행편(孝行篇)
속편(續篇)
-부모를 섬길 때 지킬 것들

지성(至誠)이면 감천(感天)이란 말이 있다. 정성을 다하여 그 부모를 섬기는 사람에게 하늘이 어떤 반응을 보였는지 지난날의 기록 속에서 그 실례를 찾아보기로 한다.

1

손순(孫順)이 집이 가난하여 그 아내와 더불어 남의 집에 머슴살이를 했다. 정성껏 그 어머니를 봉양하던 중 아들이 늘 어머니가 잡수시는 음식을 빼앗아 먹는 것이었다. 순이 아내에게 이르기를,

"아이가 어머니께서 잡수시는 것을 빼앗으니, 아이는 또 얻을 수 있거니와 어머니는 다시 구하기 어렵다." 하며 아이를 업고 취산(醉山) 북쪽 기슭으로 가서 묻으려고 땅을 팠다. 그런데 문득 기이한 석종(石鐘)이 나왔다. 놀랍고 이상히 여겨 시험삼아 두드려 보니 울리는 소리가 아름답고 사랑스러웠다. 아내가 말하기를,

"이와 같은 기이한 물건을 얻은 것은 아이의 복이니 묻어선 안 됩니다." 했다. 순도 그렇게 생각하여 다시 아이와 함께 석종을 갖고 집으로 돌아왔다. 석종을 대들보에 달고 이것을 울렸더니 왕이 듣고, 종소리가 맑고 은은하며 이상하게 생각되어 그 사실을 조사해 보고는,

"옛날 곽거(郭巨)가 아들을 묻었을 때는 하늘이 금으로 만든 솥을 주시더니, 이제 손순이 아들을 묻음에 땅에서 석종(石鐘)이 나왔으니 앞과 뒤가 서로 꼭 맞는다." 하고, 집 한 채와 해마다 쌀 오십 석(五十石)을 주었다.

| 풀이 | 손순(孫順)은 신라 사람이요, 곽거(郭巨)는 중국 후한(後漢) 사람이다. 나라가 서로 다르고 시대도 달랐지만 부모에 대한 효도에서는 일치하는 부분이 있다. 곽거가 집

1// 孫順이 家貧하여 與其妻로 傭作人家以養母할새 有兒每奪母食이라 順이 謂妻曰兒奪母食하니 兒는 可得이어니와 母難再求라 하고 乃負兒往歸醉山北郊外하여 欲埋掘地러니 忽有甚奇石鐘이어늘 驚怪試撞之하니 舂容可愛라 妻曰 得此奇物은 殆兒之福이라 埋之不可라 하니 順이 以爲然하여 將兒與鐘還家하여 縣於樑撞之러니 王이 聞하고 鐘聲이 淸遠異常而覈聞其實하고 曰 昔에 郭巨埋子엔 天賜金釜러니 今孫順이 埋兒엔 地出石鐘하니 前後符同이라 하고 賜家一區하고 歲給米五十石하니라

손순(孫順):신라 사람.
용작(傭作):머슴이 되는 것.
인가(人家):남의 집.
매탈모식(每奪母食):늘 어머니의 먹는 것을 빼앗는 것.
부아(負兒):아이를 업는 것.
심기(甚奇):심히 기이한 것.
경괴(驚怪):놀랍고 괴이한 것.
시당지(試撞之):시험삼아 두드려보는 것.
용용(舂容):울리는 소리.
태(殆):거의.

이 가난하여 어머니를 봉양하는 데 어린 아들이 어머니가 잡수시는 음식을 늘 빼앗는 것을 민망히 여겨 아내와 의논하여 어린아이를 땅속에 묻으려 했다. 그런데 땅속에서 금부(金釜)가 나왔는데 이를 하늘의 뜻이라 생각해 어린아이를 다시 데리고 집으로 돌아왔다. 또한 손순도 곽거와 똑같은 과정으로 석종(石鐘)을 얻었던 것이다. 두 사람의 행동이나 결과는 실로 내용을 맞춰보기라도 한 것처럼 같았다.

지성(至誠)이면 감천(感天)이라 했다. 두 사람의 지극한 효성을 하늘이 갸륵하게 여겨 복을 내리신 것이다. 두 사람은 하늘의 돌보심으로 마침내 마음껏 어머니를 봉양할 수 있게 되었다. 이로 인하여 이들은 행복한 삶을 누릴 수 있게 되었으며, 그 아름다운 이름이 길이 후세에 전해지게 되었다.

2

상덕(尙德)은 흉년과 염병이 유행할 때 아버지와 어머니가 굶주리고 병들어 거의 죽게 되었는데 밤낮으로 옷을 풀지 않고 정성을 다하여 편안하게 해드리고 위로해 드렸다. 봉양할 것이 없으면 넓적다리의 살을 베어 먹이고, 어머니가 종기가 나니 입으로 빨아서 낫게 했다. 임금이 이 말을 듣고 어여삐 여겨 상을 후하게 내리고, 그 집에 정문(旌門)을 세우도록 명하고, 비석을 세워 이 일을 기록하게 했다.

| 풀이 | 이 글은 신라 사람 상덕(尙德)의 효행을 기록한 것

이위연(以爲然):그렇게 생각하는 것.
환가(還家):집으로 돌아옴.
현어량(懸於樑):대들보에 달아놓은 것.
청원이상(淸遠異常):맑고 은은하며 이상하게 들리는 것.
핵문기실(覈聞其實):그 사실을 조사해서 듣는 것.
곽거(郭巨):중국 이십사효(二十四孝)의 한 사람. 후한(後漢) 때의 사람인데 효성이 지극했다.
사(賜):윗사람이 아랫사람에게 주는 것을 말한다.
금부(金釜):금으로 만든 솥.
부동(符同):부절(符節)을 맞춘 것처럼 서로 같은 것. 옛날에는 나무나 금속 등에 도장을 새겨 반씩 나누어 가졌다가 서로 맞추어 보아서 신표로 삼았다.
일구(一區):한 채.
세급(歲給):해마다 주는 것.

2// 尙德은 値年荒癘疫하여 父母飢病濱死라 尙德이 日夜不解衣하고 盡誠安慰하되 無以爲養이면 則刲髀肉之하고 母發癰疽에 吮之卽癒라 王이 嘉之하여 賜賚甚厚하고 命旌其門하고 立石紀事하니라

상덕(尙德):신라 사람으로 효행이 지극하여 이름이 높았다.
치(値):당하여, 또는 만나서.

연황(年荒):흉년이 든 해.
여역(癘疫):전염병이 유행하는 것.
빈사(濱死):거의 죽게 되는 것.
불해의(不解衣):옷을 풀지 않는 것.
진성(盡誠):정성을 다하는 것.
규(刲):찌른다. 벤다.
비육(髀肉):넓적다리의 살.
발옹(發癰):종기가 나는 것.
연(吮):입으로 빠는 것.
유(癒):낫는 것.
가지(嘉之):어여삐 여기는 것.
사뢰(賜賚):임금이 물건을 하사하는 것.
심후(甚厚):심히 두터운 것.
정(旌):정문(旌門)을 세우는 것.
입석(立石):비석을 세우는 것.
기사(紀事):일을 기록하는 것.

3// 都氏家貧至孝라 賣炭買肉하여 無闕母饌이러라 一日은 於市에 晚而忙歸러니 鳶忽攫肉이어늘 都悲號至家하니 鳶旣投肉於庭이러라 一日은 母病索非時之紅柿어늘 都彷徨柿林하여 不覺日昏이러니 有虎屢遮前路하고 以示乘意라 都乘至百餘里山村하여 訪人家投宿이러니 俄而主人이 饋祭飯而有紅柿라 都喜問柿之來歷하고 且述己意한대 答曰亡父嗜柿故로 每秋擇柿二百個하여 藏諸窟中而至此五月이면 則完者不過七

이다. 상덕은 흉년이 들고 전염병이 유행하는 때를 만나 그 부모가 굶주린 데다 병에 걸려 거의 죽게 되었을 때 밤낮으로 옷을 풀지 않고 정성을 다해 간호했다. 또 먹을 것이 없을 때는 넓적다리의 살을 베어 먹였다. 그리고 어머니의 종기를 입으로 빨아서 고쳐드렸다.

이 소문이 임금에게 알려지니 크게 감탄하여 많은 물건을 내려 생활할 수 있게 해주고, 그의 집 문 앞에 정문을 세우게 하고, 이 사실을 기록한 비석을 세워 그 효도를 후세에 길이 빛나게 해주었다.

3

도씨(都氏)는 집이 가난했지만 효성이 지극하였다. 숯을 팔아 고기를 사서 어머니의 반찬에 빠짐없이 올려놓았다. 하루는 시장에서 늦게 바삐 돌아오는데 소리개가 별안간 고기를 채 갔다. 도씨가 슬피 울며 집에 돌아와 보니 소리개가 벌써 고기를 집안 뜰에 던져놓았던 것이다. 하루는 어머니가 병이 나 때아닌 홍시를 찾았는데 도씨가 감나무 수풀을 방황하며 날이 저무는 것도 깨닫지 못하고 있을 때 호랑이가 나타나서 앞길을 가로막고 타라는 시늉을 했다.

도씨가 타고 백여 리나 되는 산동네에 이르러 사람의 집을 찾아 묵었는데 얼마 안 되어 주인이 제삿밥을 차려주는데 홍시가 있었다. 도씨가 기뻐서 홍시의 내력을 묻고 또 자기의 뜻을 말하였더니 주인이 대답하기를,

"돌아가신 아버지께서 감을 즐겨 드셨는데 해마다 가을이면 감 200개를 가려서 굴 안에 간직해 두지만 5월까지 상하지 않은 것이 7, 8개에 불과하였습니다. 그런데 이번에는 50개나 상하지 않은 것을 얻어서 이상하게 여겼더니, 이것은 곧 하늘이 그대의 효성에 감동한 것입니다." 하며 20개를 내주었다. 도씨가 감사의 뜻을 전하고 문밖으로 나오니 호랑이는 아직도 누워서 기다리고 있었다. 호랑이를 타고 집에 이르니 새벽닭이 울었다. 뒤에 어머니가 천명으로 돌아가시니 도씨는 피눈물을 흘렸다.

|풀이| 이 글은 하늘이 도씨의 효행을 어여삐 여겨서 도씨를 도와 그 뜻을 이루어준 고사를 기록한 것이다.

　도씨의 어머니가 병이 들자 때아닌 홍시를 찾았다. 이 글의 내용으로 보아 때는 5월인데, 5월에 홍시가 있을 리 없다. 도씨는 홍시를 찾아 헤맸으나 구하지 못하고 실의에 빠져 있었다. 그때 호랑이가 나타나 도씨를 태우고 먼 산마을의 제삿집으로 인도했다. 주인이 차린 제상 위에 홍시가 놓여 있는 것을 본 도씨는 홍시의 내력을 묻고 자기의 의도하는 바를 설명하게 되었다.

　마침 그날의 제사는 주인의 아버지 제사였는데 그 아버지가 생전에 홍시를 좋아했기 때문에 가을이면 홍시를 굴 속에 보관해 두었다가 제삿날이 되면 성하게 남아 있는 것을 골라 제물로 쓰는 것이었다. 그러나 이상스러운 것은 그 전에는 200개를 보관해 두어도 상하지 않은 것이 7, 8개에

八이라가 今得五十個完者故로 心異之러니 是天感君孝라 하고 遺以二十顆어늘 都謝出門外하니 虎尙俟伏이라 乘至家하니 曉鷄喔喔이러라 後에 母以天命으로 終에 都流血淚러라

무궐(無闕): 빠지는 일이 없다.
어시(於市): 장에서.
망귀(忙歸): 바삐 돌아가는 것.
연(鳶): 소리개.
확육(攫肉): 고기를 움키는 것. 또는 채는 것.
비호(悲號): 큰소리를 내어 슬프게 우는 것.
시림(柿林): 감나무 수풀.
일혼(日昏): 날이 어두운 것.
이시승의(以示乘意): 그렇게 함으로써 타라는 뜻을 보였다.
투숙(投宿): 남의 집에 들어 잠자는 것.
아이(俄而): 얼마 안 되어서.
궤(饋): 대접하는 것.
제반(祭飯): 제삿밥.
차술기의(且述己意): 또 자기의 뜻을 말하는 것.
기(嗜): 즐기는 것.
장제굴중(藏諸窟中): 제(諸)는 어조사로서 어(於)와 통한다. 즉 굴 속에 보관하는 것.
심이지(心異之): 마음에 이상스럽게 생각하는 것.
천감군효(天感君孝): 하늘이 그대의 효성에 감동해서.
유(遺): 준다는 뜻.
과(顆): 낱개.

사출문외(謝出門外):사례하고 나서 문밖으로 나오는 것.
사복(俟伏):누워서 기다리는 것.
효계(曉鷄):새벽닭.
악악(喔喔):닭의 울음소리를 형용하는 말.
종(終):여기서는 죽음을 뜻한다.
도씨(都氏):조선 철종 때의 사람.
혈루(血淚):피눈물.

불과했는데 이번에는 50개나 되었다. 주인은 그것이 도씨의 효성에 하늘이 감동한 것이라면서 홍시를 20개나 내주었다. 호랑이도 문밖에서 도씨가 나오기를 기다리고 있다가 새벽닭이 울 때 집으로 돌아와서 어머니께 홍시를 드릴 수 있었다.

지성감천(至誠感天)이란 말을 다시금 생각해 보게 된다.

염의편(廉義篇)

- 미덕에 이르는 길

염결과 의리는 인간의 미덕이다. 과거 우리나라에 어떤 염결한 인사(人士)가 있었으며, 이 사람에게 하늘이 어떤 복을 내렸는지 기록을 통하여 살펴보기로 한다.

1// 印觀이 賣綿於市할새 有暑調者하여 以穀買之而還이러니 有鳶이 攫其綿하여 墮印觀家어늘 印觀이 歸于署調曰 鳶墮汝綿於吾家라 故로 還汝하노라 署調曰 鳶이 攫綿與汝는 天也라 吾何爲受리오 印觀曰 然則還汝穀하리라 署調曰 吾與汝者市二日이니 穀已屬汝矣라 하고 二人이 相讓이라가 幷棄於市하니 掌市官이 以聞王하여 並賜爵하니라

인관(印觀) · **서조**(署調):두 사람 모두 신라 사람이라 전해지지만 미상이다.
면(綿):솜.
시(市):장. 오늘날에도 농촌 지역에서는 닷새에 한 번씩 장이 선다.
매(買):물건을 사는 것.
타(墮):떨어지는 것.
귀우서조(歸于署調):서조에게 돌려보낸다.
환여(還汝):그대에게 돌려준다.
천야(天也):직역한다면 하늘이다. 그러나 여기서는 하늘이 시킨 것으로 풀이했다.
하위(何爲):어찌하여. 무엇 때문에.
여(與):여기서는 주는 것.

1

인관(印觀)이 장에서 솜을 파는데, 서조(署調)라는 사람이 그 솜을 곡식과 바꿔 사가지고 돌아가는 길에 소리개가 그 솜을 채서 인관의 집에 떨어뜨렸다. 인관이 서조에게 돌려보내면서 말하기를, 소리개가 그대의 솜을 내 집에 떨어뜨렸으므로 그대에게 돌려보낸다 했다. 서조가 말하기를, 소리개가 솜을 채다가 그대에게 준 것은 하늘이 시킨 것이다. 내 어찌 받으랴. 인관이 말하기를, 그렇다면 그대의 곡식을 돌려보내리라.

서조가 말하기를, 내가 그대에게 준 지가 벌써 두 장이 되었으니 곡식은 이미 그대에게 속한 것이다 하여 두 사람이 서로 사양하다가 솜과 곡식을 다 함께 상에 버렸다. 장을 맡아 다스리는 관원이 이 사실을 임금께 아뢰어 모두 벼슬을 주었다.

| 풀이 | 이 글은 인관(印觀)과 서조(署調) 두 사람 사이에서 일어난 염결(廉潔)하고 의리를 표현한 것이다. 인관은 장에서 솜을 팔았고 서조는 곡식을 주고 그 솜을 사갔다. 그러나 서조가 집으로 돌아가는 도중 소리개가 솜을 채갔으며, 그 솜을 인관의 집에 떨어뜨렸다. 웬만한 사람이면 그 솜을 받아서 자기 물건으로 만들려 했을 것이다.

그러나 인관은 그렇지 않았다. 소리개가 네 솜을 내 집에 떨어뜨렸다면서 서조에게로 돌려보냈다. 서조 또한 소리개가 솜을 채다가 너에게 준 것은 하늘의 뜻이니 나는 받을 수

없다며 받지 않았다. 인관은 그렇다면 네 곡식을 돌려보낸다고 했으나 서조는 내가 네게 곡식을 준 지가 이미 두 장이나 지났으니 곡식은 네 것이라면서 받으려 하지 않았다. 두 사람은 서로 사양하다가 할 수 없이 곡식과 솜을 시장바닥에 버렸다. 끝까지 염결과 의리를 숭상했던 두 사람이었다.

장을 맡아보는 관원도 그들의 갸륵한 행동에 감동해서 이 일을 임금께 아뢰었으며, 임금도 이를 어여삐 여겨 그 두 사람에게 각각 벼슬을 내려 표창했다. 바른길을 가는 사람에게는 좋은 결과가 있게 마련이다.

두 사람은 다 같이 염결(廉潔)의 미덕이 있고 의리를 존중했기 때문에, 그 일이 마침내 임금의 귀에까지 들어가 작록(爵祿)을 얻는 영광을 누리기에 이른 것이다.

곡이속여의(穀已屬汝矣):곡은 이미 그대에게 속한 것이다. 쉽게 말해서 곡식은 이미 그대의 것이다.
상양(相讓):서로 양보하는 것.
병기어시(幷棄於市):다 함께 장에 버리는 것.
장시관(掌市官):장을 맡아보는 관원.
이문왕(以聞王):이것을 임금에게 알린다.
병사작(並賜爵):작은 벼슬의 뜻으로서, 모두 벼슬을 주는 것.

2

홍기섭이 젊었을 때 가난하기가 이루 말할 수 없었다. 하루는 아침에 어린 계집종이 기쁜 듯이 뛰어와서 돈 일곱 냥을 바치며 말하기를,

"이것이 솥 속에 있었습니다. 이만하면 쌀이 몇 섬이요 나무가 몇 바리입니다. 참으로 하느님이 주신 것입니다."라고 했다. 공이 놀라서 이것이 무슨 돈이냐면서 곧 돈 잃은 사람은 와서 찾아가라는 글을 써서 대문 위에 붙였다.

얼마 안 되어 유(劉)가라는 사람이 찾아와 글 뜻을 물었다. 공이 빠짐없이 사실대로 말해 주었더니, 유가가 말하기

2// 洪夔燮이 少貧甚無料러니 一日早에 婢兒 踴躍獻七兩錢 曰此在鼎中하니 米可數石이요 柴可數駄니 天賜니다 公이 驚曰是何金고 卽書失金人推去等字하여 付之門楣而待러니 俄而姓劉者來問書意어늘 公이 悉言之한대 劉曰理無失金於人之鼎內하니 果天賜也라 盍取之니잇고 公이 曰 非吾物에 何

오 劉俯伏曰小的이 昨夜에 爲窃鼎來라가 還燐家勢蕭條而施之러니 今感公之廉价하고 良心이 自發하여 誓不更盜하고 願欲常侍하나니 勿慮取之하소서 公이 卽還金曰汝之爲良則善矣나 金不可取라 하고 終不受러라 後에 公이 爲判書하고 其子在龍이 爲憲宗國舅하며 劉亦見信하여 身家大昌하니라

홍기섭(洪耆燮):본관은 남양. 청렴하기로 이름이 높았으며, 벼슬이 판서에 이르렀다.
무료(無料):헤아릴 수 없다. 측량할 수 없다.
일일조(一日早):어느 날 아침.
용약(踊躍):좋아서 뛰는 것.
헌(獻):드리는 것.
정(鼎):솥.
시(柴):땔나무.
수태(數駄):몇 바리.
천사(天賜):하늘이 주는 것.
실금인(失金人):돈 잃은 사람.
추거(推去):찾아가는 것.
미(楣):인중방 또는 문 윗설주.
부지문미(付之門楣):문 위에 붙이는 것.
실언지(悉言之):빼놓지 않고 다 말하는 것.
과(果):참말로.
합(盍):왜 아니의 뜻. 즉 하불(何不:어찌 아니).
부복(俯伏):꿇어 엎드리는 것.
소적(小的):소인(小人).

를,
"남의 솥 속에다 돈을 잃을 리 없습니다. 참말로 하늘이 주신 것인데 어찌 취하지 않으십니까."고 했다. 공이 말하기를,
"내 물건이 아니거늘 어찌하랴."
유가가 꿇어 엎드리며 말하기를,
"소인이 어젯밤 솥을 훔치러 왔다가 도리어 가세(家勢)가 너무 쓸쓸한 것을 불쌍히 여겨 이것을 놓고 갔던 것입니다. 이제 공의 염결함에 감복하고 양심이 움직여서 다시는 도둑질을 하지 않기로 맹세했습니다. 앞으로는 늘 옆에 모시기를 원하오니 걱정 마시고 취하시기를 바랍니다."
공이 돈을 돌려주며 말하기를,
"네가 양민(良民)이 되는 것은 좋으나 이 돈은 취할 수 없다."고 하며 끝내 받지 않았다.
뒤에 공은 판서가 되고 그 아들 재룡(在龍)은 헌종(憲宗)의 장인이 되었으며, 유가도 또한 신임을 얻어 몸과 집안이 크게 번영했다.

┃풀이┃이 글은 홍기섭의 염결(廉潔)했던 고사(故事)를 소개한 것이다. 홍기섭은 젊었을 때 집안의 형편이 너무 가난하여 아침 먹고 나면 저녁 걱정을 했다. 이날 아침도 밥을 끓이지 못하고 있는데 계집종이 우연히 솥뚜껑을 열어보니 돈이 들어 있었다. 세어보니 일곱 냥이었다. 그때 일곱 냥이라면 적지 않은 돈이다. 계집종은 기뻐서 그 돈을 가져와 상

전인 홍기섭에게 바치며 솥 속에 들어 있었다고 말했다. 계집종은 그 돈으로 빨리 쌀과 나무를 사다가 밥을 짓게 되기를 원했다.

　그러나 그 생각은 어긋났다. 홍공은 그 자리에서 돈을 잃은 사람은 와서 찾아가라고 써서 대문 밖에 붙이는 것이었다. 계집종은 실망하여 안으로 들어가 버렸다. 그러면 그 돈은 누가 가져다 넣은 것일까? 전날 밤 도둑질을 일삼는 유(劉)가라는 자가 홍공의 집을 찾아들었다. 겉으로 보기에 집은 고래등 같은 기와집이었지만 실제로는 가난하기 짝이 없었다. 아무리 둘러보아도 그야말로 서발막대 거칠 것이 없었다. 부엌에 있는 것이라고는 사기 그릇 몇 개와 가마솥뿐인데, 그래도 가마솥을 훔쳐 가지고 나가면 몇 푼 받을 만해 보였다. 유가는 솥으로 다가가 뚜껑을 열어보니 차디찬 것이 며칠 동안이나 밥을 못한 것 같았다.

　순간 도둑의 마음속에도 한 가닥 양심이 남아 있어 불쌍한 생각이 들었다. 훔쳐가는 것은 고사하고 몸에 지니고 있던 돈 일곱 냥을 그대로 가마솥 속에다 넣어놓고는 담을 넘어 빠져나왔다. 좋은 일을 하고 나니 마음에 기쁨을 느끼게 되었다. 아침이 되자 홍공의 집에 밥 짓는 연기가 날 것을 기대하고 동정을 살피러 다시 다가갔다. 그런데 밥 짓는 연기는 나지 않고 뜻하지 않게 대문 위에 무언가 씌어 있는 종이쪽지가 나붙어 있지 않은가. 유가는 까막눈이라 무슨 뜻인지 모르기 때문에 궁금한 생각이 들어 주인인 홍공을 찾아뵙고 대문에 붙어 있는 글의 내용이 어떤 것인지 물었다.

절정(窃鼎):솥을 훔치는 것.
연(憐):불쌍히 여기는 것.
가세(家勢):집의 형세.
소조(蕭條):매우 쓸쓸한 것. 여기서는 극히 가난함을 뜻한다.
시지(施之):베푸는 것. 은혜를 베푼다에 많이 쓰여지고 있다.
염개(廉价):청렴한 것.
서(誓):맹세하는 것.
갱(更):다시.
상시(常侍):늘 모시는 것.
물려(勿慮):걱정 말라.
위량(爲良):양민(良民)이 되는 것.
종불수(終不受):끝내 받지 않는 것.
판서(判書):벼슬 이름. 이(吏)·호(戸)·예(禮)·병(兵)·형(刑)·공(工) 등 육조(六曹)의 장관을 판서라고 했다. 조(曹)는 오늘날의 부(部)와 같은 것이며, 판서는 부의 장관과 같다.
홍재룡(洪在龍):자는 경천(景天), 홍기섭의 아들, 헌종(憲宗)의 국구(國舅:장인)로서 익풍부원군(益豊府院君)에 봉하여졌다.
헌종(憲宗):제24대 임금.
국구(國舅):임금의 장인을 말한다.
견신(見信):신임을 받는 것.
신가(身家):몸과 집안.
대창(大昌):크게 번영하는 것.

홍공은 계집종이 솥 속에서 돈을 주운 이야기를 빠짐없이 들려주며, 그 돈을 찾아가라고 써 붙인 것이라고 했다. 유가는 끼니를 끓이지 못하는 형편에서도 남의 물건을 취하지 않는 홍공의 청렴결백한 인격에 감복하였고, 자신의 올바르지 못했던 생활을 뼈저리게 뉘우쳤다. 그리고 그 자리에 꿇어 엎드려 참회의 눈물을 흘리며 자기가 한 일을 숨김없이 고백했다. 다시는 그와 같은 행동을 하지 않을 것을 맹세하고 일생을 홍공을 모시도록 해줄 것을 간절히 청했다. 동시에 그 돈은 거두어주기를 원했으나 홍공은 돈만은 끝내 거절하였다.

유가는 그 뒤부터 홍공의 곁에 있으면서 홍공을 위하는 일이라면 부탕도화(赴湯蹈火)라도 사양하지 않았다. 이윽고 홍공은 운이 크게 열려 벼슬길에 나가게 되었고, 날로 승진을 거듭하여 판서라는 높은 지위에까지 올랐다. 그리고 그의 아들 홍재룡(洪在龍)은 헌종(憲宗)의 국구(國舅)가 되어 부귀영화가 절정에 이르렀다.

이야기는 하늘은 선한 자에게 복을 준다는 좋은 예라고 할 수 있다. 홍공의 염결은 오늘날까지도 세상 사람들의 존경을 받고 있다.

3

3// 高句麗平原王之女 幼時에 好啼러니 王이

고구려 평원왕(平原王)의 딸이 어렸을 때 울기를 좋아하더니 왕이 희롱하여 말하기를, 장차 너를 바보 온달(溫達)

에게로 시집을 보내리라 했다. 성장하자 상부(上部) 고씨(高氏)에게로 시집보내려 하니, 딸이 임금은 식언(食言)할 수 없다 하여 굳이 사양하고 마침내 온달의 아내가 되었다.

온달은 집이 가난하여 거리를 다니며 구걸해 어머니를 섬기니, 그때 사람들이 이를 보고 바보 온달이라 불렀던 것이다. 어느 날 온달이 산속에서 느티나무 껍질을 짊어지고 돌아오니 임금의 딸이 찾아와 말하기를 내가 바로 그대의 아내다 하며 수식(首飾)을 팔아 전지(田地)와 집, 기물(器物)을 사서 매우 부유해지고, 말[馬]을 많이 기름으로써 온달을 도와, 마침내 이름이 빛나고 영달하게 되었다.

| 풀이 | 바보 온달의 일화는 후세에 널리 알려져 지금까지도 사람들의 흥미를 끌고 있다. 역사에서 혹은 야담이나 동화 속에서 흔히 볼 수 있다. 고구려 평원왕(平原王)의 딸은 매우 총명하고 도의심(道義心)이 강했던 것 같다. 어렸을 때 너무 울었기 때문에 그녀의 아버지 평원왕이 너는 울기를 좋아하니 자란 뒤에 바보 온달에게나 시집보내겠다고 장난으로 한 말이 사실로 변하고 말았다.

왕은 명문(名門)인 상부(上部) 고씨(高氏)의 집안으로 시집보내려 했으나, 딸이 임금은 거짓말을 할 수 없다는 것을 내세워 이를 거절하고 마침내 온달의 아내가 되었다. 공주는 어렸을 때부터 부왕(父王)의 말을 실천에 옮기기 위해서 바보라는 세상 사람들의 비웃음도 상관하지 않고 자신이 직접 온달을 찾아가서 그의 아내가 되었으며, 그를 도와서 집

戱曰以汝로 將歸于愚溫達하리라 及長에 欲下嫁于上部高氏한대 女以王不可食言으로 固辭하고 終爲溫達之妻하다 蓋溫達이 家貧하여 行乞養母러니 時人이 目爲愚溫達也러라 一日은 溫達이 自山中으로 負楡皮而來하니 王女訪見曰吾乃子之匹也라 하고 乃賣首飾而買田宅器物하여 頗富하고 多養馬以資溫達하여 終爲顯榮하니라

평원왕(平原王): 고구려 제25대 임금.
호제(好啼): 제는 운다는 뜻인데, 즉 울기를 좋아하는 것.
귀(歸): 시집가는 것.
우온달(愚溫達): 우(愚)는 바보, 즉 바보 온달.
하가(下嫁): 임금의 딸이 시집가는 것. 아랫사람에게로 시집간다는 뜻이다.
식언(食言): 거짓말.
행걸(行乞): 다니면서 구걸하는 것.
시인(時人): 그때 사람들.
유피(楡皮): 느티나무 껍질.
방견(訪見): 찾아와 보는 것.
자(子): 여기서는 그대의 뜻.
필(匹): 짝.
오내자지필야(吾乃子之匹也): 나는 바로 그대의 짝이다(아내다로 풀이하는 것이 더 좋다).

수식(首飾):머리를 장식하는 물건들. 예를 들어 비녀 등속.
파(頗):매우.
자(資):돕는다는 뜻.
현영(顯榮):이름이 빛나고 몸이 영달(榮達)하는 것.

을 일으키고, 온달로 하여금 무예를 익히게 하고, 말을 길러 많은 무공(武功)을 세우게 함으로써 몸을 영달(榮達)시키고 이름을 빛나게 했다.

평원왕의 공주야말로 의리 있고 어진 여성이다.

권학편(勸學篇)

- 배움에는 반드시 때가 있다

세상을 살아나가는 데는 반드시 학문이 뒤따라야 한다. 학문이 있는 삶은 광명과 행복이 있고, 반대로 학문이 없는 삶은 암흑뿐이다. 학문을 추구하는 것도 시기가 있는데 그 시기를 놓쳐서는 안된다.

1// 朱子曰 勿謂今日不學而有來日하며 勿謂今年不學而有來年하라 日月逝矣라 歲不我延이니 嗚呼老矣라 是誰之愆고

물위(勿謂):말하지 말라.
일월(日月):날과 달.
서의(逝矣):간다.
세불아연(歲不我延):세월은 나를 위해 더디 가지 않는다.
오호(嗚呼):아! 즉 감탄사.
수지건(誰之愆):누구의 허물.

2// 少年은 易老하고 學難成이니 一寸光陰인들 不可輕이라 未覺池塘春草夢하여 階前梧葉이 已秋聲이라

이로(易老):늙기 쉬운 것.
일촌광음(一寸光陰):극히 짧은 시간.
지당(池塘):연못.
춘초몽(春草夢):봄 꿈.
계전(階前):섬돌 앞.
미각(未覺):여기서는 아직 꿈

1

오늘 배우지 아니하고 내일이 있다고 말하지 말며, 올해 배우지 아니하고 내년이 있다고 말하지 말라. 날과 달은 가서 세월은 나를 위하여 늦추지 않는다. 아! 늙었도다. 이 누구의 허물인가. 〈朱子〉

| 풀이 | 사람이 배우는 것은 다 때가 있다. 그 때를 놓치게 되면 배우지 못하고 만다. 오늘 배우지 아니하고 내일로 미루고, 올해 배우지 아니하고 내년으로 미루어서 세월이 하루하루 덧없이 흘러가다 보면 어느덧 늙어버린다. 배우고 싶어도 이미 때는 늦었다. 그것은 어디까지나 자신의 잘못이다. 누구를 원망할 것인가, 또 후회한들 무엇하랴.

2

소년은 늙기 쉽고 학문은 이루기 어려우니, 잠시라도 소홀히 해서는 안 된다. 아직 연못가의 봄 꿈을 깨지 못해서 섬돌 앞의 오동나무가 벌써 가을 소리를 낸다.

| 풀이 | 우리는 주변에서 흔히 '아는 것이 힘'이라는 말을 듣는다. 또 실력이 있어야 출세를 한다는 말을 듣는다.
예나 지금이나 많이 배워 지식을 넓혀야만 사물의 이치에 밝고, 세상에 나가 활동하여 몸이 영달(榮達)하기도 하고, 사업을 이루어 길이 명성을 후세에 전할 수도 있다.

권학편 • 301

사람은 누구나 다 배우려 한다. 그러나 인생은 극히 짧다. 농사에도 철이 있어서 철을 놓치면 농사를 망치는 것처럼, 배우는 시기가 있어 그 시기를 놓치면 아무리 배우려 해도 배울 수 없게 된다. 그 배움의 시기란 바로 소년시절이다. 소년시절에 있는 힘을 다하여 배워야만 비로소 학업을 성취할 수 있다.

이 글에서 표현한 대로 연못가의 봄 꿈을 깨기도 전에 벌써 가을이 온다. 빠르게 흘러가는 것이 세월이다. 사람은 저도 모르는 사이에 어느덧 소년이 되고 장년이 되며 노인이 된다. 우리는 소년시절에 1분 1초라도 아껴 부지런히 배워야 한다.

3

좋은 나이는 두 번 거듭 오지 아니하고, 하루에 새벽은 두 번 오지 않는다. 때가 되거든 마땅히 학문에 힘쓰라. 세월은 사람을 기다리지 않는다.

〈陶淵明〉

| 풀이 | 이것도 앞의 글과 비슷한 내용이다. 하루에 새벽이 두 번 다시 오지 못하는 것처럼 사람도 젊은 시절이 한 번 가면 거듭 오지 않는다. 세월은 사람의 사정에 따라 그대로 머물러 있거나 늦추는 법이 없다. 간단(間斷) 없이 흘러가고 있다. 우리는 젊었을 때 시간을 낭비하는 일이 없이 부지런히 배워야 할 것이다.

을 깨지 못하는 것.

3// 陶淵明詩에 云하였으되 盛年은 不重來하고 一日은 難再晨이니 及時當勉勵하라 歲月은 不待人이니라

도연명(陶淵明):이름은 잠(潛), 자는 원량(元亮), 동진(東晉)의 시인(詩人). 팽택령(彭澤令:팽택 고을의 원)이 되었으나 부패된 정치에 느끼는 바 있어 벼슬을 버리고 고향으로 돌아가면서 귀거래사(歸去來辭)를 지었다.
성년(盛年):좋은 나이, 쉽게

말해서 젊은 나이.
중(重):거듭.
난재신(難再晨):새벽이 두 번 오지 않는 것.
급시(及時):때에 미치거든, 즉 때가 되거든.
면려(勉勵):힘쓰는 것.

4// 荀子曰 不積頣步면 無以至千里요 不積小流면 無以成江河니라

규보(頣步):반걸음. 아주 가까운 거리.
부적(不積):쌓지 않는 것.
소류(小流):작은 흐름.

4

　반걸음을 쌓지 않으면 천리에 이르지 못할 것이요, 작은 흐름을 모으지 않으면 강하(江河)를 이루지 못할 것이다.

〈荀子〉

｜풀이｜ 속담에 '천릿길도 한걸음부터' 라는 말이 있다. 무슨 일이든 일조일석(一朝一夕)에 이루어지는 것이 아니고 순서를 밟고 힘을 모아서 비로소 이룩된다.

　배우는 것도 마찬가지다. 그 과정을 밟아 미세한 것까지도 버림 없이 연구하고 수련함으로써 비로소 성취되는 것이다. 성급하게 서두르는 것은 피해야 하며, 글자 한 자, 뜻 하나라도 정확하게 완전무결(完全無缺)한 학문을 성취하도록 세심한 노력을 기울여야 한다.

　여기서도 반걸음을 쌓지 않고서는 천리에 이룰 수 없고, 작은 흐름을 모으지 않고서는 강줄기를 이룰 수 없다는 말이 나오고 있는 것이다.

동양 고전으로 미래를 읽는다 002
명심보감

초판 발행 _ 1980년 5월 15일
중판 발행 _ 2017년 1월 5일

역해자 _ 이기석
펴낸이 _ 지윤환
펴낸곳 _ 홍신문화사

출판 등록 _ 1972년 12월 5일(제6-0620호)
주소 _ 서울시 동대문구 용두2동 730-4(4층)
대표 전화 _ (02) 953-0476
팩스 _ (02) 953-0605

ISBN 89-7055-752-0 03140

ⓒ Hong Shin Publishing Co. Printed in Korea
＊값은 뒤표지에 있습니다.
＊잘못 만들어진 책은 바꾸어 드립니다.